D1394890

afgeschreven

OP DOOD SPOOR

OP DOOD SPOOR

13 CASES UIT DE MODERNE MISDAADPRAKTIJK

Auteur: Ruben Poppelaars

Omslagontwerp: Studio Jan de Boer

Opmaak: Erik Richèl Winsum

ISBN 97890 8975 1560

NUR 330

WWW.JUSTPUBLISHERS.NL

Inhoudsopgave

Woord vooraf door Mr. Arthur van der Biezen

Woord vooraf door Mr. Jan-Hein L.C.M. Kuijpers

Inleiding

Hoofdstuk 1 Slachtoffer na behulpzaamheid

Hoofdstuk 2 Verkeerde tijd, verkeerde plaats

Hoofdstuk 3 Zedendelict in de trein

Hoofdstuk 4 Toch geen zelfmoord

Hoofdstuk 5 Het mysterieuze boterhamzakje

Hoofdstuk 6 Roofmoord door zwervers?

Hoofdstuk 7 Het verkeerde slachtoffer

Hoofdstuk 8 Het horrorhuis

Hoofdstuk 9 If I see him, I will kick him in the ass

Hoofdstuk 10 De snotneus

Hoofdstuk 11 Onduidelijkheid over Jay

Hoofdstuk 12 Het mysterie van de schedel

Hoofdstuk 13 Avondje stappen

De rechtsgang

Verantwoording

Bronnenlijst

Woord vooraf

Door mr. Arthur van der Biezen

Mede als gevolg van verschillende rechtelijke dwalingen waarbij personen verdacht van zware levensdelicten, geheel ten onrechte, jarenlang onschuldig achter slot en grendel hebben moeten doorbrengen, staat het strafrecht enorm in de belangstelling en is het onderwerp van publiek debat en discussie. Meer en meer wordt de samenleving zich ervan bewust dat het strafrecht "mensenwerk" is en dat daar fouten gemaakt worden, soms zelfs grove fouten, waardoor mensen enorm onrecht wordt aangedaan. Het beeld van de alwetende vertrouwenwekkende rechter op wie blind gevaren kan worden, ligt inmiddels ver achter ons. Ter voorkoming van fouten en misslagen zoekt het rechtsbedrijf meer en meer zijn heil in "meetbare" en schijnbaar "objectieve" informatie, de modernste technische (opsporings)middelen worden gehanteerd bij de waarheidsvinding.

Het boek van de forensisch onderzoeker Ruben Poppelaars biedt een heldere kijk in de keuken van de praktijk van de "waarheidsvinding". Hoe gaat men in de praktijk van de opsporing nu met al die mooie technieken om die de wetenschap ons biedt? Wat blijft er van die "objectieve" betrouwbaarheid van sporen en technieken over als er op de werkvloer niet goed en zorgvuldig mee omgegaan wordt? Vragen die in dit boek aan de orde komen.

Woord vooraf

Door mr. Jan-Hein L.C.M. Kuijpers

Ruben Poppelaars, jong, enthousiast en *eager*. Zo kwam hij al weer enkele jaren geleden bij ons, Kuijpers & Van der Biezen Advocaten te 's-Hertogenbosch en Amsterdam, op gesprek. Ruben zocht een stageplaats in Amsterdam in het verband van zijn studie Forensisch Onderzoek. Van der Biezen en ik hadden nog nooit van die studie gehoord, maar toen Ruben had uitgelegd wat hij had geleerd en nog zou gaan leren, wisten we genoeg. Gezien zijn persoonlijkheid en achtergrond twijfelden Van der Biezen en ik geen moment. Wij wilden hem er graag bij hebben.

Wij legden hem talloze strafzaken voor waar DNA-problematiek en de *chain of proof*, de bewijsvergaring, aan de orde waren. Hij controleerde, specificeerde en analyseerde en liet vervolgens zien waar de technische recherche en/of het NFI naar zijn inzicht steken hadden laten vallen. Ruben bleek, zo merkten wij, behalve jong, enthousiast en *eager* ook nog eens slim en creatief te zijn. Onontbeerlijke eigenschappen in de wereld van dood en verderf, onze wereld van het strafrecht.

Op ons adres in 's-Hertogenbosch richtte hij zijn forensisch adviesbureau Poppelaars & De Jong- Forensic Consultancy op. Naar mijn bescheiden mening een kantoor met een specialisme dat in de wereld van de strafrechtadvocatuur wel eens een gat in de markt zou kunnen invullen. Het is immers van belang, dat aanklagers en rechters er zoveel mogelijk van doordrongen raken dat de bewijskracht van een DNA-spoor in veel gevallen maar heel relatief is. Wij, raadslieden in strafzaken, hebben de indruk dat aanklagers en rechters soms worden verblind door de "1 op de miljard"-

frase die in vele DNA-rapportages opdoemt. Daar moeten we vanaf en Ruben kan daarbij helpen.

Tot op heden is Ruben verbonden aan ons kantoor en nu willen we hem niet meer kwijt. Hij is te waardevol gebleken. Als mens, maar ook als onze deskundige.

Het feit dat hij nu een boek heeft geschreven zegt veel. Over Ruben en over de materie die hij zich eigen gemaakt heeft. Maar ook over de kracht en het nut van die materie. Het is een naar mijn oordeel belangrijk boek dat in geen enkele strafrechtpraktijk zou mogen ontbreken. Aan de hand van praktijkvoorbeelden bestrijkt Ruben een groot deel van de biologische bewijsvergaring en de interpretatie van de resultaten van onderzoeken naar dat soort bewijs. Tenslotte sluit hij het af met rechterlijke beslissingen in zware strafzaken. Zeer de moeite waard dus.

INLEIDING

In dit boek worden dertien strafzaken behandeld, bestaande uit zeden-, moord- en doodslagzaken waarbij ik betrokken ben. Iedere strafzaak is anders en in iedere strafzaak worden andere fouten gemaakt. Dit boek behandelt dertien zaken waarin fouten gemaakt zijn. De zaken, gerangschikt op complexiteit, geven inzicht in het brede scala van fouten die in iedere fase van het forensisch onderzoek gemaakt kunnen worden. Het begint met het onderzoek op de plaats delict, gevolgd door onderzoek aan de veiliggestelde sporen en de resultaten hiervan, en eindigt met de interpretatie van de onderzoeksresultaten.

Na het lezen van dit boek zult u merken dat forensisch onderzoek niet zo eenvoudig is als televisieprogramma's zoals *CSI* en *Bones* doen vermoeden. Forensisch onderzoek blijkt niet alleen maar vragen te beantwoorden. Het levert ook vaak niet-te-beantwoorden vragen op. Zo kan het forensisch onderzoek voor onverwachte problematiek in een strafzaak zorgen. Deze problematiek wordt in lang niet alle gevallen herkend, zelfs niet als men erop gewezen wordt. Dit kan rechterlijke uitspraken tot gevolg hebben, die op verkeerde gronden genomen zijn.

Op dood spoor probeert u bewust te maken van de waarde van het forensisch onderzoek. Het laat u zien hoe in dertien zaken het forensisch onderzoek is uitgevoerd en hoe het Openbaar Ministerie vervolgens tot de conclusie komt dat een bepaalde verdachte de dader is. De advocaat van de verdachte dient aan te tonen dat de verdachte onschuldig is. Ik heb bij deze zaken van de advocaat het verzoek gekregen of de forensisch technische sporen de onschuld van de verdachte kunnen aantonen. Werkend vanuit deze aanname leg ik het antwoord op deze vraag uit en kom ik vaak tot een andere conclusie dan het Openbaar Ministerie.

Dat zorgt soms voor verrassende resultaten.

Ruben Poppelaars

HOOFDSTUK 1
SLACHTOFFER NA BEHULPZAAMHEID

Het is voor de achttienjarige studente Melanie Pietersen een vaste afspraak: iedere donderdagavond het 'studieavondje' bij haar goede vriendin Linda. Zij studeert net als Melanie pedagogiek in Nijmegen. Beide vrouwen zitten bij elkaar in de studiegroep. Het is de bedoeling dat ze dan samen aan projecten werken. Maar doorgaans gaat het grootste deel van de avond voorbij met gezellig geklets, terwijl ze hun studieboeken open op schoot hebben.

HELP ME

Het is donderdagavond 29 maart. Rond half een nemen Melanie en Linda vrolijk afscheid van elkaar. Door de donkere straten van Nijmegen fietst Melanie weer naar huis. Terwijl ze stevig doortrapt, valt het haar op hoe stil het op straat is. Er rijden nauwelijks auto s en ze ziet zelfs niemand die de hond uitlaat. Meestal, zo vlak na middernacht, zijn er nog wel mensen op straat, vooral nu de lente lijkt door te breken. Melanie gaat sneller fietsen. Ze wil snel thuis zijn en vindt het niet prettig om zo alleen in het donker te fietsen. Wanneer ze langs het park fietst, ziet ze onder de bomen iemand staan: een jonge man van ongeveer vijfentwintig jaar. Op het moment dat Melanie voorbij de jongen wil fietsten, spreekt hij haar aan. 'Hé meisje, kun je me even helpen met mijn fiets?' Melanie remt af, stapt van haar fiets en loopt een stukje terug.

De jongeman loopt naar haar toe. Ze schat hem ongeveer 1.75 m, hij heeft kort gemillimeterd haar en een atletisch postuur. Hij vraagt Melanie vriendelijk of ze hem even wil helpen zijn fiets over het hekje van het park te tillen. Hij wijst naar een herenfiets die tegen het hek staat, net naast de trap die naar het lagergelegen park leidt. Als ze op de fiets aflopen, ziet Melanie dat de fiets achter het hek staat en vastzit met een kettingslot. De jongeman vraagt haar of zij de fiets kan optillen, zodat hij hem vervolgens over het hek heen kan tillen. Hij vertelt dat straks een paar vrienden met een busje komen om de fiets mee te nemen.

Melanie vindt het maar een vreemd verhaal. Als er zo meteen vrienden komen, kunnen die hem toch ook helpen? Ze besluit er niets van te zeggen. Ze loopt achter het hekje naar de fiets toe. De jongeman volgt haar. Bij de fiets geeft hij haar een paar aanwijzingen hoe ze die fiets over het hekje moet tillen. Melanie buigt zich voorover naar de fiets. De jongeman staat achter haar. Plotseling voelt Melanie een krachtige arm om haar hals. Ze wordt achterover getrokken. Haar hoofd wordt naar beneden gedrukt en hevig tegenspartelend wordt ze naar de trap getrokken. Haar belager sleept haar het park in. Melanie krijgt bijna geen adem meer. Ze probeert zich los te worstelen en te schreeuwen, maar de jongeman houdt haar stevig in zijn greep. Ze kan geen kant uit. Al haar pogingen zich te bevrijden zijn tevergeefs. Met veel getrek en gesjor kan ze haar telefoon uit haar jaszak pakken. Ze probeert het nummer van een vriendin in te toetsen, maar de jongeman weet haar de gsm te ontfutselen. Al worstelend bereiken ze de trap naar het park. Na een paar treden werkt de jongeman Melanie tegen de grond. De traptreden zijn erg breed, zodat Melanie gelukkig niet verder van de trap rolt.

Melanie begint opnieuw te gillen en schreeuwen. 'Wat ben je van plan? Laat me gaan!' De onbekende jongeman reageert niet. Dan begint ze hem te schoppen en te slaan. Ook hierop reageert hij niet. Maar nadat hij de zoveelste stomp in zijn buik krijgt, is hij het beu. Zwaar ademend bijt hij Melanie toe: 'Mond houden of ik steek je dood!' Melanie verstijft. Na enkele momenten barst ze in huilen uit en gilt dat ze dit niet wil. De jongen herhaalt zijn dreigement. Gesmoord snikkend klemt Melanie haar kaken op elkaar. Achteroverliggend op de harde traptreden durft ze geen geluid meer te maken.

De jongen maakt daarop de knoop en rits van Melanies broek los. Hij trekt deze tot op haar knieën naar beneden. Dan begint hij met zijn hand tussen haar benen te wrijven en gaat hierbij steeds meer in de richting van haar kruis. Daar betast hij haar vagina. Met zijn andere hand zit hij aan haar billen. Melanie begint weer te slaan en te trappen. De jongeman zegt niets en gaat onverstoord door. Dan staat hij op en trekt haar broek verder naar beneden. Hierbij trekt hij ook Melanies string mee. Hij stopt met trekken als Melanies broek en string op haar enkels zitten. Dan gaat hij tussen haar benen zitten en Melanie ziet tot haar grote ontzetting hoe hij zijn broek losknoopt. Ze begint opnieuw te gillen. De jongeman waarschuwt haar opnieuw. Hij herhaalt, dat hij haar doodsteekt als zij haar mond niet houdt. Vol angst en ongeloof kijkt Melanie omhoog naar zijn gezicht boven haar.

Maar dan verstijft de man. Hij gaat staan, kijkt omhoog. Dan keert hij zich om en rent de trap op. Hij verdwijnt in het donker. Nu de jongeman ineens weg is, is alles afgelopen. Melanie blijft hijgend liggend. Ze snapt er niets van. Wat gebeurde er? Vanuit haar ooghoeken ziet ze opeens een andere man staan. Deze komt op haar af en helpt haar op te staan. Toen de jongen tussen Melanies benen zat, heeft hij zijn hondenriem om zijn nek geslagen en hem van haar af getrokken. Maar de jongeman heeft zich losgerukt en is weggerend. Hier baalt haar redder in de nood van, want nu is de jongeman ontsnapt. Ook de hond van de man is weggerend. De man vertelt dat de hond overal bang voor is, dus ook voor het gegil van Melanie.

Gered

De man stelt zich voor als Thomas. Melanie vertelt wat er allemaal is gebeurd. Ze voelt dat haar paniek snel wegzakt. Als ze weer een beetje bij zinnen is, gaan ze samen Thomas' hond zoeken. Ze vraagt Thomas of zij zijn telefoon mag lenen om haar vriend Tim te bellen. Dit mag, maar Tim neemt niet op. Dan belt Melanie haar ouders, maar zij nemen ook niet op. Nadat ze Thomas' hond gevonden hebben, besluiten ze ook naar Melanies telefoon te zoeken. Die vinden ze al snel. Haar aanvaller had de gsm gewoon op de grond laten vallen. Het apparaat is gelukkig niet kapot.

Melanie probeert haar vriend Tim en haar ouders nu met haar eigen telefoon te bellen. Weer nemen ze niet op. Dat frustreert haar enorm. Ze besluit Linda te bellen. Linda is gelukkig nog wakker en neemt wel op. Ze schrikt heel erg van Melanies verhaal en biedt aan om, samen met haar vriend Chris, Melanie bij het park op te halen en naar haar huis te brengen. Linda en Chris arriveren al gauw. Voordat ze weer op haar fiets stapt, bedankt Melanie Thomas. Dan bedenkt ze, dat de politie Thomas ook wel wil spreken als ze aangifte gaat doen. Ze vraagt zijn telefoonnummer. Thuis kan Melanie eindelijk rustig vertellen wat haar is overkomen. Linda wil meteen de politie bellen, maar Melanie houdt haar tegen. Ze wil eerst weer helemaal rustig worden voordat ze bij de politie aangifte gaat doen. Ook wil ze daaraan voorafgaand haar vriend Tim en haar ouders nog een keer bellen. Haar ouders nemen weer niet op. Tim beantwoordt gelukkig wel de oproep. Wanneer Melanie haar verhaal heeft verteld, is hij zeer geschokt. Binnen een mum van tijd staat hij bij haar op de stoep.

Na ongeveer een half uur is Melanie wat meer tot rust gekomen en besluit ze de politie te bellen. Aan de dienstdoende agente vertelt ze kort wat er gebeurd is. De agente adviseert haar nu even te rusten en de volgende ochtend naar het politiebureau te komen. Ze zullen haar veel vragen stellen, dus dan is het beter als ze wat geslapen heeft.

De aangifte

De volgende ochtend gaat Melanie samen met Tim naar het politiebureau. Daar vertelt ze wat er die afgelopen nacht bij het park is gebeurd. Nadat haar aangifte in een rapport is verwerkt, verzoekt de politie Melanie om de broek die ze de vorige avond droeg aan hun te geven. De bedoeling is dat deze wordt onderzocht op DNA-sporen. Ook vraagt de politie Melanie naar het telefoonnummer van Thomas. Zoals ze al had verwacht, wil men hem inderdaad spreken. Ze vertellen Melanie dat ze ook erg geïnteresseerd zijn in de hondenriem die Thomas om de nek van de jongen had gebonden. De politie wil de riem veiligstellen om te kijken of hierop ook DNA-sporen te vinden zijn.

DNA

DNA is een chemische stof die in iedere celkern in ons lichaam aanwezig is en bestaat uit vier bouwstenen. Dit DNA is opgewonden in drieëntwintig paar chromosomen, zodat het in de kern van een cel past. Het bevat de erfelijke eigenschappen van een persoon. Het bepaalt hoe we eruit zien, maar ook welke karaktereigenschappen we hebben. Van 2% van het DNA is bekend dat het verantwoordelijk is voor de verschillende erfelijke eigenschappen. Dit noemen we het coderend DNA. Welk deel van het DNA zorgt voor welke erfelijke eigenschap weten we alleen voor wat betreft het geslacht, de kleur ogen, de haarkleur en er kan een schatting van de leeftijd gemaakt worden. Van 98% van het DNA weten we niet wat de functie is. Dit noemen we het niet-coderend DNA. Op een aantal plekken in het niet-coderend DNA is het DNA opgebouwd uit herhalingen van patronen van de vier bouwstenen. Deze plekken worden loci genoemd (enkelvoud is locus). In het forensisch onderzoek wordt gekeken hoe vaak de patronen zich in een locus herhalen. Na dit bij verschillende loci te hebben gedaan, resulteert dit in een DNA-profiel dat zeer zeldzaam kan zijn als alle patronen gevonden worden. De kans dat een willekeurig persoon een bepaald DNA-profiel heeft, is dan namelijk kleiner dan één op één miljard!

Huidschilfers (lichaamscellen) bevatten DNA en spelen een belangrijke rol in deze zaak. Omdat er meestal maar weinig huidschilfers op een object zitten en omdat hierin ook weinig DNA zit, wordt er, ten tijde van deze zaak, maar in 30 tot 40% van de gevallen een DNA-profiel uit verkregen.

Een politieagent gaat met Melanie mee naar huis om de broek veilig te stellen. Thuis kijkt Melanie vol belangstelling hoe zorgvuldig de agent met de broek omgaat. Hij vouwt hem keurig op en legt vellen papier tussen de vouwen. Hierdoor komen de delen van de broek niet op elkaar. Dan stopt hij de broek voorzichtig in een grote bruine papieren zak. Het is een precies klusje dat zo'n vijf minuten duurt. Diezelfde dag heeft de politie ook contact met Thomas. Hij brengt de hondenriem naar het bureau. De dag daarop worden Melanies broek en de hondenriem door de Nijmeegse politie naar het Nederlands Forensisch Instituut, het NFI, gestuurd.

NFI

Dit instituut doet veel soorten forensisch onderzoek op aanvraag van justitie, bijvoorbeeld DNA-onderzoek. Maar ook dactyloscopisch onderzoek (onderzoek van vingersporen), pathologisch onderzoek waar sectie op de overledene wordt uitgevoerd en onderzocht wordt hoe de persoon is overleden. Chemisch onderzoek van bijvoorbeeld drugs of explosieven om te kijken uit welke stoffen deze bestaan. Onderzoek aan wapens en munitie en nog veel meer technisch onderzoek.

DNA GEVONDEN!

De broekband wordt bij het NFI onderzocht op lichaamscellen die DNA bevatten. Doordat de dader de broek zo hard naar beneden heeft getrokken, kunnen er voldoende huidschilfers van de dader op Melanies broek zijn gekomen om er een DNA-profiel uit te halen. Ook de hondenriem wordt onderzocht. Toen Thomas de hondenriem om de nek van de jongen sloeg, trok hij de hondenriem aan. Vervolgens trok de jongen de hondenriem van zich af en rende weg. Deze twee handelingen kunnen ervoor gezorgd hebben, dat er genoeg huidschilfers van de dader op de riem zitten om er een DNA-profiel uit te halen.

De onderzoekers hebben geluk. Uit het DNA-onderzoek van

zowel de broek als de hondenriem volgt namelijk een resultaat. Op beide voorwerpen wordt hetzelfde DNA van een onbekende man teruggevonden. Dit betekent dat bepaalde lichaamsstoffen van een onbekende man in contact zijn geweest met zowel Melanies broek als Thomas' hondenriem. Omdat Thomas en Melanie alleen met elkaar in contact zijn geweest nadat de jongen haar had geprobeerd te verkrachten, is het dus heel goed mogelijk dat het DNA van de onbekende man van de dader is. Hier gaat de politie dan ook vanuit. Het DNA-profiel wordt vergeleken met de DNA-profielen die opgeslagen zijn in de DNA-databank.

DNA-databank

De DNA-databank is een computerprogramma waarin de DNA-profielen opgeslagen zijn van mensen die veroordeeld zijn voor een misdrijf waarvoor een gevangenisstraf van 4 jaar of meer gegeven kan worden. Dit betekent dus, dat mensen die een hoge boete hebben gekregen, maar ook een gevangenisstraf van vier jaar hadden kunnen krijgen, ook hun DNA moeten afstaan. Hun DNA-profiel komt in de DNA-databank. Ook DNA-profielen die aangetroffen zijn op een plaats delict, maar waarvan de donor onbekend is en het DNA-profiel van vermiste personen of van gevonden lijken waarvan de identiteit onbekend is, worden in deze databank opgeslagen. Als een verdachte in beeld komt, kan zijn DNA met het gevonden DNA vergeleken worden.

Uit de vergelijking van de gevonden DNA-profielen op de broek en de hondenriem met de DNA-databank is geen resultaat verkregen. Het gevonden DNA-profiel wordt daarom in de DNA-databank opgeslagen. Buiten het DNA dat is aangetroffen, is er niets wat kan leiden tot een verdachte. Melanie heeft de jongen wel kunnen omschrijven, maar dit leidt niet tot een verdachte. Het enige wat de politie kan doen, is wachten tot het DNA van iemand in de databank komt met hetzelfde profiel als dat is aangetroffen op de broek en de hondenriem. De politie waarschuwt Melanie, dat dit wel eens jaren kan duren. Na het onderzoek aan de broek en de hondenriem, worden de hondenriem en de broek teruggestuurd naar de politie. Zij zullen de voorwerpen voorlopig bewaren.

Melanie kan alles snel een plekje geven. In het donker fietsen doet ze niet meer. In plaats daarvan gaat ze met de auto of laat ze zich door Tim brengen. Haar vertrouwen in mannen is wel gedaald, maar dit vindt ze niet erg. Van de politie hoort ze weinig meer. Af en toe belt ze of er al vooruitgang in de zaak zit. Het enige wat de politie kan melden, is dat ze ermee bezig zijn, maar dat ze nog geen verdachte hebben.

Ondertussen is de zaak bij de politie in het archief gelegd en wordt deze langzaam vergeten. De rechercheurs kunnen weinig anders doen dan wachten op een match in de DNA-databank. Dit wachten duurt lang. Twee jaar en drie maanden om precies te zijn. Dan komt er opeens een brief van het NFI binnen waarin staat, dat er in de DNA-databank een DNA-profiel is opgeslagen van een man met hetzelfde DNA-profiel als het DNA op de broek en de hondenriem.

DADER GEPAKT!

Deze man is Marcel Stap. Hij woont al jaren in Nijmegen. Twee jaar nadat Melanie het slachtoffer is geworden van de poging van verkrachting, pleegt Marcel Stap een diefstal waarbij hij het slachtoffer bedreigt. Hiervoor wordt Marcel veroordeeld, waardoor hij zijn DNA moet afstaan. Als het DNA-profiel in de databank wordt ingevoerd, vergelijkt de DNA-databank dit met de DNA-profielen die aangetroffen zijn in andere zaken. Bij de zaak van Melanie gaan alle alarmbellen rinkelen. Er is een match!

De politie arresteert Stap meteen. Tijdens het verhoor van Marcel valt meteen op, dat Marcel voldoet aan de beschrijving die Melanie van de dader heeft gegeven. De zedenrechercheurs weten het zeker: Marcel is de dader. Melanie gelooft haar oren niet als de politie meldt dat ze een verdachte in haar zaak hebben. Het is al zo lang geleden, dat ze niet had verwacht dat de dader nog gevonden zou worden. Ze is erg opgelucht.

BEKENT MARCEL?

Marcel kijkt vol ongeloof de twee rechercheurs tegenover hem aan. 'Dit zou ik nooit doen!' reageert hij nadat hij gehoord heeft waarvan hij verdacht wordt. Marcel vertelt dat hij een overval heeft gepleegd en hierbij ook mensen bedreigd. Hij betuigt zijn spijt. Maar iemand verkrachten zou hij nooit doen. Hij vindt dit onmenselijk. Ook had hij in die tijd een vriendin. De politie is niet overtuigd. Ook de officier van justitie gelooft in de schuld van Marcel en besluit hem te dagvaarden. Marcel wordt nu voor de rechter gedaagd. De rechter zal vervolgens beslissen of Marcel schuldig is of niet.

In de twee weken nadat Marcel is gearresteerd, wordt hij bijna iedere dag verhoord. Wat Marcel ook zegt, de politie gelooft hem niet. Zijn advocaat, Van der Biezen, heeft hem geadviseerd niets te zeggen. In eerste instantie negeert Marcel dit advies. Hij wil uitleggen dat hij onschuldig is. Maar als hij doorkrijgt dat de politie hem toch niet gelooft, houdt hij zijn mond.

Al eerder heeft de politie hem gevraagd wat hij op de avond van het misdrijf heeft gedaan. Op die vraag heeft hij geen antwoord. Dit versterkt volgens de politie het vermoeden dat hij de dader is. Marcel begrijpt hier niets van. Hij vindt het niet meer dan logisch, dat hij zich niet kan herinneren wat hij twee jaar geleden op een donderdagavond heeft gedaan. Marcel is voetballer en traint altijd op donderdagavond, hij zegt dat hij dat die avond dus ook wel zal hebben gedaan. Dat Marcel geprobeerd heeft Melanie te verkrachten op weg naar huis na de training, ontkent hij. Dit vindt hij niet logisch, want de plaats delict ligt niet op zijn route. Als hij zoiets gedaan zou hebben, was hij onderweg wel ergens in de bosjes gaan zitten, aldus Marcel.

Waarom het DNA dat op de hondenriem en op de broek van het slachtoffer is aangetroffen, hetzelfde profiel heeft als dat van hem, begrijpt hij ook niet. Hij antwoordt, dat hij wel eens een hond geaaid heeft en dat zijn DNA er misschien zo op is gekomen. Misschien is het slachtoffer wel een bekende van zijn toenmalige vriendin en is zijn DNA via zijn vriendin op de broek van Melanie gekomen. De politie controleert of Melanie een vriendin van de ex van Marcel is. Dit is niet het geval.

Ondertussen bestudeert Van der Biezen het dossier, en ziet dat er maar een beperkt gedeelte van de hondenriem en de broek is bemonsterd voor DNA-onderzoek. Op de hondenriem maar een deel van de lijn, op de broek alleen de broekband. Van der Biezen wil dat er meerdere plaatsen op deze voorwerpen bemonsterd worden. Na dit verzocht te hebben aan de rechtbank geeft de politie te kennen dat zij de hondenriem en broek per ongeluk hebben vernietigd. Nader onderzoek is dus niet meer mogelijk.

Onschuldig

De dag breekt aan waarop deze zaak voor de rechter komt. Advocaat Van der Biezen zal voor Marcel pleiten. Van der Biezen gelooft in de onschuld van zijn cliënt, ondanks de lichte twijfel vanwege het overeenkomende DNA-profiel. In zijn pleidooi laat hij allereerst merken, dat hij vindt dat het Openbaar Ministerie niet-ontvankelijk verklaard moet worden. Doordat de politie de hondenriem en de broek heeft vernietigd, kan de verdediging daar geen onderzoek meer aan laten verrichten. Hierdoor is de verdediging volgens Van der Biezen geschaad in haar onderzoek.

Niet-ontvankelijk

Indien door het Openbaar Ministerie bepaalde zaken zijn verzuimd in het voorbereidend onderzoek, kan de rechter beslissen dat het Openbaar Ministerie niet ontvankelijk is. Dit houdt in dat de rechter bepaalt dat het Openbaar Ministerie het recht niet heeft om de verdachte te vervolgen. De verdachte zal daardoor worden ontslagen van rechtsvervolging.

Verder vertelt Van der Biezen dat indirecte overdracht van DNA-materiaal geen zeldzaam fenomeen is en dat Marcels DNA daardoor op de broek en de hondenriem terechtgekomen kan zijn. Er zijn talloze manieren waarop dit gebeurd kan zijn. Als de rechtbank niet met hem van mening is dat het Openbaar Ministerie niet-ontvankelijk verklaard moet worden, zal er volgens hem daarom vrijspraak moeten volgen.

In het requisitoir verwoordt de officier van justitie zijn mening dat het DNA van Marcel op de broek van Melanie en de hondenriem is terechtgekomen doordat hij de dader is. Op welke manier er sprake kan zijn van secundaire overdracht, weet de officier niet. Daarom eist de officier van justitie een gevangenisstraf van twee jaar.

Indirecte overdracht

Indirecte, of secundaire, overdracht houdt in, dat het DNA-materiaal van de ene persoon via een object of persoon op een ander object of persoon terechtkomt. Bijvoorbeeld als de ene persoon een hand geeft aan een ander. Als die persoon vervolgens weer een ander een hand geeft, is het mogelijk dat het DNA-materiaal van persoon 1 op de handen van persoon 3 zit, zonder dat persoon 1 persoon 3 aangeraakt heeft of zelfs ooit gezien heeft. Dit DNA-materiaal van persoon 1 zou dan in de vorm van zweet of huidschilfers op de hand van persoon 3 aanwezig kunnen zijn.

HET VONNIS

'De rechtbank verwerpt het verweer van de verdediging dat het DNA van de verdachte door het aaien van de hond op de hondenriem is gekomen. Gelet op de intensiteit van het aangetroffen DNA-materiaal moet dit zeer recent op de hondenriem zijn gekomen door middel van een contact dat krachtig genoeg is geweest om voldoende huidschilfers achter te laten om een DNA-profiel te kunnen herleiden. Dat het DNA van de verdachte vervolgens op de broek van het slachtoffer is gekomen, wordt daarom ook uitgesloten. Mede gezien het feit dat verdachte voldoet aan de omschrijvingen die het slachtoffer van de dader heeft gemaakt, acht de rechtbank de heer Stap schuldig aan een poging tot verkrachting van mevrouw Pietersen. De rechtbank veroordeelt de heer Stap hierbij tot een gevangenisstraf voor de duur van vierentwintig maanden.'

Marcel hoort het vonnis van de rechtbank vol verbijstering aan. Eén ding is zeker: hij wil in hoger beroep. Als Van der Biezen hem na de uitspraak bezoekt, vertelt Marcel weer, dat hij niets met de zaak te maken heeft en dat hij zich rot schaamt dat hij voor een poging tot verkrachting veroordeeld is. Marcel wil gerechtigheid, Van der Biezen tekent beroep aan, maar weet dat het een lastige zaak gaat worden.

STERK BEWIJS

Alleen een goede verklaring voor het aantreffen van het DNA op de broek en de hondenriem kan de onschuld van Marcel aantonen. Er moet een manier zijn het DNA te verklaren zonder dat Marcel de dader is. Met deze vraag komt Van der Biezen naar mij toe. Ik vertel hem dat ik eerst het dossier moet lezen voordat ik die vraag kan beantwoorden.

Als ik het dossier binnen heb, begin ik met de controle van alle handelingen die met de sporendragers zijn uitgevoerd. Ik kijk wanneer de hondenriem en de broek zijn veiliggesteld, of dat volgens de protocollen is gebeurd en hoe deze zijn vervoerd. Wanneer blijkt dat niet volgens de protocollen is gewerkt, kan het zijn dat sporen door toedoen van bijvoorbeeld de politie achtergelaten worden of verwijderd. Na alles gecontroleerd te hebben kan ik concluderen dat de politie zijn taak naar behoren heeft uitgevoerd. Wel lees ik dat de hondenriem en de broek pas de dag na het misdrijf zijn veiliggesteld. Hierdoor valt niet uit te sluiten dat er ook nog na het misdrijf sporen op de broek en de hondenriem terechtgekomen zijn.

Dan lees ik de aangifte van het slachtoffer, de verklaringen van de getuige en de verklaringen van de verdachte. Terwijl ik het dossier lees, zie ook ik dat het bewijs tegen Marcel erg sterk is. Maar ondanks het feit dat veel verdachten ten onrechte ontkennen een misdrijf te hebben gepleegd, ga ik uit van de verklaring van Marcel dat hij onschuldig is. Als hij onschuldig is, zal er iets in het dossier moeten staan wat daarop wijst. Ook moet er dan een verklaring komen voor het DNA van Marcel op de broek en de hondenriem.

In de omschrijving die gegeven wordt door zowel Melanie als Thomas lees ik dat de dader een jas met een kraag aan had. Dit lijkt onbelangrijke informatie maar kan wel degelijk van belang zijn. Thomas heeft de hondenriem om de nek van de dader gebonden. Wat Thomas niet weet, is of hij de hondenriem om de blote nek van de dader heeft gebonden of om de kraag van zijn jas. Wanneer de hondenriem om de kraag van de jas is gebonden, is de kans opeens aanzienlijk verkleind dat er DNA van de dader op de hondenriem zit. Als er in deze situatie DNA van de dader op de hondenriem komt, zal dit vooral gebeuren doordat de dader de hondenriem van zijn nek af trekt. Ik lees vervolgens het deskundigenrapport waarin het onderzoek aan de hondenriem omschreven is. Daaruit blijkt dat er DNA van twee verschillende personen op de hondenriem is teruggevonden. Van één persoon, namelijk van Marcel zit het meeste DNA op de hondenriem. Van persoon twee zit er veel minder DNA op de hondenriem, dat kan van Thomas afkomstig zijn, dit is alleen niet zeker. Omdat er maar zo weinig DNA van persoon twee teruggevonden is, kan niet een volledig DNA-profiel verkregen worden. Daardoor is het DNA-profiel een stuk minder zeldzaam. Misschien is het wel van de echte dader?

Raadsel rond Marcels DNA

Dat er DNA van Marcel op de hondenriem is teruggevonden, hoeft dus niet te betekenen dat hij de dader is. Hoe zijn DNA wel op de hondenriem gekomen is, is een vraag die ik nog even opzijschuif. Het DNA op de hondenriem is namelijk niet het enige DNA van

Marcel dat is teruggevonden. Ook op de broekband van de broek van Melanie is Marcels DNA aangetroffen. De dader heeft flink aan de broekband getrokken om Melanies broek uit te trekken. Hierdoor komen waarschijnlijk genoeg huidschilfers op de broek om een DNA-profiel te krijgen. Het is wel vermengd met DNA van Melanie doordat zij de broek heeft gedragen. Maar het overige DNA blijkt niet van één persoon, maar van tenminste twee personen afkomstig te zijn. Een van die twee personen is zeer waarschijnlijk Marcel. Wie de andere persoon is, is onbekend. Dit is tot mijn grote verbazing ook niet verder uitgezocht. Het lijkt erop, dat na de vondst van Marcels DNA op de hondenriem het niemand interesseert of er nog meer DNA-sporen te vinden zijn. Dit zie ik ook in andere zaken vaker. Ik vind dit een heel zorgelijk gegeven. Wie weet komt het DNA van de andere persoon op de hondenriem wel overeen met het DNA van de derde persoon op Melanies broek. Wie weet is dit het DNA van de dader. Hiermee wordt totaal geen rekening gehouden. Of de mogelijkheid wordt genegeerd, omdat die vergelijking niet gemaakt kan worden. Die vergelijking is namelijk moeilijk uit te voeren, omdat zowel op de hondenriem als op de broek maar weinig DNA is teruggevonden. Daardoor zijn de DNA-profielen niet compleet.

Nu ik weet dat er niet alleen DNA van Marcel op de hondenriem en de broek zit, begin ik meer vertrouwen te krijgen in de zaak. Forensisch bewijs liegt niet. Of de interpretatie van het forensisch bewijs altijd klopt, is wel de vraag. In deze zaak vallen in ieder geval vraagtekens bij de interpretatie te zetten. De ontlastende informatie voor Marcel dat er ook nog DNA van een onbekende op de hondenriem en de broek is aangetroffen, is namelijk in de interpretatie van de rechtbank helemaal niet meegenomen.

Wel loop ik nog steeds tegen het feit aan dat Marcels DNA op zowel de hondenriem van Thomas als, zeer waarschijnlijk, op de broek van Melanie zit, terwijl Marcel Thomas en Melanie niet kent en Thomas en Melanie elkaar ook niet. Dat roept vraagtekens op. Van der Biezen had in zijn pleidooi voor een deel gelijk over de indirecte overdracht van DNA. Het is inderdaad geen zeldzaam fenomeen. Alleen dat er talloze manieren te bedenken zijn waarop dat in deze zaak gebeurd kan zijn, ben ik niet met hem eens.

Om te achterhalen hoe indirecte overdracht in deze zaak mogelijk is, ben ik me meer gaan verdiepen in de verklaringen van Thomas, Melanie en vooral van Marcel. Als ik een scenario moet bedenken over hoe iets gegaan kan zijn, is het belangrijk dat ik heel *openminded* denk en tunnelvisie te allen tijde probeer te voorkomen. Iets wat de politie ook zou moeten doen, maar naar mijn mening zelden doet. Tijdens de hele behandeling van de rechtszaak is iedereen ervan uitgegaan dat het DNA van Marcel op de hondenriem en de broek afkomstig is uit zijn huidschilfers. Dit past namelijk binnen het scenario dat Marcel de dader is. Maar dit hoeft niet zo te zijn, omdat er helemaal geen test is om te achterhalen of een DNA-spoor uit huidschilfers komt. Het DNA kan daarom ook komen uit bijvoorbeeld bloed, zweet, speeksel, sperma, urine, neusvocht of oogvocht.

Ik kom al snel tot de conclusie dat Marcels DNA, als hij de dader niet is, ergens in het park moet hebben gelegen. Dit kan in de vorm van de eerder genoemde lichaamsvloeistoffen. Marcel moet zijn lichaamsvloeistof wel op die bewuste donderdagavond, niet al te ver voor het misdrijf, in het park hebben achtergelaten. Als een lichaamsvloeistof opgedroogd is, zal deze namelijk veel minder goed van het ene op het andere object overgedragen worden. De kans op indirecte overdracht is daardoor veel kleiner. Zoals Marcel eerder verklaarde, zat hij in die periode op voetbal en trainde hij op donderdagavond. Het bewuste park ligt niet op de route van zijn huis naar de voetbalvereniging. Onderweg naar huis of naar de voetbalvereniging kan zijn DNA, op wat voor manier dan ook, daarom niet in voldoende mate in het park zijn terechtgekomen. Het is wel mogelijk dat Marcel na de training ergens naartoe is gegaan waarbij hij zijn DNA in het park heeft achtergelaten. De training duurde namelijk tot half tien 's avonds en om half een 's nachts werd het misdrijf gepleegd.

SCENARIO 1

Marcel verklaarde dat aan de weg die naast het park loopt en waar Melanie ook het park in was gesleurd, een vriend van Marcel woont. Deze vriend heet Ger. Of Marcel die avond naar Ger is geweest, weet hij niet meer omdat het over een doordeweekse avond gaat van meer dan twee jaar geleden. Hij denkt van niet, omdat hij niet vaak bij hem op bezoek ging. Maar stel dat Marcel die avond na de training naar Ger is gegaan, hoe kan zijn DNA dan in het park terechtkomen? Zijn DNA waait niet van hem af terwijl hij voorbij het park fietst. Hij moet daarom in het park zijn geweest. Na even gebrainstormd te hebben kom ik op het volgende scenario:

Marcel is om half tien klaar met trainen. Na de training douchet hij zich en gaat op de fiets naar Ger. De afstand tussen de voetbalvereniging en het huis van Ger is twaalf kilometer. Hier zal de gemiddelde persoon een half uur tot drie kwartier over doen. Als Marcel naar Ger is gegaan, zal hij hier rond half elf aangekomen zijn. Dat betekent dat hij ook rond half elf voorbij het park fietst. Hoe laat hij hier vervolgens is weggegaan, is onmogelijk vast te stellen. Tenzij Ger bevestigt, dat Marcel die avond bij hem op bezoek is geweest en nog kan vertellen hoe laat hij is weggegaan.

Net voor- of net nadat hij op bezoek is geweest bij Ger, stopt hij bij het park voor een plaspauze. Hij loopt een stuk van de trap af om niet gezien te worden. Hier plast hij vervolgens en gaat weer weg. Niet veel later komt de jongen met Melanie onder zijn arm en loopt de trap af. Hij sleurt haar naar de grond, op de plek waar Marcel even daarvoor heeft geplast. Als de jongen Melanies broek naar beneden heeft getrokken en deze op de grond komt, komt de urine van Marcel op haar broek.

Nadat Thomas Melanie heeft gered en zij de hond zijn gaan zoeken, lopen ze terug om Melanies telefoon te zoeken. De hond is inmiddels weer aangelijnd. Op de plek waar Melanie zojuist bijna is verkracht en waar zij haar telefoon terugvindt, snuffelt de hond wat in de bosjes. Hierbij komt de urine van Marcel ook op de hondenriem.

Of dit verhaal kan kloppen, hangt onder andere af van het geheugen van Ger. Als hij zich kan herinneren dat Marcel die bewuste avond bij hem op bezoek is geweest, zou dit gebeurd kunnen zijn. Ook als hij zich dit niet kan herinneren, is het nog steeds mogelijk dat dit scenario zich afgespeeld heeft. De kans wordt echter wel kleiner. Dit scenario alleen is niet afdoende. Het is heel goed mogelijk dat Marcel die avond niet bij Ger is geweest. Zoals hij zelf al zegt, komt hij daar bijna nooit. Er moet daarom nog een scenario bedacht worden. Ik verdiep me weer in de verklaringen van Marcel.

Scenario 2

Marcel woont in Nijmegen, niet erg ver van het park vandaan. Ten tijde van de poging tot verkrachting woonde Marcel samen met zijn vriendin en ging hij vrijwel nooit op stap. Ook sprak hij nauwelijks met vrienden af. Het is daarom onwaarschijnlijk dat Marcel onderweg was naar de discotheek de Matrix. Was dit het geval, dan zou Marcel op zijn weg naar de Matrix voorbij het park gereden zijn. Dat Marcel met vrienden in het park was, lijkt ook niet erg waarschijnlijk. Er is dus weinig ruimte voor andere scenario's.

Een ding blijft over: Marcel was een sportman. Bij de voetbalvereniging kreeg hij betaald en hij trainde daar veel voor. Zo ook op donderdagavond. Voetbaltrainingen bestaan niet alleen maar uit een balletje overtikken op het voetbalveld. Daar hoort ook krachttraining en conditietraining bij. Marcel gaf in zijn verklaringen aan, dat hij voor zijn conditie ging hardlopen. Hij volgde nooit een bepaalde route, dat was te saai. Hij ging met zijn verstand op nul hardlopen zonder na te denken welke kant hij opliep. Regelmatig liep hij tijdens deze conditietrainingen door het park.

Deze conditietraining zorgt voor een scenario waarop het DNA van Marcel in het park terechtgekomen kan zijn. Het is heel goed mogelijk dat Marcel tijdens het hardlopen in de bosjes heeft geplast. Deze plaspauze kan hij gehouden hebben op de plek waar Melanie iets later slachtoffer is geworden van de poging van verkrachting.

Marcels urine komt dan net zoals in het vorige scenario op Melanies broek en de hondenriem terecht.

URINESPOOR

Ik heb de scenario's uitgewerkt, nu moet ik ze onderbouwen, waarbij ik de feiten van het forensisch onderzoek in de scenario's verwerk. Veel feiten zijn er echter niet. Er zijn twee DNA-sporen, meer niet. Ik zal daarom dieper op het DNA moeten ingaan. Hiervoor is de intensiteit van het DNA van belang. Hoe meer DNA er in het spoor zit, des te intensiever is het contact met de bron geweest of des te zuiverder is de lichaamsvloeistof geweest waarmee het object waarop het DNA-spoor is gevonden, in contact is geweest. Wat de intensiteit van de twee DNA-sporen precies is, weet ik niet. Dit kan ook niet exact gemeten worden. Wel kan een schatting gegeven worden, maar daar is in deze zaak niet naar gevraagd en daarom niet gerapporteerd. Wat de intensiteit van het DNA-materiaal van Marcel is, zal ik daarom moeten filteren uit de conclusie die de deskundige na zijn DNA-onderzoek heeft getrokken.

Het DNA-spoor op de broek van Melanie was afkomstig van tenminste drie personen. Het DNA van Melanie kwam hierbij het sterkst naar voren. Over de kans dat iemand hetzelfde DNA heeft als van een van de andere twee donoren die hun DNA op Melanies broek hebben achtergelaten, kan de deskundige niets zeggen. Dit komt, omdat er relatief weinig DNA van de twee andere personen aangetroffen is. Het DNA van Marcel op Melanies broek heeft dus een heel lage intensiteit. Op de hondenriem wordt DNA van twee personen gevonden, waarvan een persoon Marcel is. Het DNA van Marcel komt in veel grotere mate voor dan het DNA van de tweede persoon. Ook kan er een kans berekend worden dat iemand hetzelfde DNA-profiel heeft als wat is gevonden op de hondenriem. Deze kans is kleiner dan één op één miljard. Als er een dusdanig sterk DNA-profiel gevonden wordt, kun je ervan uitgaan dat de intensiteit in ieder geval voldoende is. Maar wat heeft dat voor invloed op mijn scenario?

Het verschil in intensiteit is in het scenario goed te verklaren. Marcels DNA is op Melanies broek gekomen, doordat zij op de grond heeft gelegen waar Marcel eerder heeft geplast. De urine trekt hierbij in de grond en wordt vermengd met het zand op de grond. Hierdoor wordt de concentratie urine op een plek kleiner en zal er dus minder urine op de broek komen.

De urine is op de hondenriem gekomen doordat de hond in de bosjes aan het snuffelen was, dezelfde bosjes waarin Marcel even eerder heeft geplast. De urine blijft op de blaadjes achter en wordt dus niet verdund. De urine trekt namelijk niet in de blaadjes en mengt zich er ook niet mee. Hierdoor komt de urine in pure vorm op de hondenriem. Voorwaarde is wel dat de urine niet opgedroogd is. Dit betekent dat Marcel niet al te lang voor het delict moet hebben geürineerd. Dit kan als hij net van zijn vriend Ger vandaan komt.

Ook belangrijk om naar te kijken is hoeveel DNA er in welke lichaamsstof zit. Als er een bemonstering wordt gemaakt van huidcellen, wordt daar per gemiddelde bemonstering maximaal één nanogram DNA in teruggevonden. Dat is één miljardste deel van een gram. In een milliliter urine zit ook niet veel DNA, namelijk maximaal 20 nanogram.

We kunnen ervan uitgaan, dat er nog geen milliliter vocht op de objecten is terechtgekomen als de DNA-sporen zijn veroorzaakt door urine. Hoeveel wel, valt niet te achterhalen. Met DNA-onderzoek kun je hoeveelheden DNA analyseren van zes picogram. Dit is nog minder dan een nanogram. Eén picogram is namelijk een miljoenste van een miljoenste milligram. De intensiteit van een DNA-spoor dat veroorzaakt is door urine is daardoor waarschijnlijk vergelijkbaar met de intensiteit van een DNA-spoor dat is veroorzaakt door huidschilfers. Dat betekent dat er ongeveer evenveel DNA door de urine op de broek en de hondenriem terecht zal komen als door de huidschilfers.

Versterking (of ontkrachting) van het scenario is mogelijk door meer DNA-onderzoek te doen. Tijdens het DNA-onderzoek aan Melanies broek zijn namelijk alleen bemonsteringen gemaakt van de broekband. De rest van de broek is niet onderzocht, omdat de dader alleen aan de broekband heeft gezeten. Daarom verwacht men geen DNA van de dader op de rest van de broek. Als het zitvlak van Melanies broek op DNA-sporen wordt onderzocht, kan gekeken worden of hier DNA van Marcel op te vinden is. De vondst van DNA van Marcel op die plek, past niet in het scenario dat Marcel de dader is. Wel in het scenario dat Melanies broek op de grond in de urine van Marcel is gevallen. Omdat de politie de hondenriem en de broek vernietigd heeft, kan dit onderzoek niet meer gedaan worden.

Voor de nieuwe scenario's is dus meer onderzoek nodig, dat nu niet meer uitgevoerd kan worden. Dit schaadt de verdediging wel degelijk in haar onderzoek. Of het gerechtshof nu anders beslist over de ontvankelijkheid van het Openbaar Ministerie blijft daarom nog de vraag.

Opluchting

Van der Biezen is zichtbaar opgelucht als hij hoort waardoor het DNA van Marcel op de hondenriem en de broek van Melanie moet zijn gekomen. Hij weet dat er nog veel gedaan moet worden om het gerechtshof te overtuigen van dit scenario, maar hij heeft nu in ieder geval een verklaring voor het DNA. Zijn vertrouwen in zijn cliënt stijgt.

Ook Marcel is ongelooflijk opgelucht als hij het scenario hoort. Hij weet nog steeds niet wat hij die donderdagavond heeft gedaan. Hij weet wel dat dit scenario goed mogelijk is, omdat hij vaak in het park ging hardlopen en ook wel eens een plaspauze hield. Ondanks het feit dat hij niet weet of hij die avond bij Ger is geweest, sluit hij de mogelijkheid niet uit. 'Een betere plek voor een plaspauze dan op een afgelegen stukje in het park is er niet,' zegt Marcel tegen Van der Biezen. Nu moet het gerechtshof nog overtuigd worden. Dit is altijd lastig. Als iemand verdacht wordt van een strafbaar feit, staat diegene in principe bij voorbaat al met tien tegen nul achter. Ook in deze zaak is dat het geval.

Wat is waar?

Zoals ik al eerder stelde, werk ik altijd vanuit de overtuiging dat een verdachte onschuldig is als hij dit zegt. In deze zaak zullen veel mensen ervan overtuigd zijn dat Marcel de dader is. Het scenario dat het DNA van Marcel op de broek en hondenriem is gekomen doordat hij heeft wildgeplast, net voordat Melanie precies op deze plek bijna is verkracht, lijkt niet erg waarschijnlijk. Minder waarschijnlijk betekent echter niet dat het niet gebeurd is. Het scenario kan niet uitgesloten worden en door die fout van de politie kan het ook niet verder onderzocht worden. Dit is een kwalijke zaak. Dat het scenario wel degelijk mogelijk is, bewijst een zaak in Duitsland.

Een jongentje, Mirco genaamd, is vlakbij de grens met Nederland verdwenen. In een natuurgebied wordt later zijn kleding teruggevonden. Wanneer die kleding onderzocht wordt op DNA-sporen, treft men sporen van veel verschillende personen aan. De Duitse politie besluit daarom mensen die rond de tijd van de verdwijning in dat natuurgebied hebben wildgeplast, te verzoeken zich bij de politie te melden. Zij houden namelijk rekening met de mogelijkheid dat de Mirco's kleding (terwijl hij dit droeg of later) door deze plaatsen is gesleept, waardoor het DNA van deze mensen op de kleding is gekomen. Van de mensen die aan deze oproep gehoor hebben geven, kan DNA-materiaal worden afgenomen en vergeleken met het DNA-materiaal op de kleding van Mirco. Zo kan bepaald DNA-materiaal op de kleding van Mirco uitgesloten worden als DNA-materiaal van de dader.

Of Marcel schuldig is of niet, weet ik niet. Wel vind ik, dat het Openbaar Ministerie er hier te snel van overtuigd is dat Marcel het misdrijf heeft gepleegd. Het Openbaar Ministerie wordt over het algemeen eerder geloofd en vertrouwd dan de verdediging, omdat de verdediging de rechtbank er altijd van zal proberen te overtuigen dat de verdachte onschuldig is of dat hij er niets aan kan doen. Ongeacht of dit ook het geval is of niet. Van het Openbaar Ministerie wordt geacht dat zij aan waarheidsvinding doet. Dit betekent dat men probeert de waarheid te achterhalen. Omdat het Openbaar Ministerie in deze zaak te snel van de schuld van Marcel overtuigd is, heeft ze naar mijn mening verzuimd aan waarheidsvinding te doen. Ze heeft zich namelijk geen moment afgevraagd waar het onbekende DNA vandaan komt.

Wanneer echt aan waarheidsvinding zou worden gedaan, zou men proberen te achterhalen van wie het onbekende DNA is. Ook zou aanvullend DNA-onderzoek aan de broek mogelijk moeten zijn, wat hier niet het geval is. In deze zaak is waarheidsvinding daardoor onmogelijk gemaakt. Hoe het gerechtshof over dit alles denkt, is nog even afwachten. Zij buigen zich momenteel nog over de zaak. Het zal hoe dan ook een moeilijke beslissing worden.

Hoofdstuk 2
Verkeerde tijd, verkeerde plaats

Zoals iedere avond loopt Mike met drie vrienden over straat in Utrecht. Terwijl de jongens richting het centrum lopen, komt hij Mo tegen, het broertje van Ayaz, die in een andere wijk in Utrecht woont. Er heerst rivaliteit tussen de twee wijken en er is regelmatig ruzie. Mike verdenkt Ayaz ervan dat hij tweehonderd euro van hem heeft gestolen. Die wil hij terug. Daarom vraagt hij Mo aan zijn broer door te geven dat hij zijn geld heel snel terug wil. Mo ontkent dat Ayaz tweehonderd euro van hem heeft gestolen en zegt dat Mike moet oprotten. Mike pikt dit niet en slaat Mo op zijn gezicht. Mo rent vervolgens weg. Mike laat hem gaan.

Groep tegen groep

Als Mo bij zijn broer aankomt, vertelt hij wat Mike heeft gedaan. Ayaz is woest. Hoe haalt Mike het in zijn hoofd zijn broertje op zijn gezicht te slaan. Ayaz weet waar Mike met zijn vrienden uithangt en samen met zijn vrienden gaat hij hierheen.

Als Mike en zijn drie vrienden ongeveer dertig man onder leiding van Ayaz op zich zien afkomen, vluchten zij. De vier jongens stappen in Mikes auto en rijden naar Overvecht, de wijk in Utrecht waar zij wonen. Ondertussen belt een van de andere jongens de rest van hun groep op om hen te helpen. Ayaz en zijn groep zijn Mike gevolgd en in Overvecht komt het tot een confrontatie tussen twee groepen van ongeveer dertig personen. De meesten zijn tussen de 16 en 21 jaar. Ayaz en Mike spreken af, dat het gevecht tussen hen blijft en dat de andere personen binnen de groepen zich er niet mee bemoeien. Maar die negeren dat en iedereen vecht mee. In het begin blijft het nog bij handgemeen, maar al snel halen zij messen en even later ook vuurwapens te voorschijn.

Dan stormt een grote groep jongens op Yildirim en Nazim af, twee jongens uit de groep van Ayaz. Yildirim steekt een pistool in de lucht en schiet. Nazim doet hetzelfde en schiet twee keer. Er heerst chaos. Op één na rent iedereen weg. Ongeveer 25 meter van Yildirim en Nazim vandaan ligt Mohammed op de grond. Zijn hoofd ligt in een plas bloed. In de achterkant van zijn pet zit een gaatje. Hij is door zijn achterhoofd geschoten. Bewoners van de wijk hebben vanuit huis gezien wat er is gebeurd en het alarmnummer gebeld. Als de politie en ambulance arriveren, is bijna iedereen verdwenen. Mohammeds vrienden zijn achtergebleven en ontfermen zich over hem. Hij leeft nog en wordt door de ambulance meteen naar het ziekenhuis gebracht. Na enkele uren in het ziekenhuis overlijdt Mohammed. De politie neemt zijn vrienden mee, maar die zijn niet in staat iets te vertellen over wat er gebeurd is. Ze zijn in shock. De agenten laten de jongens daarom gaan en spreken af dat ze later een verklaring geven over wat er is gebeurd.

De politie heeft de straat waar het schietincident plaatsvond ondertussen afgezet. De forensisch onderzoekers van de technische recherche gaan aan de gang.

Chaos

Door de grootte van de plaats delict duurt het onderzoek langer dan normaal. Dit komt voornamelijk, omdat de plaats delict met behulp van speciale camera's moet worden vastgelegd. Door de enorme chaos is niet duidelijk wat er precies gebeurd is en wie er geschoten heeft. Er zijn ongeveer zestig mogelijke daders. Daarom kan het erg nuttig zijn om later een reconstructie te maken van de gebeurtenissen. Met behulp van digitale techniek worden personen op de plaats delict gezet en kan gereconstrueerd worden wat er gebeurd kan zijn. Het zoeken naar sporen is snel afgelopen. Er ligt een plas bloed, er worden drie hulzen teruggevonden en één patroon.

Patroon, huls, kogel

Mensen halen deze drie begrippen vaak door elkaar. Toch zeggen ze alle drie iets heel anders over wat er op een plaats delict is gebeurd. Als men munitie koopt, dan zijn dat patronen. Een patroon bestaat uit een huls, met hierin een kogel waarvan een groot deel van de voorkant uit de huls steekt. Men kan zich de huls als een bakje voorstellen. Dit bakje wordt afgesloten met de kogel. In het forensisch onderzoek wordt de kogel ook wel een projectiel genoemd. Wanneer de slagpin van een vuurwapen tegen de onderkant van de huls aan stoot, ontbrandt het kruit in de huls waardoor de druk in die ruimte enorm snel oploopt. Die enorme druk zorgt ervoor dat het projectiel uit de huls schiet. Dit projectiel schiet door de loop het vuurwapen uit. De kogel is nu verschoten.

Wanneer alleen een projectiel gevonden wordt, dan betreft het meestal het eindpunt van de kogel, die dus vanaf een ander punt is verschoten. Wanneer een huls aangetroffen wordt, kan dit een aanwijzing zijn dat ongeveer op die plaats de schutter heeft gestaan bij het verschieten van het projectiel. Wanneer een patroon gevonden wordt, kan het zijn dat een persoon deze los bij zich had en er een verloren heeft. Ook kan het zijn dat iemand het patroon doorgeladen heeft. Dit kan gebeuren als er al een patroon in de kamer van het vuurwapen zit, klaar om verschoten te worden. Als de hanteerder van het wapen vervolgens de slede van het wapen weer naar achteren haalt, waardoor een nieuw patroon in de kamer wordt geladen, zal het patroon dat al in de kamer zat uit het wapen worden geworpen. Of een patroon doorgeladen is of simpelweg is verloren, moet blijken aan het krassporenonderzoek op het patroon. Hier wordt later in dit hoofdstuk nog aandacht aan besteed.

Met het kaliber wordt de diameter van een patroon aangeduid. Deze diameter is precies afgestemd op de diameter van de loop van het wapen waarmee het projectiel verschoten moet worden. Doordat het projectiel precies in de loop past, zal het projectiel een rechte vlucht krijgen wanneer deze verschoten wordt. Zou het projectiel te klein zijn voor de loop, dan ketst het projectiel, voordat het uit de loop wordt geschoten, in de loop op en zal de vlucht van het projectiel onvoorspelbaar zijn. Dan is het onbekend waar het projectiel heen zal gaan, en dat wil niemand.

Eén huls heeft een kaliber van 9 mm, de andere twee hulzen hebben, net als het patroon, een kaliber van 6,35 mm. Een vuurwapen wordt niet aangetroffen. De rechercheurs willen dat wel graag vinden. Het vuurwapen kan sporen van de schutter bevatten en ze kunnen dan met redelijk grote zekerheid zeggen of de aangetroffen hulzen, of de kogel in het hoofd van Mohammed, met aangetroffen wapen verschoten zijn. Er wordt nog een duikteam ingezet om in de sloten te zoeken, maar een wapen wordt niet gevonden.

Als laatste worden alle afstanden tussen de plas bloed en de verschillende hulzen en de patroon gemeten. Het onderzoek op de plaats delict zit er dan op. Met de drie hulzen en het patroon moeten de forensisch onderzoekers het doen.

Neergeschoten?

Na zijn overlijden wordt Mohammed naar het NFI vervoerd. Daar kijken ze naar de verwonding in zijn achterhoofd en onderzoeken ze of hij nog meer ernstige verwondingen heeft. Het onderzoek van de verwonding in het achterhoofd van Mohammed is erg belangrijk. Hierbij kan namelijk gekeken worden vanaf welke afstand hij minimaal of maximaal is neergeschoten en met welk kaliber projectiel dit is gebeurd.

Schootsafstand

Om de schootsafstand te berekenen worden de chemische stoffen rondom de inschotwond die met het projectiel meegekomen zijn, veiliggesteld en onderzocht. Bepaalde stoffen vliegen maar tot een bepaalde afstand rondom het projectiel mee en vallen dan op de grond. Als die stoffen niet rond de inschotwond worden gevonden, betekent dit dat het projectiel van een grotere afstand is verschoten dan die stoffen kunnen vliegen. De patholoog maakt de bemonsteringen rondom de verwonding. Een andere deskundige zal deze bemonstering onderzoeken op de schotrestdeeltjes.

Tijdens de sectie haalt de patholoog een projectiel uit de hersenen van Mohammed, met een gewicht van bijna 3,5 gram. Het projectiel is door de inslag in het hoofd zo vervormd, dat niet meer te zien is om wat voor kaliber het gaat. Nader onderzoek zal dit dus moeten uitwijzen. De schotverwonding in het achterhoofd blijkt niet de enige verwonding te zijn. In de borst heeft Mohammed een steekverwonding van een paar centimeter diep. Deze steekverwonding is alleen door de borstspier gegaan en niet door de long, waardoor de verwonding dus niet ernstig is. Deze verwonding wekt de indruk dat Mohammed voor zijn dood nog heeft gevochten, waarbij hij een steekverwonding heeft opgelopen. Een mogelijke hypothese is dat Mohammed van dichtbij is neergeschoten en dat Yildirim en Nazim hier helemaal geen schuld aan hebben.

Wie is de dader?

Twee dagen na het overlijden van Mohammed worden zijn vrienden verhoord door de politie. De verdachten weten vele namen te noemen van jongens die erbij betrokken zijn. Ze vertellen dat Yildirim en Nazim de waarschuwingsschoten hebben gelost. Het gebruikte vuurwapen is niet van hen. Van wie het wel is, weten de jongens niet. De vuurwapens zijn continu van persoon op persoon doorgegeven en uiteindelijk bij Yildirim en Nazim terechtgekomen. Waar de wapens nu zijn, weten ze ook niet. Wel weet een van de vrienden iets over de steekverwonding in de borst van Mohammed, hij stond namelijk naast Mohammed toen die werd neergeschoten. Mohammed zou zelf een mes in zijn handen hebben gehad. Toen hij vervolgens neergeschoten werd en voorover viel, zou hij in zijn mes zijn gevallen. De politie heeft verschillende messen in een dakgoot vlakbij de plaats delict gevonden. Een getuige heeft verklaard alle messen die op de plaats delict lagen in die dakgoot te hebben gegooid. Waarschijnlijk is de steekverwonding van Mohammed door één van die messen veroorzaakt. Met welk mes dat is, is niet onderzocht.

De politie achterhaalt steeds meer betrokkenen naar mate de verhoren vorderen. Zo ontstaat er een enorm dossier van processen-verbaal van verhoren. Veel zeggen de betrokkenen echter niet. De een heeft één schot gehoord, de ander vijf. Maar barweinig mensen hebben überhaupt iets gezien. Het lijkt erop dat niemand wil vertellen over wat er die avond precies gebeurd is. Alleen dat Yildirim en Nazim waarschuwingsschoten lossen terwijl zij naast elkaar staan, wordt duidelijk.

De zoektocht naar Yildirim en Nazim wordt geopend. Nazim is snel gevonden, Yildirim niet. Nazim, zoekt geen uitvluchten: hij heeft twee waarschuwingsschoten gelost met een klein pistool. Dit pistool had hij van iemand gekregen, maar hij weet niet van wie. Het merk en het type pistool weet hij ook niet. Hij vertelt dat hij op niemand heeft gericht, maar omhooggeschoten heeft. Het was niet zijn bedoeling iemand te raken, maar om mensen af te schrikken. Daarom schoot hij omhoog. Als hij iemand had willen raken, dan had hij wel naar voren geschoten. Het waarschuwingsschot loste hij, omdat hij zich bedreigd voelde door de groep die op hem af kwam. Dan vraagt een van de rechercheurs hem of hij zeker weet dat hij schoot op het moment dat hij het pistool recht omhoog had gestoken. Dat weet Nazim bijna zeker. Heel misschien is het eerste schot gelost op het moment dat hij bezig was het pistool de lucht in te steken.

Uit de verklaring van Nazim blijkt niet dat hij Mohammed neergeschoten heeft. Alleen als Nazim heeft geschoten toen hij het wapen nog niet de lucht in had gestoken, kan de kogel vijfentwintig meter verderop, over een groep van zestig mensen heen, het hoofd van Mohammed geraakt hebben. Heeft Nazim alleen omhoog geschoten, dan zal hij het dodelijke schot niet gelost hebben. De kogel wordt dan omhooggeschoten. Hij komt logischerwijs weer naar beneden, maar heeft dan een langere weg afgelegd. Ook heeft de kogel hoogstwaarschijnlijk dan al zoveel snelheid verloren dat hij de schedel van Mohammed niet eens kan penetreren.

Dodelijke kogel

De drie hulzen en het patroon die op de plaats delict zijn aangetroffen, worden samen met het projectiel dat uit Mohammeds hoofd is gehaald, onderzocht bij het NFI. De vraag aan hen is of zij kunnen onderzoeken of het projectiel uit één van de hulzen afkomstig is, en of de twee hulzen met het kaliber van 6.35 mm met hetzelfde of met verschillende wapens zijn verschoten.

Allereerst wordt het projectiel uit Mohammeds hoofd nogmaals gewogen. Nog steeds weegt het projectiel bijna 3,5 gram. Dit past bij een kogel met een kaliber van 6.35 mm. Vervolgens wordt er op basis van de uiterlijke kenmerken van het projectiel een vergelijking gemaakt met een aantal projectielen van dit kaliber. Deze uiterlijke kenmerken passen alleen bij een projectiel van het merk Sellier & Bellot. Nu blijkt dat één van de 6.35 mm hulzen, net als het patroon en de 9 mm huls, van het merk Sellier & Bellot afkomstig is. De andere 6.35 mm huls is van het merk Magtech. Nu zal onderzocht worden of de kogel ooit één geheel heeft gevormd met de aangetroffen huls. Kraslijnen die hierop wijzen, worden niet gevonden. Hierdoor kan niet achterhaald worden of het projectiel ooit één geheel heeft gevormd met de aangetroffen huls. Ook kan dus niet achterhaald worden of het projectiel is verschoten met hetzelfde wapen als de huls.

Kraslijnen

Bij gebruik van een patroon ontstaan er verscheidene krassporen die karakteristiek zijn voor bepaalde mechanismen in een vuurwapen.

De eerste krassporen ontstaan meestal wanneer het patroon uit de houder in de kamer van het wapen wordt geladen. Deze sporen kunnen zowel op de kogel als op de huls ontstaan. Vervolgens wordt er geschoten, waarbij aan de onderkant van de huls een indruk van de slagpin van het wapen komt. De slagpin is het puntje in het wapen dat in het midden van de onderkant van de huls tikt. Om de slagpin zit de stootbodem die tegelijk met de slagpin tegen de onderkant van de huls aan stoot als er wordt geschoten. Ook door de stootbodem worden krassporen veroorzaakt. Vervolgens knalt het projectiel uit de huls en vliegt via de loop uit het wapen. In de loop zitten zogenaamde trekken en velden. Dit zijn groeven die ervoor zorgen dat het projectiel ronddraait als het de mond van de loop verlaat. Een gemiddeld aantal van vijftigduizend omwentelingen per minuut zorgt ervoor dat het projectiel gestabiliseerd wordt, waardoor de grootste afstand bereikt kan worden. De groeven van de loop zorgen voor krassporen die alleen op het projectiel te zien zijn.

Nadat het projectiel verschoten is, wordt de huls uitgeworpen. Ook hier worden weer verscheidene krassporen door verschillende delen van het wapen veroorzaakt.

Nu heeft ieder type vuurwapen een eigen type krassporen, omdat niet ieder type vuurwapen precies hetzelfde in elkaar zit. Ook zitten er minimale verschillen tussen de vuurwapens binnen hetzelfde type. Deze ontstaan tijdens het productieproces van de wapens. Hierdoor kunnen kraslijnen ontstaan die hoogstwaarschijnlijk door maar één vuurwapen veroorzaakt kunnen worden. Dit weten we niet zeker, omdat we dan van ieder pistool in de wereld zouden moeten weten welke krassporen deze veroorzaakt.

Zo kan bij het krassporenonderzoek aan hulzen onderzocht worden met welk type wapen deze zijn verschoten. Ook kan een vergelijking gemaakt worden met een vuurwapen van de verdachte waarbij met dit vuurwapen proefschoten worden gelost. De verschoten hulzen worden dan vergeleken met de aangetroffen hulzen op de plaats delict. Wanneer karakteristieke kraslijnen worden gevonden die heel waarschijnlijk alleen door het wapen van de verdachte worden veroorzaakt, zijn de aangetroffen hulzen zeer waarschijnlijk verschoten met het vuurwapen van de verdachte.

Vervolgens worden de krassporen op de twee 6.35 mm hulzen met elkaar vergeleken. De krassporen op beide hulzen komen overeen met de krassporen die worden veroorzaakt door een omgebouwd Tanfoglio GT-28 alarmpistool. Ook worden op beide hulzen sporen gevonden die karakteristiek zijn voor één vuurwapen. De karakteristieke sporen van de ene huls komen niet allemaal voor op de andere en de karakteristieke sporen van de andere huls komen niet allemaal voor op de ene. Maar er zijn wel een minimaal aantal karakteristieke sporen op beide hulzen te zien die met elkaar overeenkomen. Dat er op beide hulzen karakteristieke krassporen zichtbaar zijn die op de andere huls niet voorkomen, wordt door de deskundige verklaard doordat het merk van beide hulzen verschillend is. Dit zorgt voor verschillen in de hulzen, bijvoorbeeld dat de ene huls een coating heeft en de andere niet. De deskundige trekt op basis van de krassporen de conclusie, dat beide hulzen waarschijnlijk met een en hetzelfde vuurwapen zijn verschoten.

Ombouwen

Gebruikte vuurwapens zijn niet per definitie oorspronkelijk ontworpen als vuurwapen. Veel alarmpistolen worden omgebouwd tot een vuurwapen. Een alarmpistool is een pistool dat bijvoorbeeld gebruikt wordt bij het startschot van een atletiekwedstrijd. Het heeft exact hetzelfde mechanisme als een vuurwapen. De loop in een alarmpistool is echter zo ontworpen, dat er geen scherpe munitie mee verschoten kan worden. Wanneer een alarmpistool omgebouwd wordt, wordt de loop uit het wapen geboord en er een andere loop ingedaan, die wel geschikt is om scherpe munitie mee te verschieten. Een alarmpistool van het merk Tanfoglio van het type GT-28 wordt vaak omgebouwd. Het is een klein wapen.

De bemonsteringen die tijdens het pathologisch onderzoek zijn genomen, worden ook onderzocht. Met een zogenaamde elektronenmicroscoop wordt onderzocht uit welke atomen de bemonstering bestaat. Vervolgens worden proefschoten gelost met een omgebouwd Tanfoglio GT-28 pistool dat bij het NFI is opgeslagen. Bij de proefschoten laat men het projectiel op een steeds grotere afstand inslaan. Zo kan men kijken hoe ver bepaalde kruitdeeltjes kunnen komen. Hierna luidt de conclusie dat er geen aanwijzingen zijn dat de schootsafstand kleiner dan 50 centimeter is. Het wapen dat Mohammed heeft gedood, werd dus minstens op 50 centimeter afstand van Mohammed vandaan gehouden toen het dodelijke projectiel werd verschoten.

Nazim is de dader

Nazim heeft met een klein wapen geschoten, zegt hij. Anderen hebben ook gezien dat hij twee keer met een klein wapen heeft geschoten. Yildirim heeft één keer met een groter wapen geschoten. Er zijn twee hulzen gevonden met het kaliber van 6.35 mm en één huls van 9 mm. Met kleinere vuurwapens worden vrijwel in alle gevallen kleinere kalibers munitie verschoten dan met grotere vuurwapens. De twee 6.35 mm hulzen zijn waarschijnlijk met hetzelfde wapen verschoten. Het projectiel in het hoofd van Mohammed is hoogstwaarschijnlijk van hetzelfde merk als één van de hulzen en heeft ook een kaliber van 6.35 mm. Nazim liet enige twijfel zien bij de vraag of hij zeker wist dat hij pas schoot toen hij zijn pistool recht in de lucht had gestoken. Dit alles levert het Openbaar Ministerie genoeg aanknopingspunten op om ervanuit te gaan dat Nazim het dodelijke schot heeft gelost. Nazim wordt daarom moord dan wel doodslag ten laste gelegd. Als Nazim veroordeeld wordt voor de dood van Mohammed, is het aan de rechter om te beslissen of er sprake is van moord of doodslag.

Moord en doodslag

In het wetboek van strafrecht worden twee delicten behandeld waarbij de dader opzettelijk iemand heeft gedood, namelijk moord en doodslag. Het verschil tussen deze twee delicten is dat bij moord het delict met voorbedachten rade is gepleegd en bij doodslag niet. Uit een uitspraak van de Hoge Raad (de hoogste rechterlijke instantie in Nederland) blijkt, dat voorbedachten rade inhoudt dat de dader de tijd heeft gehad zich te beraden op het te nemen of het genomen besluit, zodat verdachte de gelegenheid heeft gehad na te denken over de betekenis en de gevolgen van de voorgenomen daad en zich daarvan rekenschap te geven. Of iemand hiervoor voldoende tijd heeft gehad, wordt door de rechter besloten. De rechter kan al van een aantal seconden besluiten dat de dader voldoende tijd heeft gehad. Er is dus niet pas sprake van moord als de dader uren van te voren al heeft bedacht wat hij gaat doen voordat hij zijn daad uitvoert.

Arthur van der Biezen en zijn kantoorgenote Astrid Klappe verdedigen Nazim en twijfelen niet aan zijn onschuld. Wat zegt de conclusie dat de twee hulzen waarschijnlijk met een het hetzelfde wapen zijn verschoten? Hoe waarschijnlijk is het dat de kogel in het hoofd van Mohammed uit één van de aangetroffen hulzen afkomstig is? Hoe weet men dat Nazim die hulzen heeft verschoten? Er zijn namelijk mensen die meer dan drie schoten hebben gehoord. Is er dan nog één schutter? Ik beloof Van der Biezen en Klappe een antwoord te zoeken op deze vragen en krijg het dossier aangeleverd.

Niets is zeker

Zoals in iedere zaak bekijk ik eerst de foto's van de plaats delict en lees het proces-verbaal van het technisch onderzoek dat is gedaan. Hier valt mij meteen iets op. De 9 mm huls van het merk Sellier & Bellot en de 6.35 mm huls van het merk Magtech zijn naast elkaar gevonden. Dit past uitstekend bij de verschillende verklaringen die zijn afgelegd. Nazim en Yildirim stonden immers naast elkaar toen zij schoten. Yildirim heeft blijkens de verklaringen hoogstwaarschijnlijk de 9 mm huls verschoten en Nazim 6.35 mm huls. Deze laatste huls en de patroon van het merk Sellier & Bellot liggen echter 5,5 meter verderop bij elkaar. Dit is vreemd, omdat Nazim twee keer achter elkaar heeft geschoten met een groep van bijna zestig man voor zijn neus. Tussen die twee schoten is Nazim niet van zijn plaats geweest en hier lijkt hij gezien de omstandigheden de kans ook niet voor te hebben gehad. Misschien zijn de huls en patroon weggetrapt tijdens de chaos die na het schieten is ontstaan en lagen deze twee munitiedelen oorspronkelijk wel op de plek waar Nazim had gestaan.

Deze hypothese is mogelijk maar niet erg waarschijnlijk. De huls en patroon lagen namelijk heel dicht bij elkaar. Als ze weggetrapt worden, is de kans klein dat ze precies naast elkaar terechtkomen. Dat de twee munitiedelen met dezelfde trap zijn verplaatst, lijkt al helemaal niet waarschijnlijk nu de patroon een groter gewicht heeft dan de huls. Het ene object komt daardoor verder dan het andere. Op een voorwaarde: als de huls en patroon tegen een object aangetrapt worden, zullen zij wel een even grote weg afgelegd hebben. Maar dat blijkt hier nergens uit. De huls en het patroon liggen bijna midden op de weg. Ook zijn er geen andere krassporen aangetroffen dan die krassporen die worden veroorzaakt door een vuurwapen. Wanneer munitiedelen worden weggetrapt, verwacht je dat dit ook nog krassporen veroorzaakt.

Ook de conclusie van de deskundige die de krassporen op de munitiedelen heeft onderzocht, is niet zo zeker als men wellicht denkt. De deskundige geeft aan dat de twee 6.35 mm hulzen waarschijnlijk met een en hetzelfde wapen zijn verschoten. Nu kan er door het woordje "waarschijnlijk" een hele discussie ontstaan.

Waarschijnlijkheid

Wanneer een conclusie niet in getallen uit te drukken is, geeft een deskundige een conclusie op basis van een waarschijnlijkheidsuitspraak. Dit gebeurt ook bij het krassporenonderzoek op munitiedelen. Op basis van zijn bevindingen kan een deskundige bijvoorbeeld bij dit onderzoek concluderen dat twee hulzen:

1. Met aan zekerheid grenzende waarschijnlijkheid ...
2. Hoogstwaarschijnlijk...
3. Waarschijnlijk...
4. Waarschijnlijk niet...

5. Hoogstwaarschijnlijk niet...
6. Met aan zekerheid grenzende waarschijnlijkheid niet...
... met een en hetzelfde wapen zijn verschoten.

De waarschijnlijkheid die de deskundige kiest, baseert hij op zijn kennis, ervaring en gezond verstand. Het NFI concludeert tegenwoordig vaak volgens een andere methode, waarbij ook iets gezegd wordt over de tegenovergestelde kans. Hier wordt later in dit boek nog op ingegaan.

De stelling van de deskundige dat de twee hulzen waarschijnlijk met een en hetzelfde wapen zijn verschoten, laat dus suggestie voor het tegendeel open. Anders had de deskundige wel de conclusie met aan zekerheid grenzende waarschijnlijkheid getrokken. Over hoe groot die ruimte is, doet de deskundige geen uitspraak. Toch is dit wel degelijk van belang. Want hoe waarschijnlijk is het nu dat de twee hulzen door twee verschillende vuurwapens zijn verschoten? Om dit te achterhalen stel ik aan de twee advocaten van Nazim voor dat zij een contra-expertise laten verrichten op dit onderzoek. Een contra-expertise houdt in dat een andere deskundige die geen enkele relatie met de eerste deskundige heeft, het onderzoek overdoet en een eigen conclusie trekt. De tweede deskundige kan op de eerste plaats controleren of de conclusie van de eerste deskundige terecht is, en bovendien iets zeggen over de kans dat er twee vuurwapens zijn gebruikt.

Als laatste heb ik mij verdiept in de conclusie over de schotresten die op het lichaam van Mohammed zijn aangetroffen. Na de proefschoten wordt geconcludeerd, dat er geen aanwijzingen zijn dat de schootsafstand kleiner dan 50 centimeter is. Dat betekent dat op het lichaam van Mohammed geen stoffen zijn aangetroffen die na een schot maar tot 50 centimeter ver komen. De conclusie van de deskundigen is onvolledig. Zij hebben namelijk niet gerapporteerd welke stoffen zij op het lichaam van Mohammed aangetroffen hebben en welke daarvan verder dan 50 centimeter komen. Zijn er bijvoorbeeld stoffen bij, die verder komen dan 50 centimeter en niet verder dan 90 centimeter? Dit lijkt gemuggenzift, maar die stoffen bestaan wel degelijk. Ik wil dat de deskundige hierover uitsluitsel geeft. Doet hij dat niet, dan blijft het een te simpele aanname dat deze stoffen niet gevonden zijn. In zaken zoals deze, waar iemand een lange gevangenisstraf boven zijn hoofd hangt, vind ik niet dat er te simpele aannames kunnen worden gemaakt.

HOEVEEL VUURWAPENS?

De rechtszaal zit barstensvol wanneer de zitting waarin Nazim hoofdverdachte is van het doodschieten van Mohammed, wordt hervat. Veel van de mensen die bij de vechtpartij betrokken zijn geweest, willen horen wat er ter terechtzitting verteld gaat worden.

Klappe heeft mijn bevindingen gelezen en start haar pleidooi over de munitiedelen die zo ver uit elkaar lagen. Hoe is dit mogelijk? Is er een derde schutter? Dan vervolgt Klappe haar verhaal over de onduidelijkheid van de resultaten van het krassporenonderzoek op de hulzen. Het is waarschijnlijk dat de twee hulzen zijn verschoten met een en hetzelfde wapen. 'Maar wat zegt dit over de mogelijkheid dat de hulzen met twee verschillende vuurwapens zijn verschoten?' Klappe verzoekt de rechtbank een contra-expertise van het krassporenonderzoek op de hulzen uit te laten voeren. Ze stelt een Britse deskundige voor die ik Klappe heb aanbevolen. Een man die al veertig jaar in het vak zit, waarvan dertig jaar voor het Britse forensisch onderzoekslaboratorium van de overheid. Hij werkte ook bij een particulier onderzoeksinstituut in de overtuiging dat dit de objectiviteit van een onderzoek beter waarborgt. Als laatste verzoekt Klappe meer duidelijkheid te verschaffen over het onderzoek naar de schootsafstand. De rechtbank wijst beide verzoeken toe. Maar uit kostenoverwegingen willen de rechters de contra-expertise niet door de Britse deskundige laten verrichten. De hulzen zullen daarom naar het Belgisch gerechtelijk laboratorium gestuurd worden.

De reactie van de onderzoeker van de schotrestdeeltjes die gerapporteerd heeft over de schootsafstand, laat niet lang op zich wachten. Zoals verwacht, blijkt uit de proefschoten dat er geen deeltjes zijn die verder dan 50 centimeter reiken. Nu er geen deeltjes rond de verwonding aangetroffen zijn die niet van de kogel zelf afkomstig zijn, wordt geconcludeerd dat de schootsafstand niet kleiner dan 50 centimeter is. Meer kan er niet over gezegd worden.

Het resultaat van de contra-expertise laat wat langer op zich wachten. Als deze eindelijk binnenkomt, lees ik eerst of de juiste vraag aan de deskundige is gesteld. De vraag luidt:

'Onderzoek of de verschoten munitiedelen afkomstig zijn uit één of meerdere vuurwapen(s)'

De vraagstelling is juist. Er wordt zowel gevraagd of de munitiedelen afkomstig zijn uit één vuurwapen als of deze afkomstig zijn uit meerdere vuurwapens. De Belgische deskundige komt helaas tot dezelfde onvolledige conclusie als de Nederlandse. 'De twee munitiedelen zijn waarschijnlijk met één en hetzelfde wapen verschoten.' Uit onvrede besluit ik zelf de Britse deskundige te benaderen. Ik leg hem uit wat de situatie is en wat de conclusie van zowel de Nederlandse als de Belgische deskundige is. De Brit begrijpt wat ik bedoel en vraagt of ik hem de conclusies van de deskundigen kan toesturen evenals de bevindingen die zij hebben gedaan waaruit de conclusie getrokken is.

De Brit besluit een reactie te geven zonder hiervoor een vergoeding te vragen, omdat hij het van groot belang acht, dat de rechters kennis hebben van de onvolledige conclusie van de Belgische en Nederlandse deskundige. De Brit heeft duidelijk passie voor zijn vak en wedijvert voor rechtvaardigheid.

Na de reactie van de Brit te hebben ontvangen overhandig ik deze aan Van der Biezen. De Brit stelt, dat hij ervan uitgaat dat de conclusie van de Belg en de Nederlander zo geïnterpreteerd moet worden, dat het waarschijnlijker is dat de munitie met een en hetzelfde wapen is verschoten dan dat dit met meerdere wapens is gebeurd. Maar de mogelijkheid is zeker aanwezig dat er wel verschillende vuurwapens zijn gebruikt. Om hier stelliger in te zijn zegt de Brit het onderzoek zelf te moeten doen. Mijn stelling dat de conclusie van de Belg en de Nederlander onvolledig is, ondersteunt hij. Van der Biezen zal de rechtbank opnieuw om een contra-expertise vragen. Dit keer zal deze wel uitgevoerd moeten worden door de Britse deskundige. De rechtbank wijst dit verzoek echter niet toe. Ze zien geen noodzaak nog een contra-expertise uit te laten voeren. Zo blijft er onduidelijkheid bestaan of de munitiedelen nu met één of meerdere vuurwapens zijn verschoten.

SCHULD OF ONSCHULD

Het forensisch onderzoek zal nooit absolute zekerheid in deze zaak verschaffen. De gedachtegang van het Openbaar Ministerie is begrijpelijk. Het is zeer verleidelijk alle bevindingen zo te interpreteren dat er een dader uit volgt. Feit is echter dat de bevindingen op veel verschillende manieren zijn te interpreteren. De munitiedelen liggen verspreid op de weg. Dit ondersteunt de hypothese dat Nazim het dodelijke schot leverde, niet. Het slachtoffer is van minstens 50 centimeter afstand neergeschoten. Dit zegt ook niet zo veel. Waarschijnlijk zijn de twee 6.35 mm hulzen met een en hetzelfde wapen verschoten. Maar het blijft mogelijk dat ze door twee verschillende vuurwapens zijn verschoten. Ook dit levert dus geen duidelijkheid op. Ook is niet duidelijk of het projectiel dat Mohammed heeft gedood, ooit één geheel heeft gevormd met de aangetroffen hulzen. Het kan zijn dat er hulzen door de getuigen of een onbekende dader zijn meegenomen. Veel getuigen hebben drie schoten gehoord. Sommige hebben één schot gehoord, andere vijf. Hoeveel schoten er dus precies zijn gelost, blijft ook onduidelijk.

De uitspraak van de rechter zal nog wel even op zich laten wachten. Niet alleen op forensisch technisch gebied is er in deze zaak veel discussie, maar ook op juridisch gebied. Naar mijn mening kunnen de rechters op basis van het forensisch onderzoek niet zeker weten dat Nazim het dodelijke schot heeft gelost. Het wordt een kwestie van afwachten welke mening de rechters zijn toegedaan en waarvan ze overtuigd raken, van de schuld of onschuld.

HOOFDSTUK 3
ZEDENDELICT IN DE TREIN

Zoals bijna iedere doordeweekse dag wacht Jorieke op het station in Nijmegen op de trein naar Den Bosch. Ze heeft de hele dag gestudeerd en is blij dat ze eindelijk naar huis kan, ze heeft hoofdpijn. Als de trein eindelijk arriveert, stapt ze in en gaat in de hal tussen twee coupés zitten. Het is niet druk, maar ze heeft gewoon geen zin om onder de mensen te zijn. Ze wil gewoon even rust hebben.

NIET VAN GEDIEND

Na vijf minuten komt een jongen naast haar zitten. De jongen is niet heel erg lang, ongeveer 1,75 m, wel breed en atletisch. Hij heeft gemillimeterd haar, een lichtgetinte huidskleur, donkerbruine ogen en een slecht gebit waarin een tand mist. Ze schat hem rond de 23 jaar oud. Jorieke baalt ervan dat hij naast haar komt zitten. Ze vraagt zich af waarom, in de trein is nog plaats genoeg. De jongen begint tegen haar te praten over sport en hobby's. Uit fatsoen geeft Jorieke antwoord. Ze vertelt dat ze hockeyt en best fanatiek is. De jongen vraagt of ze blessures heeft gehad. Ze antwoord bevestigend. In het vervolg kan zij hem anders wel bellen, want hij is volgens eigen zeggen een erg goede masseur. Terwijl de jongen dit zegt, pakt hij de arm van Jorieke vast en gaat met zijn handen naar haar nek om haar te masseren. Jorieke laat merken dat ze hiervan niet gediend is en wil opstaan om weg te lopen. De jongen staat dit niet toe. Hij houdt met een hand haar nek vast. Hij slaat zijn andere arm om haar middel en trekt haar op zijn schoot. Jorieke weet niet wat haar overkomt. De jongen zit al snel met zijn hand onder haar T-shirt en betast haar borsten. Jorieke probeert te schreeuwen dat hij haar moet loslaten. Dat lukt niet: ze is zo verstijfd van angst, dat ze geen geluid uit haar keel krijgt. Ze kan dus niemand waarschuwen.

Ondertussen gaat de jongen met de hand waarmee hij eerst haar nek vasthield, voorlangs in haar broek. Hij begint haar vagina te betasten en stopt er een vinger in. Jorieke schrikt nog meer. Maar ze herpakt zichzelf, trekt de hand van de jongen uit haar broek, staat op en rent een coupé in. Snel gaat ze stil op een stoel zitten. Ze is doodsbang dat de jongen haar achterna komt. Gelukkig doet hij dat niet. Na vijf minuten komt de trein in 's-Hertogenbosch aan. Jorieke loopt naar de uitgang van de trein. De jongen ziet ze niet meer, hij is weg.

Slachtoffers in trein

Nadat ze is thuisgekomen, vertelt Jorieke haar ouders wat haar is overkomen. Jorieke en haar moeder gaan meteen naar de politie. Daar kan Jorieke haar verhaal kwijt aan de zedenrecherche, een afdeling van de politie die gespecialiseerd is in het behandelen van zedendelicten.

Zedenrecherche

Wat zedenrechercheurs onderscheidt van andere rechercheurs, is dat zij speciaal zijn opgeleid om slachtoffers van een zedendelict goed te kunnen opvangen. Dit is belangrijk, omdat een slachtoffer van een zedendelict vaak erg getraumatiseerd is. Inlevingsvermogen en medeleven zijn op zo'n moment van groot belang.

Jorieke vertelt haar verhaal tegen Krista en Hans. Krista luistert en Hans noteert alles wat ze zegt. Daarna worden de notities uitgeprint en aan Jorieke voorgelegd. Hans vraagt of ze het eens is met het verslag en of ze het wil ondertekenen. Dit is van belang, omdat het verslag als een proces-verbaal van haar aangifte in het zaakdossier komt. Als ze het niet controleert en ondertekent, kan de rechter besluiten dat het proces-verbaal niet in de zaak gebruikt mag worden. In het proces-verbaal kunnen dan namelijk dingen staan, die Jorieke niet zo gezegd of bedoeld heeft. Door het proces-verbaal te ondertekenen weet de rechter, maar ook de advocaat van de verdachte en de officier van de justitie, dat Jorieke akkoord is gegaan met wat de rechercheurs hebben genoteerd. Alles klopt, dus ze ondertekent het.

Dan belt Joriekes moeder haar vader. Hij moet andere kleding voor Jorieke komen brengen, omdat de politie de kleding die Jorieke in de trein aanhad, wil onderzoeken op DNA-sporen van de mogelijke dader. Er kunnen huidschilfers van de dader op haar kleding gekomen zijn, doordat hij Jorieke op zijn schoot heeft getrokken en zijn hand in haar broek heeft gedaan. Jorieke kleedt zich om en geeft haar kleren aan Hans. Die stopt al haar kleding samen in één bruine papieren zak en plakt deze dicht. De kleding wordt naar het NFI gestuurd, waar het DNA-onderzoek uitgevoerd wordt. Hans wrijft met een wattenstaafje over de binnenkant van haar wang. Haar speeksel wordt gebruikt om haar DNA-profiel vast te stellen. Als er op de kleding van Jorieke DNA aangetroffen wordt, kan dit vergeleken worden met haar DNA. Nadat Krista beloofd heeft haar op de hoogte te houden van het verloop van het onderzoek en haar kleding terug te geven, mag Jorieke naar huis.

Het is niet de eerste zedenzaak die zich in een trein heeft afgespeeld. Eerder die maand zijn er al twee aangiften gedaan van een man die zijn slachtoffers onzedelijk betast had. Gelukkig was de dader niet zover gegaan als bij Jorieke en bleef het alleen bij betasten. De kleding van deze slachtoffers is niet veiliggesteld voor DNA-onderzoek. Dit heeft weinig zin, omdat een aanraking met kracht gedaan moet worden om genoeg huidschilfers achter te laten voor analyse bij een forensisch DNA-onderzoek. Dat was bij deze twee zaken niet het geval.

Wel hebben de slachtoffers een beschrijving van de dader gegeven. Die is precies hetzelfde als die van Jorieke. Ook het traject van de trein is hetzelfde. Daarom gaat de politie ervanuit dat deze drie misdrijven door één dader zijn gepleegd. Maar men heeft geen idee wie deze dader is. Er zijn jammer genoeg geen getuigen. De beschrijving die de slachtoffers hebben gegeven, brengt de politie ook niet verder. Hopelijk levert het DNA-onderzoek een positief resultaat op. Als er DNA van de mogelijke dader gevonden wordt, kan men dat vervolgens vergelijken met de profielen die in de DNA-databank zijn opgeslagen. Als een match gevonden wordt, is er een verdachte bekend en kunnen de slachtoffers kijken of ze hem herkennen.

De politie probeert meer informatie over de zaak te krijgen door het tv-programma Opsporing Verzocht te benaderen. Misschien melden zich dan getuigen die informatie over de dader kunnen geven. De officier van justitie geeft toestemming. Naar aanleiding van de uitzending melden zich twee mensen die meer over deze zedenzaken weten. Zij zijn alleen geen getuigen, zij zijn ook slachtoffer. Ook zij zijn in de trein, op hetzelfde traject, onzedelijk betast door een man die voldoet aan de beschrijving van de dader. Zij vonden het niet erg genoeg om aangifte te doen, maar na de uitzending van Opsporing Verzocht hebben zij dit alsnog gedaan. Om te controleren of de aangifte van de twee nieuwe slachtoffers niet vals is, moeten zij meer details over de dader geven dan in de uitzending getoond is. De politie heeft niet de volledige beschrijving vrijgegeven. Daardoor kan de beschrijving van de nieuwe slachtoffers vergeleken worden met die van Jorieke en de twee eerdere slachtoffers. Omdat de beschrijving naadloos aansluit, is de politie er vrij zeker van dat het om dezelfde man gaat als de man die de zedenmisdrijven tegen Jorieke en de andere twee slachtoffers heeft begaan.

De nieuwe informatie geeft geen nieuwe inzichten. De uitzending van Opsporing Verzocht levert dus geen verdachte op. Wel is nu bekend, dat de dader al minstens vijf slachtoffers heeft gemaakt. De druk bij de politie wordt daardoor groter. Zij moeten de dader snel pakken voor er meer slachtoffers vallen.

Nog geen verdachte

Dan komt het resultaat van het DNA-onderzoek binnen. Op de plek waar de dader met zijn hand in de broek van Jorieke is gegaan, is DNA-materiaal gevonden van iemand anders dan Jorieke. Alleen is er geen volledig DNA-profiel achterhaald, zodat het niet vergeleken kan worden met de profielen in de databank. In het aangetroffen DNA-materiaal zijn wel de geslachtskenmerken teruggevonden waaruit blijkt dat het DNA van een man afkomstig is. Door middel van een Y-chromosomaal DNA-onderzoek kan men de kenmerken van het Y-chromosoom analyseren. Als een verdachte in beeld komt, worden deze kenmerken vergeleken met de kenmerken van het Y-chromosoom van de verdachte. Helaas levert dit onderzoek ook geen verdachte op.

Y-chromosomaal

In de kern van onze lichaamscellen zitten drieëntwintig paar chromosomen. Deze chromosomen bestaan allemaal uit DNA. Eén paar chromosomen worden de geslachtschromosomen genoemd. Dit komt, omdat deze bij een man anders zijn als bij een vrouw. Een vrouw heeft namelijk twee X-chromosomen. Een man heeft één X- en één Y-chromosoom.

Een man heeft zijn Y-chromosoom overgedragen gekregen van zijn vader. Dit is vrij logisch, omdat een vrouw geen Y-chromosoom heeft. Daarom heeft iedere man in dezelfde vaderlijke lijn hetzelfde Y-chromosomaal DNA.

Bij het onderzoek aan Y-chromosomaal DNA worden bepaalde kenmerken op dit chromosoom onderzocht. Dit kan van belang zijn bij bijvoorbeeld zedenzaken. Hierbij laat de dader namelijk vaak DNA achter op het slachtoffer. Als er vervolgens bemonsteringen worden gemaakt op het lichaam van het slachtoffer, wordt er vrijwel zeker DNA van het slachtoffer zelf aangetroffen. Als er ook DNA van de mogelijke dader in de bemonstering zit, is het moeilijk dit te onderzoeken, omdat er veel minder DNA van de mogelijke dader in de bemonstering zit dan DNA van het slachtoffer.

Slachtoffers van een zedenzaak zijn veel vaker vrouwen dan mannen. Daders van zedenzaken zijn vele malen vaker mannen dan vrouwen. Als een vrouw het slachtoffer is van een zedenzaak gepleegd door een man, is Y-chromosomaal DNA uit een bemonstering op het slachtoffer zeker niet van haar en kan het dus heel goed van de mannelijke dader afkomstig zijn.

De politie kan nu alleen nog afwachten. Verschillende kranten hebben na de aflevering van Opsporing Verzocht ook over deze zaak gepubliceerd. Hopelijk melden zich daardoor nog getuigen. Men hoopt ook, dat de dader ziet dat er zoveel media-aandacht voor deze zaak is. Misschien maakt de dader daarom geen nieuwe slachtoffers, omdat hij bang is om gepakt te worden.

Arrestatie

Helaas. Twee weken na de resultaten van het DNA-onderzoek komt er weer een melding binnen van een man die een meisje van 18 jaar in de trein onzedelijk betast heeft. Gelukkig is hij weer niet zover gegaan als de keer waarbij Jorieke het slachtoffer is geworden. Deze keer gaat de dader naast het slachtoffer zitten en doet hij alsof hij slaapt. Dan legt hij zogenaamd "per ongeluk" zijn hand op de schoot van het slachtoffer en glijdt met die hand naar het kruis van het meisje. Het meisje slaat de hand van de dader weg en roept: 'Wat doe je?' De dader schrikt en loopt meteen weg. Het meisje heeft bij haar aangifte de dader minder goed beschreven dan de andere slachtoffers. De omschrijving komt wel overeen met de al bekende kenmerken. Daarom gaat de politie ervanuit, dat het om dezelfde dader gaat. De betasting van de dader is ook nu te weinig om een DNA-spoor op de broek van het slachtoffer achter te laten. Daarom is een DNA-onderzoek zinloos. Het lijkt een hopeloze zaak te worden. Er komen steeds meer slachtoffers, maar er is nog steeds geen verdachte.

Een week na de laatste aangifte is het weer zover: onzedelijke handelingen in een trein op het traject waar de eerdere zedendelicten ook zijn gepleegd. Maar deze keer is het slachtoffer meteen in actie gekomen. Nadat ook bij dit slachtoffer de dader geprobeerd heeft haar kruis te betasten, slaat zij de hand van de dader weg en roept dat hij van haar moet afblijven. Nadat de dader is gevlucht, gaat het slachtoffer naar een conducteur om te vertellen wat er is gebeurd en de dader te beschrijven. Iets later ziet de conducteur een man die voldoet aan de beschrijving die het slachtoffer net heeft gegeven. De conducteur gaat naar de man toe en vraagt hem zich te legitimeren. De man blijkt Massoud Faghlal te heten. De conducteur geeft dit vervolgens door aan de politie. Korte tijd later wordt Massoud gearresteerd.

Nadat hij op het politiebureau is aangekomen en met zijn advocaat overleg heeft gehad, ontkent Massoud Faghlal iedere betrokkenheid bij de zaak. Hij had zich bij de conducteur gelegitimeerd, omdat hij behulpzaam wilde zijn. Hij wist waarom de conducteur hem om zijn legitimatie had gevraagd, maar hij had niets te verbergen en daarom aan het verzoek gehoor gegeven.

Hans en Krista, die Massoud verhoren, zien dat hij aan het signalement voldoet: 25 jaar, ongeveer 1.75m, atletisch gebouwd, een lichtgetinte huidskleur, gemillimeterd haar en een ontbrekende tand.

Hans verzoekt de officier van justitie Massoud in verzekering te stellen en een bemonstering van hem te laten nemen voor DNA-onderzoek. Dit verzoek wordt ingewilligd. De bemonstering wordt naar het NFI gestuurd voor een normaal DNA-onderzoek én een Y-chromosomaal DNA-onderzoek. De kenmerken van het Y-chromosoom van Massoud zullen vervolgens vergeleken worden met de kenmerken van het Y-chromosoom dat in het DNA op de broek van Jorieke is gevonden.

FOTO

Er wordt contact opgenomen met alle slachtoffers in deze zaak. Zij worden gevraagd naar het politiebureau te komen voor een meervoudige fotoconfrontatie. Ze komen allemaal.

Fotoconfrontatie
Dit houdt in dat de slachtoffers een aantal foto's te zien krijgen, waarop verschillende personen staan die aan de beschrijving van de dader voldoen. Vervolgens kijken de slachtoffers of ze de dader op een van de foto's herkennen.

Eén slachtoffer wijst de foto van Massoud aan. Ze denkt dat hij de dader kan zijn. Dit weet ze alleen niet zeker. Het is een tegenvaller dat geen van de anderen de verdachte meteen als de dader herkent. Toch denkt de politie dat de verdachte de dader is. Hij voldoet immers volledig aan het signalement. Ook is inmiddels bekend, dat de verdachte regelmatig via het betreffende treintraject reist.

In afwachting van het resultaat van het DNA-onderzoek wordt de voorlopige hechtenis van Massoud verlengd. Na twee weken komt het resultaat van het onderzoek binnen. Massoud blijkt dezelfde Y-chromosomale DNA-kenmerken te hebben als op de broek van Jorieke gevonden is. Hoe dit mogelijk is, begrijpt Massoud ook niet. Hij blijft ontkennen iets met de zaak te maken te hebben. De politie en de officier van justitie geloven niets van zijn verklaring.

Massoud wordt gedagvaard, zijn zaak komt voor. De officier van justitie is overtuigd van Massouds schuld, omdat hij aan het signalement voldoet, één van de slachtoffers hem met grote twijfel herkend heeft en het Y-chromosomaal DNA overeenkomt. Bovendien zijn er geen zedendelicten met dezelfde modus operandi meer gepleegd sinds Massoud vastzit.

Vaderlijke lijn

Massoud wordt bijgestaan door advocaat Yannick Quint. Die gelooft in de onschuld van Massoud, zoals Massoud hem telkens weer verzekerd heeft. Dat geen van de slachtoffers Massoud met zekerheid als de dader herkent, bevestigt die onschuld. Maar, hoe komt zijn DNA dan op de broek van Jorieke? Met deze vraag komt Yannick bij mij.

Wat mij meteen opvalt als ik het rapport over het DNA-onderzoek lees, is dat er een Y-chromosomaal DNA-onderzoek is gedaan en dat dit resultaat opgeleverd heeft. Yannick had natuurlijk wel gelezen dat het om Y-chromosomaal DNA ging, alleen had hij geen flauw idee van de betekenis hiervan. DNA is DNA, was zijn gedachte.

Er is wel degelijk verschil tussen een Y-chromosomaal DNA-profiel en een "normaal" autosomaal DNA-profiel. Een normaal DNA-profiel is namelijk vele malen zeldzamer dan een Y-chromosomaal DNA-profiel. Wanneer DNA in een spoor gevonden wordt waaruit een volledig DNA-profiel verkregen wordt, is de kans dat iemand hetzelfde DNA-profiel heeft kleiner dan één op één miljard. Momenteel leven er bijna zeven miljard mensen op aarde. Dit betekent dus dat er over de hele wereld verspreid, theoretisch gezien, mogelijk zeven mensen zijn die hetzelfde DNA-profiel hebben. Wanneer er bij een misdrijf DNA aangetroffen wordt, dat hetzelfde profiel heeft als het DNA van een verdachte, is het vrijwel zeker dat het DNA dat op de plaats van het misdrijf is gevonden, van de verdachte is. Praktisch gezien is het namelijk onmogelijk dat er zeven mensen met hetzelfde DNA-profiel zijn en het DNA-spoor hebben veroorzaakt. Dit heeft er mee te maken dat een groot deel van die zeven miljard mensen vrouwen zijn. Als er mannelijk DNA is gevonden, kan dat niet van een vrouw zijn. Ook speelt bijvoorbeeld leeftijd en de woonplaats van een persoon een rol in de conclusie dat deze theoretische hypothese praktisch onmogelijk is.

Dit is bij Y-chromosomaal DNA anders. Zoals eerder is uitgelegd, wordt het Y-chromosoom van vader op zoon doorgegeven. Dit betekent dat het DNA in het Y-chromosoom ook van vader op zoon wordt doorgegeven. Wanneer we een klein rekensommetje maken, blijkt dat er 10 mannen zijn met hetzelfde Y-chromosomaal DNA als één man drie zonen krijgt, die alle drie op hun beurt ieder twee zonen krijgen. Wanneer naar de mannen in de vaderlijke lijn van Massoud gekeken wordt, zal ook blijken dat er meerdere mannen zijn die hetzelfde Y-chromosomale DNA hebben als Massoud. Dit kan terugberekend worden over vele generaties. Zo kan een man die totaal niet bekend is met Massoud toch hetzelfde Y-chromosomaal DNA hebben, omdat hij heel verre familie van Massoud is.

Uit onderzoek is ook gebleken dat twee mannen hetzelfde Y-chromosomaal DNA kunnen hebben, terwijl ze niet in de mannelijke lijn verwant zijn aan elkaar. Deze twee mannen hebben dan per toeval hetzelfde Y-chromosomaal DNA. Zo zijn er Y-chromosomale DNA-profielen bekend die bij 5% van de Europese mannen voorkomen.

Ik trek de conclusie, dat het best mogelijk is dat er Y-chromosomaal DNA op de broek van Jorieke gevonden is, dat hetzelfde is als het Y-chromosomaal DNA van Massoud. Maar dat betekent nog niet dat het ook het Y-chromosomaal DNA van Massoud ís. Ook is de kleding van Jorieke niet op de juiste wijze veiliggesteld. Daarom kan ook in deze zaak niet uitgesloten worden dat het aangetroffen DNA helemaal niet aan het delict gerelateerd is.

Lastig

Nadat Jorieke zich omgekleed heeft en haar kleding aan Hans heeft gegeven, heeft hij deze kleding in een bruine papieren zak gedaan. De manier waarop de politie kleding moet verpakken als er naar DNA-sporen op deze kleding gezocht moet worden, moet volgens de Forensich Technische (FT) normen gebeuren.

FT-normen

Dit zijn regels die omschrijven hoe men met verschillende sporen moet omgaan en hoe men ze veiligstelt. FT-norm 500.03 beschrijft hoe kleding verpakt moet worden. In deze norm staat hoe de kleding opgevouwen moet worden en dat verschillende kleding nooit in één zak verpakt mag worden. Als er twee verschillende kledingstukken in één zak zitten, kan een DNA-spoor namelijk van het ene op het andere kledingstuk overgegeven worden. Een kledingstuk dat verkeerd is opgevouwen, geeft een DNA-spoor door op een andere plek op het kledingstuk. Deze overdracht van DNA-sporen moet voorkomen worden, omdat sporen anders verkeerd geïnterpreteerd kunnen worden zonder dat dit iemand opvalt.

Alle kledingstukken van Jorieke zijn op een onjuiste manier opgevouwen en vervolgens allemaal in één papieren zak gedaan. De kans bestaat dus dat DNA-sporen verkeerd geïnterpreteerd worden. Het DNA-spoor is aangetroffen aan de voorkant op de broekband van de broek van Jorieke. Daarom spreekt men hier van een daderspoor. Men gaat ervanuit dat het spoor door de dader is veroorzaakt. Bij dit DNA-onderzoek is alleen de broekband onderzocht. Andere plekken op de kledingstukken zijn niet onderzocht, omdat sporen die gevonden worden niet per se als daderspoor kunnen worden geïnterpreteerd. Er zijn namelijk veel verschillende mogelijkheden waarop een DNA-spoor op een kledingstuk kan terechtkomen. Jorieke kan op een stoel zijn gaan zitten waarop net iemand heeft geniest of waar een heel bezweet iemand daarvoor heeft gezeten. Hierdoor kan het DNA van de niesende of zwetende persoon op de kleding van Jorieke zijn gekomen.

Stel nu, dat er op deze manier DNA van een willekeurige, totaal onschuldige persoon, op de kleding van Jorieke is terechtgekomen. Bijvoorbeeld van de rugzijde van het T-shirt van Jorieke op de voorkant van de broekband, doordat deze twee oppervlakken met elkaar in contact zijn gekomen tijdens het verpakken. Deze mogelijkheid valt niet uit te sluiten, omdat Hans zich niet aan de norm heeft gehouden.

De conclusie die ik aan mr. Quint rapporteer, is dat het heel goed mogelijk was dat het Y-chromosomaal DNA helemaal niet van Massoud is, ondanks dat hij wel hetzelfde Y-chromosomaal DNA-profiel heeft. Ook kan niet uitgesloten worden dat het DNA-spoor op de broeksband is ontstaan, doordat het is overgedragen door een ander kledingstuk of een ander deel van de broek. Dit kan veroorzaakt zijn doordat Jriekes kleding verkeerd verpakt is.

Deze conclusie brengt Yannick naar voren tijdens de zitting in de rechtbank. De officier van justitie vindt dat Hans geen fout heeft gemaakt, omdat de FT-normen niet wettelijk vastgelegd zijn. Hans hoeft zich hier dus helemaal niet aan te houden. Dit verweer heb ik een officier van justitie vaker horen geven. Feitelijk heeft hij gelijk. Omdat de FT-normen niet wettelijk vastgelegd zijn, hoeft men zich daar inderdaad niet aan te houden. Maar de FT-normen zijn niet voor niets opgesteld. De forensisch experts willen voorkomen dat er fouten worden gemaakt in het forensisch onderzoek. Door foute interpretaties kunnen gerechtelijke dwalingen ontstaan en mensen onschuldig vast komen te zitten. De FT-normen zijn misschien niet wettelijk vastgelegd, maar ze zijn wel belangrijk. Wanneer men zich niet aan de FT-normen heeft gehouden, is dit wel degelijk heel bezwaarlijk en getuigt dit niet van veel professionaliteit van de rechercheur.

De officier van justitie erkent, dat het heel goed mogelijk is dat het Y-chromosomaal DNA helemaal niet van Massoud afkomstig is, maar van iemand anders die familie is of per toeval hetzelfde Y-chromosomaal DNA heeft. Het is alleen waarschijnlijker dat het Y-chromosomaal DNA van Massoud afkomstig is, omdat hij ook aan de beschrijving van de slachtoffers voldoet en vaker op dit traject reist. Omdat dit scenario waarschijnlijker is, wordt het zonder blikken of blozen als daadwerkelijk gebeurd gepresenteerd. Dat op één persoon na, die het ook nog niet eens zeker wist, niemand Massoud als de dader heeft herkend, vergeet de officier van justitie mede te delen.

Gevangenisstraf

Na de behandeling ter terechtzitting gaat de rechtbank volledig mee met het verhaal van de officier van justitie. Het DNA-spoor op de broek van Jorieke is ontstaan, doordat Massoud met zijn hand in de broek van Jorieke heeft gezeten. Dat Massoud dit gedaan heeft, herleidt de rechtbank, net zoals de officier van justitie, uit het feit dat Massoud past in de beschrijving die de slachtoffers van de dader hebben gegeven en dat één van de slachtoffers Massoud heeft herkend als de mogelijke dader. Het hele verweer van mr. Quint wordt zo onwaarschijnlijk geacht, dat dit geen twijfel bij de rechtbank heeft opgeroepen. Massoud krijgt een gevangenisstraf van achttien maanden.

Momenteel loopt de zaak in hoger beroep. Het is nu afwachten of het gerechtshof wel begrijpt, dat men uit het beschikbare DNA-profiel niet met zekerheid kan concluderen dat dit van Massoud is. Hopelijk laat dit gerechtshof zich hierover beter informeren dan de rechtbank heeft gedaan. Zij hebben namelijk geen deskundige gehoord over de waarde van het gevonden DNA-profiel, terwijl dit toch ernstig ter discussie stond. Dat de rechtbank niet over voldoende kennis beschikt om hier op eigen houtje over te beslissen, blijkt wel uit de uiteindelijke conclusie.

Hoe het komt dat Massoud voldoet aan de beschrijving die de slachtoffers hebben gegeven, maar dat op één iemand na niemand Massoud herkent als de dader, weet ik niet. Dat is het werk van een rechtspsycholoog. Hopelijk wordt er een ingeschakeld. Want hoe waardevol is de overeenkomst in het signalement, als vrijwel niemand Massoud als de dader herkent?!

HOOFDSTUK 4
TOCH GEEN ZELFMOORD

Voor iedereen is het een normale zaterdag. Niet voor Marco en Isabelle. Het stel is 23 jaar getrouwd, maar doodongelukkig door enorme geldschulden en mislukte plannen. Marco is drie maanden geleden ontslagen, freelancer geworden, maar wordt nooit ingehuurd. Isabelle heeft wel een baan als secretaresse, maar ze haat het werk. Vrienden hebben ze niet. Familie hebben ze wel, maar die zien ze nauwelijks. Ze wonen allemaal meer dan honderdvijftig kilometer van hen vandaan.

SAMEN ZELFMOORD

Samen hebben ze er al vaak over gepraat, maar tot nu toe hebben zij nooit de daad bij het woord gevoegd. Zelfmoord plegen. Vandaag wil Marco doorzetten. Hij rijdt met zijn auto naar een brug met de bedoeling hiervan af te springen. Maar eerst belt hij zijn vrouw om te vertellen wat hij van plan is. Als Isabelle van de plannen hoort, raakt ze in paniek en smeekt ze Marco naar huis te komen. Ze wil niet zonder hem leven. Als hij zelfmoord pleegt, wil zij dit ook. Ze smeekt hem samen met haar thuis uit het leven te stappen. Marco besluit naar Isabelle te luisteren en rijdt naar huis. Thuis schrijven ze een brief aan hun ouders en hun 24-jarige zoon Jort die in Maastricht woont. Ze stoppen de brieven in een enveloppe en leggen deze op de salontafel. Marco pakt een mes uit de keuken, Isabelle loopt naar boven, naar de badkamer. Hier pakt ze de slaappillen die ze zullen innemen voordat zij hun polsen doorsnijden.

Ze gaan naar de slaapkamer. Isabelle vraagt aan haar man of hij haar polsen wil doorsnijden. Hij heeft eigenlijk liever dat zij het zelf doet, maar besluit haar wens toch in te willigen. Isabelle ontbloot haar beide polsen en Marco snijdt ze allebei door. Het bloed spuit eruit. Dan gaat ze liggen en sluit haar ogen. Ze wacht tot het voorbij is. Marco snijdt vervolgens zijn eigen polsen door, gaat naast zijn vrouw liggen en sluit zijn ogen.

Na enige tijd krijgt Marco het koud en moet hij naar het toilet. Hij opent zijn ogen en kijkt naar zijn vrouw. Die ligt nog steeds met haar ogen gesloten op bed. Ze leeft nog, hij ziet haar ademen. Hij vraagt zich af of ze slaapt of bewusteloos is geraakt. Wakker is ze in ieder geval niet. Dan gaat hij naar het toilet. Als hij hier aankomt, is het net alsof een stem tegen hem zegt dat hij zijn vrouw moet redden. Hij besluit naar de stem te luisteren. Marco strompelt naar de telefoon op de begane grond en belt het alarmnummer. Al snel arriveren twee ambulances die Marco en Isabelle naar het ziekenhuis brengen. Beiden overleven de zelfmoordpoging.

Bloed en mes

Als het ambulancepersoneel de twee gewonde mensen naar het ziekenhuis vervoert, stelt de politie een forensisch technisch onderzoek in het huis in. Alles wijst op zelfmoordpogingen. De betrouwbaarheid van deze hypothese moet goed ondersteund worden met forensisch technische feiten. Verklaringen van mensen zijn al vaak onbetrouwbaar gebleken. Forensisch technische sporen liegen niet, al moet men wel bedacht zijn op een verkeerde interpretatie.

Het forensisch onderzoek is niet erg uitgebreid. Er worden veel foto's gemaakt van het door het bloed volledig roodgekleurde bed en de rest van de slaapkamer. Ook de andere bloedsporen in de badkamer en de rest van het huis, die hoogstwaarschijnlijk door Marco zijn veroorzaakt, worden vastgelegd.

In het bed wordt een mes aangetroffen. Dit wordt veiliggesteld. Het onderzoek is dan klaar. Bloedsporen worden niet veiliggesteld, omdat niet ter discussie staat dat dit bloed van Marco en Isabelle afkomstig is. Ook het mes zal niet verder onderzocht worden. Het is bedekt met bloed. Zowel Marco als Isabelle geven aan dat Marco gesneden heeft. Onderzoeken of dit ook daadwerkelijk het geval is door te zoeken naar vingersporen op het mes lijkt daarom zinloos. Zijn vingersporen op het mes zeggen bovendien niet veel. Het is zijn mes. De forensisch technisch onderzoekers schrijven een proces-verbaal van hun bevindingen op de plaats delict en voegen hier de foto's aan toe. Hiermee is het forensisch onderzoek in deze zaak beëindigd.

DE ARRESTATIE

Nadat Marco en Isabelle weer aanspreekbaar zijn, stelt de politie vragen over wat er is voorgevallen. Marco vertelt, dat zij om vijf uur 's middags naar boven zijn gegaan. Hoe laat hij het alarmnummer heeft gebeld, weet hij niet meer. Isabelle bevestigt dit. Zowel Marco als Isabelle denken dat dit vraaggesprek een formaliteit is en dat ze verder met rust gelaten zullen worden. Maar dan blijkt wat de reden van het bezoek van de politie is. Marco wordt verdacht van een poging tot euthanasie of poging tot moord.

Euthanasie

Euthanasie is bekend als de handeling die de dokter verricht als iemand ongeneeslijk ziek is en de patiënt helpt te overlijden. Hoe en wanneer een arts dit mag doen, is vastgelegd in vele regels. Heeft iemand een ander opzettelijk om het leven gebracht, omdat iemand dat uitdrukkelijk aangeeft te willen, maar wordt hierbij niet voldaan aan de regels die hierover opgesteld zijn, dan kan iemand voor euthanasie vervolgd worden. Hierop staat een gevangenisstraf van maximaal twaalf jaar.

In deze zaak wordt Marco vervolgd, omdat hij verdacht wordt van een poging tot euthanasie. De rechter moet beslissen of er sprake is van een uitdrukkelijk ernstig verlangen van het slachtoffer. Als dit niet het geval is, dan kan de verdachte vervolgd worden wegens poging tot moord. Voor deze tenlastelegging moet bewezen worden, dat Marco opzettelijk en met voorbedachten rade zijn vrouw van het leven heeft geprobeerd te beroven. Voor moord kan iemand een veel zwaardere straf krijgen, namelijk maximaal levenslang of een gevangenisstraf van dertig jaar.

Marco en Isabelle weten niet wat ze horen. Isabelle blijft benadrukken dat zij zelf aan Marco heeft gevraagd of hij haar polsen wil doorsnijden. Maar dat maakt in het Nederlands recht niet uit. Een persoon mag iemand anders niet opzettelijk en met voorbedachten rade om het leven brengen, tenzij voldaan wordt aan de strenge regelgeving omtrent euthanasie. Dat is hier duidelijk niet het geval. Marco wordt daarom in voorlopige hechtenis genomen. Hij beseft dat hij op zoek moet naar een advocaat. Hij besluit mr. Arthur van der Biezen om bijstand te vragen. Arthur aanvaardt dit verzoek. Marco is bang dat hij deze advocaat niet kan betalen. Hij was ervan overtuigd, zoals zovelen, dat een bekende advocaat meer geld kost dan een advocaat die net begint. Hij is blij te horen dat dit niet het geval is.

Pro deo

Iedereen heeft recht op rechtsbijstand van hetzelfde niveau. Daarom werken advocaten pro deo voor mensen die geen advocaat kunnen betalen. De cliënten betalen een eigen bijdrage. Deze eigen bijdrage is een vast bedrag. Welke advocaat iemand neemt heeft daar geen invloed op. De staat betaalt vervolgens de advocaat die de belangen van deze cliënt behartigt.

Rechtvaardigheid

Van der Biezen is vastbesloten zijn cliënt uit de gevangenis te houden. Wat er gebeurd is, is ontzettend triest. Maar het druist tegen zijn gevoel voor rechtvaardigheid in om iemand als Marco te veroordelen wegens poging tot moord. Hij zal zo veel mogelijk strategieën verzinnen om hem vrij te pleiten. Allereerst besluit hij te gaan pleiten voor een vrijwillige terugtred.

Vrijwillige terugtred
Dit is een juridisch begrip waarin iemand bezig is een misdrijf voor te bereiden of te begaan, maar besluit dit misdrijf toch niet te voltooien. Onder bepaalde omstandigheden is er dan geen sprake van een voorbereiding of een poging en zal een verdachte, indien hij vervolgd wordt, ontslagen worden van alle rechtsvervolging. Onder welke voorwaarden dit het geval is, is niet in de wet vastgelegd, maar moet door de rechter per geval worden beoordeeld.

Arthur wil echter nog een verweer voeren, waarbij hij ingaat op de verwondingen van Isabelle. Zijn deze verwondingen wel potentieel dodelijk? Deze vraag is van belang omdat er sprake is van een ondeugdelijke poging als blijkt dat Isabelle niet aan de verwondingen had kunnen overlijden. Dit kan grote gevolgen hebben voor de beslissing van de rechter. Met deze vraag benadert Arthur mij. Als ervaren advocaat heeft Arthur vaker gezien dat snijverwondingen in polsen lang niet altijd dodelijk zijn. Hij vraagt mij aan te geven hoe dat precies zit en of er in dit geval sprake is van een ondeugdelijke poging.

Het is voor mij belangrijk te weten wat er volgens Marco en Isabelle gebeurde toen haar polsen werden doorgesneden. Dit kan iets zeggen over de vraag of de slagaders zijn doorgesneden of niet. De foto's die de technische recherche van het huis heeft gemaakt, geven waardevolle informatie. Maar het meest belangrijk voor mijn onderzoek is de medische informatie in het dossier. Hieruit zal moeten blijken of er sprake was van een slagaderlijke bloeding of niet.

Doorgesneden polsen

Dat mensen niet overlijden aan opengesneden polsen is niet heel verwonderlijk. Opengesneden polsen zullen meestal pas de dood tot gevolg hebben, als de slagaders ook doorgesneden zijn. In de polsen zitten twee slagaders. Bij de elleboog vertakt de slagader namelijk in twee slagaders. Deze lopen langs de twee botten in de onderarm. Wanneer de polsen doorgesneden worden, zal tot het bot doorgesneden moeten worden, voordat de slagaders ook doorgesneden zijn. Ook moet de pols dan over de gehele breedte doorgesneden zijn, omdat beide slagaders iets aan de buitenzijde van de arm liggen. De meeste sneden zijn echter niet zo diep. Zo ver doorsnijden is namelijk ontzettend pijnlijk. Eerst zullen pezen, zenuwen en andere bloedvaten doorgesneden moeten worden.

Hoe de sneden in de pols eruit zien, weet ik niet. Er zijn namelijk geen foto's van de pols voor of na de medische behandeling gemaakt. Die zitten dus ook niet in het dossier. De ernst van de verwonding zal daarom vooral moeten blijken uit het medisch dossier. Het medisch dossier is niet erg uitgebreid. Een half A4-tje is besteed aan opmerkingen van artsen. Dit blok is ingevuld door een arts die zijn handtekening onderaan het formulier gezet heeft. De naam van deze persoon ontbreekt, evenals zijn of haar functie. Controle op deskundigheid is nu moeilijk. Dit geeft problemen bij vragen naar aanleiding van de opmerkingen op het formulier.

DOKTERS

Eén vraag rijst al heel snel, maar heeft niets met de inhoud van de tekst te maken. Duidelijk wordt waarom men een onleesbaar handschrift ook wel een doktershandschrift noemt. De tekst op het formulier is op een paar stukjes na met geen mogelijkheid te lezen. Dit kan leiden tot een verkeerde interpretatie van het bewijsmateriaal. Sommige delen van de tekst zeggen het nodige over de verwondingen van Isabelle, misschien voldoende om de verwondingen van Isabelle te interpreteren. Maar het is onduidelijk of de niet-leesbare delen extra informatie over de verwondingen geven, waardoor deze heel anders geïnterpreteerd kunnen worden. Bij het ontcijferen van het formulier vraag ik me af waarom men hiermee genoegen heeft genomen.

Ik lees dat het formulier elf dagen nadat de medische handelingen zijn verricht, geschreven is. Ook hierover kunnen vragen gesteld worden. Het is begrijpelijk dat de arts op de dag van de behandeling geen tijd had om het formulier in te vullen. Maar toen hij dit wel ging doen, deed hij dit toen uit zijn hoofd of pakte hij er documentatie bij? Als er documentatie geraadpleegd werd, welke documentatie dan en door wie geschreven? Deze vragen blijven openstaan, wat in strafzaken zoveel mogelijk voorkomen moet worden. Ik kan ook lezen dat beide slagaders in de rechterpols van Isabelle doorgesneden zijn. Hiermee lijkt de vraag van Arthur in één keer beantwoord te kunnen worden. Als de beide slagaders doorgesneden zijn, dan had Isabelle aan haar verwondingen kunnen overlijden. Er is dus geen sprake van een ondeugdelijke poging.

Maar nu er zo veel onduidelijkheden rondom het ingevulde formulier zijn, besluit ik me toch in de verklaringen van Marco en Isabelle te verdiepen evenals in het proces-verbaal van technisch onderzoek. Misschien dat ik hier nog verklaringen of feiten tegenkom die wijzen op de aanwezigheid, of afwezigheid van een slagaderlijke bloeding. Over de verwondingen van Marco is niets in het dossier terug te vinden. Men zal die niet van belang hebben geacht, nu het in deze zaak niet gaat over zijn verwondingen, maar over die van Isabelle.

Shock

Gemiddeld heeft een persoon tussen de 5,0-7,5 liter bloed. Als iemand een slagaderlijke bloeding heeft, zal dit onder druk van de hartslag uit het lichaam spuiten. Op het moment dat iemand ongeveer 20% van zijn of haar bloed heeft verloren, zal diegene in een hypovolemische shock raken. Deze shock wordt veroorzaakt door een tekort aan bloed in het lichaam. Er zullen daardoor minder zuurstof en voedingsstoffen naar de organen worden vervoerd. Dit levert een tekort aan zuurstof en voedingsstoffen in de organen op, waardoor de organen één voor één uitvallen. Het gevolg van een hypovolemische shock is, indien hier niets aan wordt gedaan, dat iemand uiteindelijk komt te overlijden.

Doodbloeden

Zowel Marco als Isabelle verklaren dat zij hun polsen hebben doorgesneden rond 17.00 -17.15 uur. Uit de gegevens van 112-alarmcentrale blijkt dat Marco om 23.40 uur naar het alarmnummer heeft gebeld. Om 23.55 uur is de ambulance samen met de politie ter plaatse gearriveerd en zijn Isabelle en Marco behandeld. Deze gegevens lijken niet te stroken met een slagaderlijke bloeding. Dat iemand met een slagaderlijke bloeding zeven uur lang in leven blijft zonder maatregelen tegen de bloeding te nemen, is vrijwel onmogelijk.

Hieruit volgt dat één van de twee dingen niet klopt. Of het klopt niet dat de polsen rond 17.00 uur zijn doorgesneden, of dat er sprake was van een slagaderlijke bloeding klopt niet. Er komt met name na aandringen van de advocaat nieuwe informatie boven water. Uit de telefoongegevens van die avond blijkt, dat er gedurende de avond meerdere malen is gebeld met zowel de huistelefoon als de mobiele telefoon van Marco. Wat helemaal bizar is, is dat om half negen van de mobiele telefoon van Marco naar de huistelefoon is gebeld. De politie heeft deze telefoongegevens niet aan Isabelle en Marco voorgelegd. Verder is er nog een verklaring van een getuige, die zegt dat hij rond zeven uur met Marco aan de telefoon heeft gezeten. Een andere getuige heeft Isabelle rond kwart over zeven nog voorbij haar huis in de auto zien rijden.

Ondanks al deze informatie blijven Marco en Isabelle ervan overtuigd dat zij rond vijf uur naar de slaapkamer zijn gegaan om hun leven te beëindigen.

Rode doek

Van der Biezen lijkt ervan overtuigd te zijn dat Isabelle en Marco zich vergissen in het tijdstip dat Marco de verwondingen heeft toegebracht. Zij zullen ernstig verward zijn geweest toen Marco de polsen doorsneed, waardoor tijdstippen kunnen worden verwisseld.

Dit is één van de mogelijkheden. De andere mogelijkheid is dat de polsen wel zijn doorgesneden, maar er geen sprake is geweest van een slagaderlijke bloeding.

Misschien dat de foto's van de woning meer kunnen vertellen over het al dan niet aanwezig zijn van een slagaderlijke bloeding. Op de kaft van het forensisch technisch dossier is een golvende rode zijdeachtige doek afgebeeld. Als ik vervolgens de foto's van de slaapkamer bekijk, zie ik dat de foto op de kaft een ingezoomd deel van de lakens op het bed is, doordrenkt met bloed. Dit ergert mij, ik vind het een respectloze manier van "opleuken" van het dossier door de rechercheurs. Ik ga op zoek naar aanwijzingen voor een goede interpretatie van de sporen in de woning.

Het bed van Isabelle en Marco is donkerrood door het bloed. Het is duidelijk dat er veel bloed heeft gevloeid. Om hoeveel bloed het gaat, valt niet te herleiden. De grote hoeveelheid bloed op het bed zegt niet veel over de aard van de verwonding. Ik ben op zoek naar bloedspatpatronen die een aanwijzing kunnen zijn voor een slagaderlijke bloeding.

Slagaderlijke bloeding

Een slagaderlijke bloeding kan heel specifieke bloedspatpatronen opleveren. Na iedere slag van het hart wordt de bloeddruk in de slagader even verhoogd, waarna deze weer lager wordt tot de volgende slag van het hart. Bij een slagaderlijke bloeding wordt het bloed er als het ware golvend uit gespoten. Indien iemand naast een verticaal object staat, zoals een muur of een kast, wordt deze golvende bloeding ook zo zichtbaar op de muur of kast. Net nadat het hart geklopt heeft, zal het bloed namelijk hoger komen dan net voordat het hart weer klopt. Als dit zogenaamde "waaierpatroon" wordt aangetroffen, is dit een sterke aanwijzing dat iemand op die plek een slagaderlijke bloeding heeft gehad.

Bij het doorspitten van de foto's van de woning zie ik niet één bloedspatpatroon dat wijst op een slagaderlijke bloeding. Dit bevestigt het vermoeden dat Isabelle een slagaderlijke bloeding heeft gehad dus niet, maar ontkracht het vermoeden echter ook niet. Als Isabelle bijvoorbeeld de zijde van de pols waarin gesneden wordt op het bed gedrukt houdt, hoeft er ook helemaal geen waaierpatroon te ontstaan. Of misschien heeft Isabelle niet voldoende dicht bij de muur gelegen.

De conclusie van mijn onderzoek is, dat er geen ondersteuning te vinden is voor een slagaderlijke bloeding anders dan alleen het medisch formulier. Maar, zoals ik hierboven al gezegd heb, er zijn veel onduidelijkheden rond het medisch formulier. Mijn onderzoek laat overigens ook niet zien dat er geen sprake van een slagaderlijke bloeding is. De twijfel over de vraag of er sprake is geweest van een slagaderlijke bloeding, kan dus niet weggenomen worden.

Vrij

Kort nadat ik mijn bevindingen in een rapportage aan mr. Van der Biezen overhandig, is de inhoudelijke behandeling van de rechtszaak.

Er moet bewezen worden dat Isabelle uitdrukkelijk een ernstig verlangen had om te sterven. Hiervan is de officier van justitie niet overtuigd. Zij besloot namelijk uit het leven te stappen, omdat haar man dit wilde. Als hij dit niet had gewild, zou zij het ook niet gewild hebben. Daarom zou volgens de officier van justitie het ernstig verlangen ontbreken.

Wel is de officier van justitie ervan overtuigd, dat Marco veroordeeld moet worden wegens poging tot moord. Zijn handeling voldoet namelijk precies aan de wettelijke delictsomschrijving. Iemand pleegt namelijk een poging tot misdrijf "wanneer het voornemen van de dader zich door een begin van uitvoering heeft geopenbaard". Volgens de officier is Marco begonnen met de uitvoering "opzettelijk en met voorbedachten rade" Isabelle van het leven te beroven, wat moord impliceert. De officier gelooft wel dat de polsen rond vijf uur 's middags doorgesneden zijn. Doordat het zo'n trieste zaak is, is de officier echter niet van mening dat Marco nog langer in de gevangenis moet zitten. Hij heeft inmiddels honderdzestig dagen in voorarrest gezeten en de officier vindt dit genoeg. Wel wil hij dat Marco verplicht een poliklinische behandeling bij een therapeut (psycholoog/psychiater) moet volgen.

Van der Biezen is ervan overtuigd dat Isabelle en Marco door de verwarde toestand waarin zij verkeerden, zich vergist hebben in de tijd. Dit wordt ondersteund door de getuigenverklaringen en de telefoongegevens. Hierdoor kan niet achterhaald worden hoe laat de polsen doorgesneden zijn. Volgens Van der Biezen is er daarom wel sprake van een vrijwillige terugtred en dient zijn cliënt door de rechter ontslagen te worden van alle rechtsvervolging. Had Marco het alarmnummer namelijk niet gebeld, dan was Isabelle zeer waarschijnlijk overleden. Mocht de rechter een andere mening zijn toegedaan, dan wil Arthur dat er meteen nader onderzoek wordt gedaan naar het medisch formulier en dat de rechter nog geen vonnis velt. Dit medisch formulier laat namelijk veel te veel onduidelijkheden open. Daardoor is er te veel twijfel of er sprake is van een slagaderlijke bloeding en of de verwonding überhaupt tot de dood had kunnen leiden.

Na twee weken van beraadslaging van de rechter wordt de zitting hervat. De rechtbank is het met Van der Biezen eens. Het is onduidelijk wanneer de polsen zijn doorgesneden. De handeling van Marco: het alarmnummer bellen is tegengesteld aan het doel dat Marco daarvoor had, namelijk samen met Isabelle overlijden. Nu leeft ze nog, omdat hij in actie gekomen is. Het verweer van de vrijwillige terugtred wordt daarom door de rechtbank aanvaard. Marco wordt ontslagen van alle rechtsvervolging.

Marco en Isabelle zijn, net als Van der Biezen, dolgelukkig met de uitspraak van de rechter. Ook de officier van justitie lijkt vrede te hebben met het vonnis van de rechtbank. Ze zullen geen hoger beroep instellen. Marco is blij dat alles achter de rug is. In voorarrest heeft hij veel nagedacht en mede door het vonnis van de rechtbank is zijn visie op het leven veranderd. Hij is erop gebrand samen met Isabelle nog een lang en gelukkig leven te leiden.

HOOFDSTUK 5
HET MYSTERIEUZE BOTERHAMMENZAKJE

Maarssen, donderdagavond acht uur. Jordi Brant, 18 jaar, en zijn broertje Roy, 15 jaar, zitten thuis televisie te kijken. Jordi zit in een rolstoel met zijn been in het gips, een ongelukje tijdens het voetballen. Vader Ben ligt op de bank te slapen en moeder Ineke is boven aan het strijken.

GEMASKERDE OVERVAL

Als de bel gaat, loopt Roy naar de deur. Als hij opendoet, duwt een man met een bivakmuts hem aan de kant en loopt naar de woonkamer. Voor de bank staat de man stil en schiet koelbloedig de slapende Ben neer. Jordi springt uit zijn rolstoel en begint met de dader te worstelen. Hij prikt de dader in zijn oog. De gemaskerde man blijft schieten en raakt Jordi in zijn schouder. Die voelt er niets van en vecht door. Net voordat de man zich weet los te wringen, trekt Jordi een deel van zijn bivakmuts omhoog. Veel tijd om naar het gezicht te kijken heeft Jordi niet. De man draait zich meteen om en vlucht. De paniek in huis is groot. Ben leeft nog. Als dit een moord moet zijn, is deze slecht uitgevoerd. Ben is drie keer in zijn onderbuik geraakt. Ineke komt naar beneden gerend en belt het alarmnummer. Jordi lijkt nergens last van te hebben en bekommert zich vooral om zijn vader die veel bloed verliest. Ook Roy zit nog vol paniek bij zijn vader.

De ambulance komt als eerste ter plaatse, maar blijft voor het huis staan wachten op de politie. De ambulancebroeders hebben namelijk geen informatie gekregen over de dader en weten niet of deze nog in het huis is of niet. Een minuut later is een surveillanceauto van de politie ter plaatse. Ineke komt naar buiten gerend en begeleidt zowel de politie als het ambulancepersoneel naar binnen. Ben wordt meteen meegenomen door de ziekenbroeders. Ook roepen zij nog een ambulance op voor de gewonde Jordi. Terwijl een van de agenten het huis afzet met een roodwit lint, ondervraagt de ander Roy en Jordi. Zij vertellen wat er is gebeurd, Jordi vertelt ook dat hij tijdens de worsteling de dader in het oog heeft geprikt. De politieagente begrijpt, dat er mogelijk DNA van de dader aan de vingers van Jordi zit en besluit een boterhammenzakje om de hand van Jordi te binden. Zo kan een eventueel DNA-spoor op de hand van Jordi niet weggeveegd worden en kunnen er ook geen nieuwe sporen op zijn hand ontstaan. De politieagente laat vervolgens een forensisch assistent oproepen om sporen veilig te stellen. De forensisch assistent komt ongeveer tegelijk met de tweede ambulance aan en voordat zij Jordi meenemen naar het ziekenhuis bemonstert de assistent de hand van Jordi.

Forensisch assistent

Om sporen veilig te stellen op een relatief eenvoudige plaats delict wordt een forensisch assistent ingeschakeld. Een forensisch assistent verricht werkzaamheden als het veiligstellen van DNA-sporen, vingersporen en eventuele werktuigsporen bij bijvoorbeeld een inbraak. De forensisch assistenten hebben minder gespecialiseerde kennis over forensisch onderzoek. Dat is ook niet nodig voor de beperkte werkzaamheden die ze verrichten.

DADER GEVONDEN?

De bemonsteringen van de vingers van Jordi gaan rechtstreeks naar het NFI voor DNA-onderzoek. Na twee weken is het onderzoek klaar en zijn er twee volledige DNA-profielen gevonden. Het ene is van Jordi zelf. Het andere kan van de dader afkomstig zijn. Om te kijken of het aangetroffen DNA op Jordi's hand van een bekende van justitie is, wordt het DNA-profiel vergeleken met de DNA-profielen in de DNA-databank. Er is een match met het DNA van

Remond Posthumus. Remond Posthumus heeft geen vaste verblijfplaats en staat ingeschreven bij een daklozencentrum in Delft.

Als de politie op de hoogte wordt gesteld van het resultaat van het vergelijkend onderzoek, besluit deze een bezoekje te brengen aan het daklozencentrum. Onderweg realiseren de agenten zich hoe vreemd het is, dat het DNA van een dakloze man uit Delft gevonden wordt bij een poging tot moord in Maarssen. Een dakloze heeft vaak geen geld genoeg om van Delft naar Maarssen te reizen. Bovendien, welke reden zal Remond Posthumus hebben om Ben te vermoorden? Als hij meer met de poging tot moord te maken heeft, heeft hij waarschijnlijk in opdracht van iemand anders gewerkt.

Tot hun grote opluchting is Remond Posthumus aanwezig. Remond wordt gearresteerd, meegenomen en vervolgens op het politiebureau verhoord. In de verhoorkamer bekijken de agenten Remond eens goed: een grote man met een grote neus. Een belangrijk detail, omdat Jordi verklaard heeft dat de dader een grote neus had met een bobbel erop. De agenten zien bij Remond ook een bult op zijn neus zitten. Jordi zal nu uitgenodigd worden om een Osloconfrontatie te ondergaan. Als Jordi Remond herkent als de dader, weten de agenten dat hun zaak zo goed als rond is.

Osloconfrontatie

Hierbij worden enkele personen, die qua uiterlijk vergelijkbaar zijn op een rij gezet, onder wie de verdachte. Het slachtoffer kijkt vanachter een spiegelruit of hij één van de personen in de rij herkent als de dader. De dader kan het slachtoffer niet zien.

Tijdens het verhoor zegt Remond niet veel, alleen dat hij er niets mee te maken heeft. Hij komt nooit in Maarssen. 'Hoe moet ik daar komen?'

De agenten weten het wel. 'Heeft iemand je opdracht gegeven Ben Brant neer te schieten?'

'Nee, want ik heb het niet gedaan!' is de reactie van Remond die nu al genoeg heeft van de verhoren.

'Hoe komt jouw DNA dan op de vingers van de jongen die zijn vingers in het oog van de dader stak?'

Hier weet Remond geen antwoord op. 'Hoe komt DNA ergens op?' is zijn wedervraag.

'Door in contact met dat object te komen,' antwoorden de rechercheurs.

Remond houdt voet bij stuk. 'Ik heb het niet gedaan en ben er niet geweest.'

Ondertussen heeft de politie contact gelegd met de familie Brant. Als zij vragen of Jordi een Osloconfrontatie wil doen, vertelt Ineke dat Jordi op vakantie is. Op verzoek van de politie belt Ineke Jordi op of hij voor de confrontatie naar huis kan komen. Dat wil Jordi niet. Ze wachten maar even met die confrontatie, is zijn antwoord, over een week komt hij thuis. De politie gaat hiermee noodgedwongen akkoord.

Een week later staat de vakantieganger op het politiebureau. Tijdens de confrontatie bekijkt Jordi vanachter de spiegelruit de mannen één voor één. De spanning is groot. Herkent Jordi Remond? Maar Jordi herkent geen van de mannen als de dader. Ook Remond niet. De politie vraag Jordi of hij echt zeker weet dat de dader er niet tussen staat. Jordi bevestigt dat. Hij ondertekent een verklaring en gaat weer naar huis. Toch zijn de agenten er nog steeds van overtuigd dat Remond de dader is. Hoe kan zijn DNA anders op de handen van Jordi zijn gekomen. Die twee zijn nooit met elkaar in contact geweest en hun leven speelt zich zover van elkaar af, dat het ook onwaarschijnlijk lijkt dat het DNA van Remond via een ander object op de handen van Jordi is gekomen.

Deze vragen spelen ook bij Jan-Hein Kuijpers, de advocaat van Remond. Hij legt ze mij voor. Is het mogelijk dat het DNA van Remond op de handen van Jordi is gekomen zonder dat Remond ooit in Maarssen is geweest? Aan mij de nobele taak deze vraag te beantwoorden.

JORDI'S HAND

Uit het verhaal van Kuijpers wordt me al vrij snel duidelijk dat het een moeilijke zaak gaat worden. Een mogelijke hypothese is, dat er een object is met veel DNA van Remond erop en dat dit object in Maarssen terechtgekomen is. Jordi moet dan in contact gekomen zijn met dit object, waardoor het DNA van Remond op zijn hand komt. En dan ook nog in voldoende mate om het DNA na een bemonstering te kunnen analyseren. Het is een kansloze hypothese.

Daarom besluit ik, dat ik ga bekijken of de juiste protocollen zijn gevolgd bij het veiligstellen van het DNA-spoor, voordat ik verder werk aan mogelijke hypothesen. Ik moet weten wat er is gebeurd met Jordi's hand vanaf het moment dat de dader is gevlucht tot de bemonstering. Jordi heeft zich de hele tijd om zijn vader bekommerd. Hij heeft de kleding van zijn vader aangeraakt en waarschijnlijk ook nog wat andere objecten in de huiskamer. Op deze objecten zal geen DNA van Remond zitten. Jordi zal op deze manier dus geen DNA van Remond op zijn hand hebben gekregen.

Dan komen de hulpverleners binnen. Jordi wordt ondervraagd door een agente en krijgt een boterhammenzakje om zijn hand om te voorkomen dat eventueel DNA verdwijnt of er nieuw DNA bij komt. Erg goed nagedacht van de agente, maar waar komt dit boterhammenzakje vandaan? Een boterhammenzakje is geen geschikt middel om DNA-sporen te beveiligen. Het is namelijk helemaal niet steriel, er kan van alles op en in dat zakje zitten. Dat is bij het politieapparaat bekend. Daarom zijn er speciale FT-normen geschreven. Een van die normen is, dat actie ondernomen moet worden om te voorkomen dat een biologisch spoor verloren gaat voordat de technische recherche ter plaatse is. Maar hiervoor mag alleen de DNA-kit gebruikt worden. Een boterhammenzakje is geen onderdeel van de DNA-kit, dat moge duidelijk zijn. Nu dat toch gebruikt is, kan niet uitgesloten worden dat eventueel DNA-materiaal van het boterhammenzakje op de hand van Jordi is terechtgekomen.

DNA-kit

De DNA-kit is een zakje waarin een sporenzak zit, een standaard proces-verbaal dat ingevuld kan worden, twee steriele handschoenen en een mondkapje. De sporenzak is een steriele zak waarin objecten waarop DNA-materiaal zit, kunnen worden veiliggesteld. De steriele handschoenen en het mondkapje moeten door degene die het spoor veilig stelt, gedragen te worden. Het standaard proces-verbaal moet gebruikt worden om te rapporteren wat er met de sporen gedaan is. Ook waarborgt het dat alles wordt genoteerd en geen zaken vergeten worden. Gebruik van deze DNA-kit garandeert, dat men met uiterste zorgvuldigheid de DNA-sporen behandelt.

Om meer te weten te komen over eventueel DNA-materiaal op het boterhammenzakje moet achterhaald worden waar het boterhammenzakje vandaan komt. Als het bijvoorbeeld uit de dienstauto van de surveillance-eenheid van de politie komt, is de kans een stuk groter dat er vreemd DNA op het zakje zit dan wanneer het uit de keukenla van de familie Brant komt. Het lijkt me in eerste instantie niet moeilijk te achterhalen waar het boterhammenzakje vandaan komt. Dit moet in het proces-verbaal staan van de agente die het over Jordi's hand heeft gedaan. Niet dus. Er staat alleen dat er een boterhammenzakje om zijn hand is gebonden. Waar dit vandaan komt en wie het aan de agente heeft gegeven, wordt niet vermeld. Misschien heeft zij dat vergeten te vermelden. Dat is niet verwonderlijk, omdat zij haar proces-verbaal pas na drie maanden heeft opgemaakt. Het protocol waarin staat dat alle handelingen met betrekking tot de sporendragers en biologische sporen moeten worden genoteerd, is dus weer niet nageleefd. Dit is vanuit het oogpunt van de *chain of evidence* wel noodzakelijk.

Chain of evidence

De Nederlandse vertaling van *chain of evidence* is 'keten van bewijs'. Deze keten moet in het forensisch onderzoek gewaarborgd blijven om de procedures rond het sporenmateriaal te bewaken. Iedere handeling hoort bekend te zijn. Zo kunnen onverwachte onderzoeksresultaten verklaard worden. Als op een spoor het DNA van een van de onderzoekers wordt gevonden, dan kan uit de *chain of evidence* blijken dat deze onderzoeker blijkbaar per ongeluk zijn DNA op het spoor heeft achtergelaten. Als niet genoteerd is wie het spoor heeft onderzocht, en de *chain of evidence* dus doorbroken is, dan is de onderzoeker misschien ten onrechte verdachte in de strafzaak, omdat zijn DNA op een spoor zit. Andersom zorgt de *chain of evidence* er ook voor, dat een gevonden spoor hoogstwaarschijnlijk is ontstaan vóór het veiligstellen van het spoor. Als men onvoorzichtig met de sporen omgaat en geen notities maakt, kan bijvoorbeeld DNA van een bepaalde persoon op een spoor komen. Die kan dan geheel onterecht verdacht worden. Slecht noteren kan dus een hoop onzekerheden met zich meebrengen. Of een spoor na doorbreking van de *chain of evidence* nog gebruikt kan worden, is de vraag. De *chain of evidence* is geen wettelijk vastgelegd protocol en men is daardoor niet verplicht zich aan dit protocol te houden. De protocollen zijn echter niet voor niets in het leven geroepen en wel degelijk van groot belang in het forensisch onderzoek.

De *chain of evidence* met betrekking tot het DNA-spoor op de hand van Jordi is dus doorbroken. We weten niet waar het boterhammenzakje vandaan komt. Welk effect dit heeft, weten we nu ook niet. Misschien weet de agente zelf nog waar het boterhammenzakje vandaan komt. Dit is een van de vragen die Kuijpers aan de agente stelt. Zij antwoordt, dat zij het zakje van Ineke heeft gekregen. Waar Ineke het zakje vandaan heeft gehaald, weet de agente niet. Vervolgens wordt aan Ineke gevraagd of zij het boterhammenzakje aan de agente heeft gegeven. Ineke weet zeker, dat zij het helemaal niet gepakt heeft. Dat had de agente zelf bij zich. En waar die agente het boterhammenzakje vandaan heeft gehaald, weet ze ook niet. Hier schieten we niet zo veel mee op.

Nu de *chain of evidence* verbroken is, moet gekeken worden hoe groot de kans is dat het DNA van Remond in het boterhammenzakje zat voordat het om de hand van Jordi is gebonden. Die kans is minimaal. Remond zwerft namelijk door een stad ongeveer zeventig kilometer verderop. Delft behoort weer tot een ander district dan Maarssen. Als het boterhammenzakje uit de surveillanceauto komt, dan is het niet waarschijnlijk dat Remond bijvoorbeeld eerder die dag in die auto heeft gezeten en zijn DNA op een boterhammenzakje achterin de auto heeft achtergelaten, dat vervolgens om de hand van Jordi is gebonden.

Het binden van een boterhammenzakje om de hand van Jordi is niet het enige wat met het DNA-spoor gedaan is. Het is namelijk ook bemonsterd door een forensisch assistent, die het vervolgens heeft getransporteerd naar het NFI. Bij deze handelingen kan er ook van alles misgaan, waarbij de bemonstering van de hand van Jordi wordt besmet met andere sporen. Om dit uit te sluiten kijk ik of volgens de juiste protocollen is gehandeld. Maar ook de forensisch assistent heeft geen proces-verbaal opgemaakt. Even voor de beeldvorming: het is nu al een jaar geleden dat de onbekende man het huis van de familie Brant binnen kwam stormen en begon te schieten. De forensisch assistent wordt nu verzocht, een jaar later dus, een proces-verbaal te schrijven.

BESCHAMEND

Twee weken later ontvang ik dat proces-verbaal. Dat levert weinig op. Niet zo gek, want de forensisch assistent is de details natuurlijk allang vergeten. Het proces-verbaal toont niet aan, dat het spoor op de juiste manier verpakt is. Regel is dat de bemonstering verzegeld wordt. Op dit zegel staat een uniek nummer, zodat sporen nooit door elkaar gehaald kunnen worden. Dit zegel zorgt er ook voor dat de verpakking niet geopend wordt, totdat het onderzocht wordt op het NFI. Dit nummer dient in het proces-verbaal van de bemonstering te staan, zodat men er zeker van is dat dit zegel meteen bij het verpakken van het spoor is aangebracht. Ook dit nummer ontbreekt in het proces-verbaal. Of de verpakking van het spoor juist is geweest, blijft dus onduidelijk. Toen het spoor bij het

NFI aankwam, was de verpakking in ieder geval wel in orde. Anders zou het NFI het spoor niet aannemen. Het valt nu niet uit te sluiten, dat het DNA dat overeenkomt met het DNA van Remond, op de bemonstering is terechtgekomen of verwisseld met een andere bemonstering. Uit het proces-verbaal blijkt namelijk niet of de bemonstering rechtstreeks van de plaats delict naar het NFI is gegaan of eerst een tijdje op het politiebureau is opgeslagen.

Dat zoveel protocollen geschonden worden, is beschamend voor de politie. Maar het verweer van het Openbaar Ministerie luidt, dat de protocollen niet wettelijk vastgelegd zijn en dat er daarom ook geen gevolgen aan verbonden mogen worden bij het beoordelen van het DNA-spoor. Dit doet de rechtbank ook niet. Zij blijft het ondanks alles aannemelijk vinden, dat het DNA-spoor op Jordi's hand van Remond afkomstig is.

Remond zit al een tijd in voorlopige hechtenis en heeft veel nagedacht over de vraag hoe zijn DNA op de hand van Jordi is terechtgekomen. Hij kan twee verklaringen bedenken. De eerste verklaring is dat het gevonden DNA helemaal niet van hem is. Hij heeft in de rapportage van het DNA-onderzoek gelezen, dat de kans dat een willekeurig persoon hetzelfde DNA heeft als aangetroffen is op de hand van Jordi, kleiner is dan een op een miljard. Nu is bij Remond een lampje gaan branden. Op de wereld lopen bijna zeven miljard mensen rond. Er kunnen dus nog een paar mensen rondlopen met zijn DNA. De echte dader kan toevallig hetzelfde DNA als Remond hebben en niet in de DNA-databank staan. De politie moet dus gewoon verder zoeken. Kuijpers legt deze verklaring aan mij voor. Ik leg hem uit dat de kans dat deze hypothese waar is, nihil is.

Ongewassen kleding

Remond heeft nog een andere verklaring gevonden. Misschien dat de dader oude kleding van Remond droeg. Remond doet lang met zijn kleding, maar op een gegeven moment laat hij de kleding bij het daklozencentrum achter. Andere daklozen kunnen deze kleding vervolgens bij het vuil vandaan halen en zelf gaan dragen. Misschien heeft de dader dat gedaan.

Dit lijkt aanvankelijk erg onwaarschijnlijk. Maar waarom eigenlijk? Als er geen DNA van Remond gevonden was, zou Remond nooit verdachte zijn geweest. Hij woont niet in de buurt van de plaats delict, hij heeft geen motief en het slachtoffer herkent hem niet. Misschien is het helemaal geen gek idee. Het is voor forensisch onderzoek erg belangrijk niet zomaar dingen aan te nemen. Conclusies dienen wetenschappelijk onderbouwd te zijn. Een simpele conclusie dat het verhaal van Remond hoogst onwaarschijnlijk is, kan dus pas gegeven worden als hiervoor een aantal vragen beantwoord zijn. Als die vragen niet beantwoord kunnen worden, dan mist die conclusie wetenschappelijke grond.

De eerste vraag is of er veel DNA in oogvocht zit. In het scenario dat het DNA van Remond op Jordi's hand is gekomen doordat Remond de dader is en Jordi in zijn oog heeft geprikt, neemt men namelijk aan dat het DNA uit het oogvocht komt. Maar is dit aannemelijk? Uit de literatuur blijkt niet hoeveel DNA er in oogvocht zit. Het is blijkbaar nooit een relevant onderwerp geweest. De vraag wat de concentratie DNA in oogvocht is, zal dus aan een DNA-deskundige voorgelegd moeten worden.

Oogvocht

Oogvocht bevat uiteraard DNA, omdat er veel lichaamscellen in zitten. Maar oogvocht bevat niet alleen maar lichaamscellen. Het bevat ook veel enzymen, eiwitten, zouten en water. Dit vermindert de concentratie lichaamscellen, en dus de concentratie DNA.

Nu moet ook achterhaald worden hoeveel DNA er in de bemonstering zat. Hier wordt over het algemeen niet meteen naar gekeken, het speelt vaak geen rol. Maar als er discussie ontstaat wat de bron van het DNA-spoor is, speelt deze vraag wel degelijk. Deze vraag kan alleen beantwoord worden door de deskundigen die de bemonstering hebben onderzocht.

Wanneer de twee vragen beantwoord zijn, kan gekeken worden hoeveel oogvocht er minimaal op de hand van Jordi moet hebben gezeten. Er hoeft alleen een simpele rekensom gemaakt te worden waarbij de hoeveelheid aangetroffen DNA gedeeld wordt door de hoeveelheid DNA per milliliter oogvocht. De uitkomst van deze som laat zien hoeveel milliliter oogvocht op de vingers van Jordi moet hebben gezeten, als het aangetroffen DNA het DNA van de dader is.

Het is nog wachten op het antwoord van de DNA-deskundige. Als dit antwoord binnen is, is de hypothese van het OM – het gevonden DNA komt uit het oogvocht van de dader- getoetst. Dit is echter niet voldoende. Ook het scenario van de verdediging –het DNA is afkomstig van oude kleding van Remond, die door de dader vervolgens gedragen is, moet getoetst worden. Als blijkt dat de hypothese van de verdediging ook mogelijk is, valt door forensisch onderzoek niet te achterhalen wat zich daadwerkelijk heeft afgespeeld.

Het toetsen van de hypothese van de verdediging is een stuk lastiger dan de toets van de hypothese van het OM. We moeten namelijk bepaalde informatie hebben die er niet is. Bijvoorbeeld hoe lang Remond de kleding heeft gedragen. Wanneer heeft Remond de kleding weggedaan? Wanneer heeft de dader de kleding gepakt? Hoe vaak heeft de dader de kleding gedragen voordat hij het delict pleegde? Als we al antwoorden op deze vragen krijgen, dan zijn er weer vervolgvragen die ook niet allemaal beantwoord kunnen worden. Hoeveel huidschilfers heeft Remond op de kleding achtergelaten? Hoeveel heeft Remond in de kleding gezweet? Heeft Remond op de kleding gekwijld? Wanneer heeft hij dit alles gedaan? Deze vragen moeten ook beantwoord worden over de dader. Die vragen zijn helemaal niet te beantwoorden, de dader is namelijk niet bekend. Zelfs als deze vragen wel beantwoord kunnen worden, ontstaan er weer nieuwe vragen. Waar heeft Jordi de dader allemaal vastgepakt? Met hoeveel kracht heeft hij dit gedaan? Hoe lang is dit contact telkens geweest? Kortom, de hypothese van de verdediging is niet te toetsen. Het forensisch onderzoek kan op deze vragen geen antwoord geven, hoe graag we dat ook willen.

Dit levert voor het verloop van de zaak een probleem op. Jordi heeft een persoonsbeschrijving van de dader gegeven. Remonds uiterlijk lijkt hierop. Dat wordt door de politie als bewijs gebruikt. Maar Jordi heeft Remond niet als dader herkend. Dat de rechercheurs vinden dat Remond een grote neus heeft, is natuurlijk volstrekt subjectief.

Het sterkste bewijs lijkt het DNA-profiel dat op de handen van Jordi is aangetroffen. Het is heel goed mogelijk dat dit DNA-materiaal afkomstig kan zijn uit oogvocht van de dader. Ik verwacht ook dat dit uit de berekeningen van de DNA-deskundige zal blijken. Dit betekent, dat Remond mogelijk de dader is. Alleen heeft de verdediging ook nog een hypothese over het ontstaan van het DNA-spoor naar voren gebracht. Deze hypothese kan niet onderzocht worden, omdat relevante gegevens niet bekend zijn. Gevoelsmatig lijkt de hypothese van de verdediging minder waarschijnlijk dan die van het OM, maar ze is niet uit te sluiten. Een van mijn meest geciteerde zinnen in mijn functie als forensisch adviseur is: "Waarschijnlijker betekent niet dat het ook daadwerkelijk gebeurd is". Ook minder waarschijnlijke hypothesen kunnen waar zijn.

Momenteel loopt de zaak nog steeds en buigen DNA-deskundigen zich nog over de toetsing van de hypothesen van het OM en de verdediging. Het is afwachten hoe de rechters hierop zullen reageren.

HOOFDSTUK 6
ROOFMOORD DOOR ZWERVERS?

Op een zomerochtend belt Margriet namens de Stichting Thuiszorg met het politiebureau van
's-Hertogenbosch. Zij meldt, dat zij al enkele dagen in contact probeert te komen met Piet Steevens, maar dat dit niet lukt. Hij neemt de telefoon niet op. Ook hebben ze al een paar keer bij hem aan de deur gestaan, maar hij doet niet open.

HORRORBEELD

De politie besluit een bezoekje aan de woning van Steevens te brengen, een appartement op de derde etage van een flat vlakbij het Centraal Station van 's-Hertogenbosch. Maar ook als de politie aanbelt, wordt de deur niet opengedaan. De surveillance-eenheid van de politie belt bij de buren aan. Buurvrouw Saskia vertelt, dat ze Piet ongeveer een week niet meer heeft gezien. De politieagenten vertrouwen het niet. Ze vragen aan Saskia of ze via haar balkon mogen proberen in de woning van Piet te kijken. Dat mag. De agenten kunnen net de schouder van een persoon zien, die kennelijk op een stoel zit. De politie belt opnieuw bij Steevens aan, weer vergeefs. Een van de agenten belt nu de officier van justitie voor toestemming om het huis binnen te gaan. De officier van justitie zorgt voor een slotenmaker, die de voordeur van Steevens opent. De twee agenten gaan naar binnen en lopen tegen een muur van onbeschrijfelijke stank aan. Dit hebben ze nog nooit geroken, maar ze vermoeden wel waardoor die stank ontstaan is. Wanneer ze de ouderwetse huiskamer met mosgroen behang binnen lopen, wordt hun vermoeden bevestigd. Op een stoel zit een oude man, die waarschijnlijk al een tijdje dood is. De man heeft namelijk een huidskleur die niet veel verschilt van de kleur van het behang met donkere lijnen erdoorheen: zijn aderen. De man is aan het rotten. Een van de agenten rent het appartement uit en geeft over in de hal. De ongelooflijke stank en het horrorbeeld zijn teveel van het goede. De andere agent bekijkt de man, terwijl de televisie klassieke 'Godfather-achtige' muziek laat horen. Hij staat nog aan op Nederland 1. Samen met het getik van de koekoeksklok zorgt dat voor een lugubere sfeer. Hij ziet meteen dat de oude man geen natuurlijke dood is gestorven. Zijn armen zijn aan de stoelleuning vastgebonden en om zijn mond is een doek gebonden die bedekt is met bloed. Ook op het overhemd van de man zit bloed, duidelijk afkomstig van de verschillende wonden in zijn gezicht. Het hele appartement is overhoop gehaald. Er is duidelijk naar iets gezocht.

De politieagent ziet, dat hij niet de eerste is die het dode lichaam ontdekt. In de huiskamer vliegen veel huisvliegen rond. Ze zitten op de neus en de oren van de man; op die plaatsen krioelt het van de maden. Dat deze vliegen de dode man ontdekt hebben, is niet verwonderlijk. Vliegen kunnen een dood lichaam namelijk op meer dan zestig kilometer afstand ruiken.

VASTGEBONDEN

De politieagent weet wat hem te doen staat. Hij zet de woning af en laat een team grootschalige opsporing (TGO) ter plaatse komen. Dit team bestaat uit tactisch en technisch rechercheurs. De technisch rechercheurs gaan op de plaats delict op zoek naar sporen voor forensisch onderzoek, de tactische recherche zoekt naar sporen waar geen forensisch onderzoek voor nodig is, maar waardoor bijvoorbeeld iets gezegd kan worden over de dag van overlijden van het slachtoffer. Ook zal de tactische recherche getuigen ondervragen.

Tijdens het ondervragen van de verschillende mensen die in het appartementencomplex wonen, blijkt al snel dat de 78-jarige Piet niet geliefd is. Iedere getuige verklaart, dat Piet altijd over alles liep te brommen en te klagen. Bovendien nodigde hij regelmatig aan drugs verslaafde, zwervende prostituees in zijn woning uit. Die meisjes stonden regelmatig onder het raam te schreeuwen dat ze naar binnen wilden, dat ze hem misten. Piet liet ze meestal binnen, maar niet altijd. Het kwam namelijk ook voor, dat Piet vanuit zijn raam naar de meisjes schreeuwde dat ze moesten oprotten. Later onderzoek wijst uit, dat Piet geen familie meer heeft. Piet was nooit getrouwd, had geen vriendin en zijn enige zus was twee jaar eerder overleden.

Ondertussen staat de technische recherche op wat ze noemen de 'enge' plaats delict. Hiermee wordt de plaats omschreven waar zonder twijfel sporen te vinden zijn. Voordat de technische recherche begint met het veiligstellen van de sporen, worden eerst foto's van de plaats delict gemaakt. Ook maken ze video-opnamen. Zo kan men later de resultaten van het sporenonderzoek goed interpreteren en kunnen de juristen die aan de zaak werken, een goed beeld krijgen van de situatie zoals deze aangetroffen is. De forensisch arts is ook komen opdagen om te kijken of het slachtoffer wel echt dood is. Zonder verklaring van de forensisch arts kan niemand doodverklaard worden.

Doodverklaring

In deze situatie lijkt het een beetje overbodig om een forensisch arts op te roepen om te kijken of de oude man wel echt dood is. Maar als dit niet standaard gebeurt, kan het heel erg fout lopen. Nog niet zo lang geleden zou in Duitsland een vrouw pathologisch onderzocht worden, nadat zij "dood" in haar bed werd aangetroffen. De vrouw werd naar het mortuarium vervoerd, waar zij in een la in een vrieskast werd bewaard met als doel de ontbinding nagenoeg stil te leggen. De volgende dag begon de dienstdoende patholoog aan zijn onderzoek. Wat bleek? De vrouw was overleden door onderkoeling. De vrouw lag helemaal niet dood in bed, maar was alleen buiten bewustzijn. Toen zij in de vrieskast van het mortuarium lag, is zij gestorven van de kou.

Dan begint de technische recherche aan haar onderzoek. Ze maken de armen van de man los van de stoel. De ene arm is vastgebonden met een telefoonsnoer, de andere met een badjas. Het snoer is waarschijnlijk afkomstig van Piets telefoon, daar is het tussenuit geknipt. Om de mond van de oude man is een doek gebonden. Het telefoonsnoer, de badjas en de grijze doek worden bij de knoop losgeknipt, omdat deze voorwerpen op DNA onderzocht zullen worden. Hopelijk zitten er huidschilfers van de dader op. Die zullen zich dan waarschijnlijker bevinden aan de uiteinden van de voorwerpen en niet bij de knoop. Wanneer de grijze doek van het gezicht van het slachtoffer wordt gehaald, blijkt er nog een andere gele doek om de mond te zitten. Als deze wordt weggehaald, blijkt er nog eens een stuk grijze duct tape op de mond van de oude man te zitten.

Duct tape

Duct tape (ook wel "duck tape" genaamd) is een zelfklevend en waterdicht soort plakband op textielbasis. Het is olie- en waterbestendig en laat vaak geen plak- en kleefresten achter. Het is praktisch in gebruik doordat het in de lengterichting erg sterk is, maar toch makkelijk af te scheuren in de breedterichting.

De tape wordt in het midden doorgeknipt, zodat de uiteinden van de tape niet aangeraakt worden. Piet blijkt ook nog een kunstgebit in zijn mond te hebben, alleen niet op de plaats waar deze normaal zit, maar achter in zijn keel. De politie laat dit in zijn mond zitten. Het is de taak van de patholoog om het gebit eruit te halen en hieraan zijn conclusies te verbinden. Nadat het dode lichaam van Piet is losgemaakt van de stoel, wordt hij in een lijkenzak gelegd. De uitvaartverzorgers brengen het slachtoffer naar het NFI, waar een forensisch patholoog zal onderzoeken hoe Piet Steevens aan zijn einde is gekomen.

Het werk van de technische recherche is nog niet afgelopen. Bij de stoelpoot ligt een doorzichtige plastic handschoen, het type dat je bij een benzinestation kunt pakken. Mogelijk heeft de dader deze handschoen aan gehad. Ook wordt er op de stoelpoot een stuk tape aangetroffen. De twee objecten worden veiliggesteld voor DNA-onderzoek. De technische recherche heeft alle sporen op en om het slachtoffer veiliggesteld. Ze kijken om zich heen. Alle laden zijn opengetrokken en doorzocht, papieren liggen op de grond, evenals een aantal peuken bij een omgedraaide asbak. Deze peuken stellen de technisch rechercheurs ook veilig. De andere zaken laten ze liggen. De tactische recherche kan later kijken welke zaken voor hun tactisch onderzoek nog van belang zijn en deze meenemen.

Daarna wordt de rest van het appartement bekeken. De keuken ziet er relatief netjes uit. In de enige slaapkamer is het een bende. De inhoud van de kledingkast ligt op de grond en het matras ligt schuin op het bed. 'Hier zijn ze ook geweest,' zegt een van de rechercheurs, die blijkbaar het gevoel heeft dat het misdrijf door meerdere personen is gepleegd. Ze stellen verder geen sporen meer veilig. De rechercheurs achten het namelijk onwaarschijnlijk, dat op andere objecten dan die ze tot dan toe al hebben veiliggesteld, nog sporen gevonden kunnen worden die afkomstig zijn van de dader.

De tactische recherche stelt nog wel een spoor veilig, namelijk een briefje dat op de eettafel in de huiskamer ligt. Hierop staan onder elkaar drie rijen van vier cijfers in verschillende combinaties van dezelfde getallen. Nu de spullen van het oude slachtoffer kennelijk doorzocht zijn, gaat de politie ervanuit dat het hier om een roofmoord gaat. De cijfers op het briefje kunnen mogelijke pincodes zijn. Daarom wordt dit briefje veiliggesteld. Ook fotograferen de tactisch rechercheurs de kalender die aan de muur van het ouderwetse appartement hangt. Steevens kruiste blijkbaar dagen af op die kalender en het ontbreken van kruizen vanaf de vorige week dinsdag geeft een indicatie van wanneer Steevens is gestorven. Op de kalender zijn bovendien kleine ovale bloeddruppels te zien.

SPOREN

De dag na het plaatsdelictonderzoek wordt er een forensisch intakegesprek georganiseerd, waarbij forensisch deskundigen van het

NFI, een forensisch adviseur in dienst van het openbaar ministerie, de tactisch en technisch rechercheurs die de vorige dag op de plaats delict onderzoek hebben verricht, aanwezig zijn. Hier wordt besproken welke sporen het NFI gaat onderzoeken. Hierbij wordt de kennis van de tactisch en technisch rechercheurs die zij de vorige dag hebben opgedaan, gecombineerd met de kennis van de forensisch deskundigen van het NFI om te bepalen welke onderzoeken de grootste kans op resultaat hebben. Zij concluderen, dat het telefoonsnoer, de badjas, de gele en grijze doek en het stuk tape dat om het gezicht van het slachtoffer was gebonden, voor DNA-onderzoek in aanmerking komen. Het stuk tape dat onderaan de stoel zat vastgeplakt, wordt dactyloscopisch onderzocht en krijgt een soucheonderzoek.

Dactyloscopisch en soucheonderzoek

Bij het dactyloscopisch onderzoek wordt er gezocht naar vingersporen die later vergeleken kunnen worden met de vingersporen van een verdachte. Soucheonderzoek is alleen mogelijk bij vaste stoffen. Men kijkt of gescheiden delen ooit een geheel geweest zijn. Dan kan een stuk papier betreffen, maar ook werktuigen of voorwerpen met een breuk- of scheurrand.

De scheurrand van die tape zal vergeleken worden met de scheurrand van het stuk tape dat op het gezicht van de oude man zat. Ook kan dit later eventueel vergeleken worden met de scheurrand van een rol tape die een verdachte in zijn bezit heeft. Het telefoonsnoer wordt ook onderworpen aan een soucheonderzoek, er wordt gekeken of het snoer is losgeknipt. Zo ja, dan kunnen de kraslijnen op de kniprand vergeleken worden met de lijnen op een schaar of tang die gebruikt kan zijn om het snoer door te knippen. Deze kraslijnen zijn met een microscoop zichtbaar.

Ondertussen wordt door de tactische recherche onderzoek gedaan naar de reeks cijfers op het briefje. Ze zoeken uit bij welke bank Steevens klant was. Dit blijkt de Rabobank te zijn. Vervolgens wordt bij de bank opgevraagd wat de pincode van Steevens is. Dit blijkt 3793 te zijn, een van de getalreeksen op het briefje. De rechercheurs hadden dus gelijk. Maar waarom zijn er drie verschillende combinaties van de juiste nummers op het briefje geschreven? Als het briefje een geheugensteuntje voor de oude man was, dan zou hij toch alleen de juiste cijfercombinatie op het briefje schrijven? Die vraag spookt ook bij de rechercheurs door het hoofd, maar een verklaring hebben ze niet direct voorhanden. Ze stellen een hypothese op:

Als de dader het slachtoffer nog niet heeft vastgebonden, beveelt hij Piet zijn pincode op een briefje te schrijven. Omdat Piet al aardig op leeftijd is en is blootgesteld aan een enorme hoeveelheid stress, weet hij zich de juiste getalsvolgorde van zijn pincode niet te herinneren. Hij zit te twijfelen tussen de drie mogelijkheden. Die schrijft hij op het briefje. Hiermee neemt de dader genoegen, omdat hij toch drie kansen krijgt om bij de pinautomaat de juiste pincode in te voeren, voordat de pinpas geblokkeerd wordt.

Met deze hypothese werkt de politie vervolgens verder. De pintransacties van de pinpas worden opgevraagd. Hieruit blijkt, dat voor het laatst op maandagavond om 19.15 en om 21.20 uur gepind is bij de Rabobank in het centrum van 's-Hertogenbosch. Om 19.15 uur is één keer de verkeerde pincode ingevoerd en is er geen nieuwe poging gedaan. Om 21.20 uur is twee keer gepind. De eerste keer 250 en de tweede 120 euro. De pincode is meteen goed ingevoerd.

Pincode

De rechercheurs voelen dat ze op het goede spoor zitten. De kalender is tot en met de dag waarop voor het laatst met de pinpas is gepind, aangekruist. Misschien hebben de dader(s) gepind, direct nadat ze Piet beroofd en vermoord hebben. De camerabeelden van de pinautomaten en van het centraal station worden opgevraagd. Voor de mogelijke dader(s) loopt de kortste route van Steevens' huis naar het centrum namelijk over het stationsplein. Op de camerabeelden van de Rabobank is te zien dat om 19.15 uur een vrouw met kort haar met de pinpas van Steevens probeert te pinnen, maar de verkeerde pincode invoert. Bij de pintransacties om 21.20 uur is te zien dat een man met kort stekelhaar bij de vrouw komt staan en haar helpt bij het pinnen door op het beeldscherm van de pinautomaat te wijzen. Op de camerabeelden van het station is te zien dat dezelfde vrouw rond 19 uur uit de richting van de woning van het slachtoffer komt lopen en in de richting van de Rabobank. Een aantal minuten later is te zien dat de vrouw vanuit de richting van de Rabobank weer in de richting van de woning van Piet loopt. Op latere camerabeelden van het station is de vrouw niet meer te zien.

De rechercheurs hebben nu beeldmateriaal van de verdachten. Van het beeldmateriaal maken ze een selectie van beelden waarop de verdachten goed zichtbaar zijn. Deze selectie printen ze uit en laten ze zien aan alle wijkagenten. Misschien dat zij de personen herkennen. Inderdaad, een van de wijkagenten herkent de vrouw op de camerabeelden als de Russische Svetlana. Haar achternaam weet hij niet. Zij is een dakloze vrouw die verslaafd is aan methadon, die ze bij de verslaafdenopvang krijgt. Voor zover de agent weet, prostitueert zij niet. De rechercheurs gaan bij de verslaafdenopvang langs. Misschien is Svetlana of de man die ook op de camerabeelden te zien is, hier te vinden. Of misschien kunnen andere verslaafden meer informatie over Svetlana en de man geven.

SECTIE

De technische recherche heeft ondertussen het sectierapport ontvangen. De forensisch patholoog heeft onderzocht hoe Piet aan zijn verwondingen is gekomen, wat de doodsoorzaak is en het tijdstip van overlijden. Eerst leest de korpschef het sectierapport en daarna geeft hij een samenvatting aan de twee technisch rechercheurs die bij het onderzoek betrokken zijn. “Het slachtoffer heeft vijf onderhuidse bloeduitstortingen van een aantal centimeter op zijn gezicht en hoofd. Hij heeft bij zijn wenkbrauwen en zijn neus vier ruwrandige huidscheuren en op zijn neus een oppervlakkige huidbeschadiging. Al deze letsels zijn veroorzaakt door uitwendig mechanisch botsend geweld. De doodsoorzaak is anatomisch niet vast te stellen. Waarschijnlijk is hij overleden door verstikking door de verschillende voorwerpen om zijn mond en onder zijn neus en het kunstgebit achter in zijn mond, waartoe de klappen op het hoofd, en dan vooral op de neus, hebben bijgedragen. Het slachtoffer is ongeveer een week voor de sectie overleden. De precieze dag en tijdstip zijn niet te achterhalen."

De technisch rechercheurs weten dat uitwendig mechanisch botsend geweld betekent, dat iemand klappen met grote kracht heeft gekregen. Dit kan met de vuist zijn, maar ook met een object. De dader moet in ieder geval behoorlijk sterk zijn. De technisch rechercheurs weten dat Svetlana verdachte is, dat zij verslaafd is en op straat leeft. Dat zij voldoende kracht heeft om zoveel en zulke grote verwondingen toe te brengen, achten de rechercheurs niet waarschijnlijk.

Wie is Svetlana? Wie is John?

Svetlana en de man zijn niet bij de verslaafdenopvang. Wel vertellen de medewerkers van de opvang dat de achternaam van de Svetlana Petrov is. De man op de camerabeelden herkennen ze ook. Hij heet John Martens. Hij is niet verslaafd, behalve aan nicotine, en de vriend van Svetlana. Ook hij heeft geen vaste woon- of verblijfplaats. Na zijn gevangenisstraf van drie jaar is hij gaan zwerven. Hij "genoot van de vrijheid na zolang vastgezeten te hebben."

De rechercheurs ondervragen een paar verslaafden. Eén man, Dave, kent Svetlana wel. Hij vertelt dat hij in de krant heeft gelezen dat een oudere man om het leven is gekomen bij een beroving bij hem thuis. Svetlana heeft tegen hem gezegd dat het om Piet ging. En Svetlana had net een paar weken geleden aan Dave gevraagd om haar te helpen een oude man te beroven! De rechercheurs krijgen een melding binnen dat een wijkagent Svetlana is tegengekomen en dat zij naar het bureau is gebracht om verhoord te worden. John was niet bij haar, die moet nog gevonden worden.

Svetlana wordt vele keren verhoord. Waarvan kent ze Piet Steevens en hoe kan zij met zijn pinpas gepind hebben net nadat Piet is overleden? En waar is John?

Svetlana kent Piet inderdaad. Ze heeft hem een jaar geleden op een nogal aparte manier leren kennen. Svetlana zat namelijk in de bosjes te poepen toen Piet naar haar kwam kijken. Svetlana had zich nogal genegeerd, maar Piet vroeg gewoon of ze zin had bij hem een kopje koffie te drinken. Het was erg koud die dag, dus dat wilde ze wel. Piet wachtte netjes tot ze klaar was en daarna liep ze met hem mee naar zijn appartement. Piet zorgde voor een kop koffie met een koekje en stelde zich voor. Hij vertelde dat hij vaak eenzaam was, dus als ze een keer op bezoek wilde komen, moest ze dat gewoon doen. Graag zelfs! Piet legde zijn hand op de borst van Svetlana en begon haar in haar nek te zoenen. Dit verwachtte ze niet en wilde ze ook niet, dus ze duwde hem weg. Piet wilde haar wel betalen, maar dat maakte geen verschil. Ze is geen prostituee. Dit respecteerde Piet en hij liet haar met rust. Hij zette nog een kop koffie en ze praatten rustig verder. Svetlana was wel geschrokken, maar ze had geen zin in de kou, dus besloot ze nog even te blijven. Het werd uiteindelijk nog gezellig. Ze spraken af, dat Svetlana tegen betaling huishoudelijke klusjes ging doen. Sindsdien ging Svetlana eigenlijk iedere week wel een paar keer bij Piet langs. Ze was niet de enige was die vaak bij Piet langsging, er kwamen verschillende vrouwen die ze kende van de verslaafdenopvang. Zij hadden wel seks met hem en hij betaalde hen daar ook voor. Piet schaamde zich niet, hij vertelde dit zonder blikken of blozen. De oude man had nog wel een paar keer aan haar gezeten, ook had hij zijn penis wel eens aan haar laten zien, maar dan liet ze duidelijk merken dat ze hiervan niet gediend was.

Svetlana geeft ook een verklaring voor het gebruik van de pinpas van Piet. Hij heeft haar namelijk gevraagd dit te doen, zodat hij de medewerkers van Stichting Thuiszorg kan betalen voor de medicijnen en de boodschappen die ze meenemen. Waar die medicijnen voor zijn, weet Svetlana niet. Ze vertelt, dat John inderdaad haar vriend is. Hij is die bewuste avond voor het eerst meegegaan. Dit vindt Steevens wel gezellig. John blijft op verzoek van meneer Steevens bij hem als Svetlana om 19.15 uur voor hem probeert te pinnen. Als het pinnen niet lukt, gaat ze terug naar Steevens. Eerst praten ze nog even gezellig, voordat ze het weer gaat proberen. De tweede keer gaat John wel met haar mee, omdat het nu al wat later is en Steevens bang is dat zij beroofd zal worden. Ze gaan op de fiets en nemen een langere route naar de Rabobank. Daarom is dit niet op de camera's van het station vastgelegd. Waar John nu is, weet ze niet, hij kan overal zijn.

Dan confronteren de rechercheurs Svetlana met de verklaring van Dave. Ze is even stil. Dan barst ze in woede uit. 'Dave is een gewoon een klootzak, omdat ie gefrustreerd is dat ie me niet kan krijgen! Ik heb hem nooit gevraagd samen met mij een man te beroven!' De rechercheurs kalmeren haar. Daarna legt ze rustig uit wat ze precies bedoelt. Dave is verliefd op haar en zij moet niets van hem hebben. Hij roddelt regelmatig over haar en stookt anderen tegen haar op. 'Hij weet dat ik meneer Steevens ken en dat Piet dood is, want dat heb ik bij de verslaafdenopvang verteld.'

Hoe weet zij dat Piet overleden is? Svetlana vertelt ze dat ze bij hem langs wilde gaan en toen zag dat de politie zijn huis onderzocht. Ze had aan een van de omstanders gevraagd wat er aan de hand was en die wist haar te vertellen dat er een dode oude man was gevonden.

Svetlana heeft dus op iedere vraag een antwoord. Alles kan gebeurd zijn zoals Svetlana beschreven heeft. Maar: de rechercheurs hebben verzuimd in het huis van Steevens naar zijn geld te zoeken, omdat ze van een roofoverval zijn uitgegaan. Dan hadden ze kunnen controleren of Svetlana's verhaal kon kloppen. Niet erg handig dus. Maar Svetlana blijft nog steeds verdacht. De rest van het onderzoek - forensisch onderzoek en de verklaringen van John Martens - moet uitwijzen of dit terecht is of niet.

John wordt twee weken na de aanhouding van Svetlana opgepakt. Hij is een stuk korter van stof. Hij vertelt dat hij één keer bij Steevens is geweest, die keer die Svetlana heeft beschreven. Hij weet niets van de dood van de oude man en heeft hier beslist niets mee te maken.

Zowel bij Svetlana als bij John worden na de verhoren met een wattenstaafje monsters van het wangslijmvlies genomen. De bemonsteringen worden naar het NFI verstuurd, zodat het DNA-profiel van de twee verdachten vergeleken kan worden met eventueel aangetroffen DNA-profielen. Ook moeten de twee verdachten hun vingerafdrukken achterlaten op een hiervoor bestemd formulier. Hun vingers worden met een inktroller zwartgemaakt en er wordt vinger voor vinger een afdruk in het daarvoor bedoelde vak gezet.

Resultaten

Na enkele weken komen de resultaten van het soucheonderzoek binnen. De twee delen van de tape zijn zeer waarschijnlijk oorspronkelijk één geheel geweest. De waarde van dit resultaat is nu nog minimaal. Het enige wat we weten is dat het stuk tape op de stoelpoot hoogstwaarschijnlijk daar door de dader is achtergelaten. Dit geeft geen aanwijzingen voor een verdachte. Het kan wel waardevol worden. Wanneer bij een verdachte een rol tape wordt aangetroffen, kan ook hier een soucheonderzoek plaatsvinden. De scheurranden van de aangetroffen stukken tape kunnen dan vergeleken worden met de scheurrand op de rol tape. Als het stuk tape dat aan de stoelpoot zat als laatste van de rol is gescheurd, blijkt dat uit het soucheonderzoek. Natuurlijk betekent het niet dat deze rol niet gebruikt is bij het plegen van het delict, als er een rol tape wordt gevonden waarvan de scheurrand niet overeenkomt met de scheurranden van de aangetroffen stukken tape. Na het misdrijf kan de tape namelijk nog vaker gebruikt zijn, waardoor de scheurrand van de rol is veranderd.

Dan komen ook de resultaten van het dactyloscopisch onderzoek binnen. Op het stuk tape dat aan de stoelpoot zat vastgeplakt, is op de rugzijde naar vingersporen gezocht en met resultaat. Er is een vingerspoor gevonden dat zeer waarschijnlijk afkomstig is van John. Het soucheonderzoek koppelt de stoeltape aan het misdrijf, het dactyloscopisch onderzoek koppelt John aan die tape. John heeft heel wat uit te leggen.

John leest de onderzoeksresultaten rustig door. 'Hebben jullie gekeken of de stukken tape van de rol duct tape van meneer Steevens zijn afgescheurd?' vraagt hij.

'Hoezo?' is de wedervraag.

'Meneer Steevens heeft gevraagd of ik de rol tape die op de eettafel lag, wilde opruimen. Die heb ik toen in de dressoirkast gelegd bij een paar andere rollen tape. Zo zijn mijn vingersporen op die tape gekomen. Misschien heeft de dader deze tape wel gebruikt. Anders weet ik ook niet hoe mijn vingersporen op die tape gekomen zijn.'

'We hebben geen tape gevonden,' is het antwoord.

Het verhoor is snel afgelopen. De tactisch rechercheurs bekijken de foto's van het onderzoek op de plaats delict. Ze realiseren zich dat ze de puinhoop in de verschillende kasten niet echt goed onderzocht hebben. Ze zijn er net als de technisch rechercheurs vanuit gegaan dat hier toch niets waardevols voor de zaak te vinden was. Op de foto van de dressoirkast zien ze inderdaad een rol duct tape liggen. De rol ligt niet bij de andere rollen tape, zoals John zei, maar een stuk rechts daarvan bij een paar fotolijstjes. De rechercheurs realiseren zich, dat het verhaal van John best waar kan zijn. De rol tape hoeven ze niet meer te halen: er was maar één kans om sporen veilig te stellen en dat was tijdens het plaats delictonderzoek.

De resultaten van het DNA-onderzoek aan de verschillende voorwerpen om de mond en armen van Steevens en van de handschoen staan in het deskundigenrapport vermeld. Net zoals de resultaten van het vergelijkend onderzoek met het DNA van Svetlana en John.

GEEN TWIJFEL

Het deskundigenrapport neemt de twijfels over Svetlana weg. Zij heeft duidelijk iets met de moord op Steevens te maken. Op de twee doeken die om de mond van Steevens waren gebonden, is DNA aangetroffen dat hetzelfde DNA-profiel heeft als het DNA van Svetlana. Het is dus vrijwel zeker dat dit DNA afkomstig is van Svetlana. Ook op de tape die om de mond van Steevens was gebonden, is erg veel DNA aangetroffen, zeer waarschijnlijk van het slachtoffer afkomstig. Daarnaast zijn alleen DNA-kenmerken van één andere persoon gevonden. Svetlana kan de donor van dit DNA zijn. Door de kleine hoeveelheid van dit DNA is de kans dat een willekeurig persoon dezelfde DNA-kenmerken heeft één op tachtigduizend. Dit is natuurlijk geen grote kans. Omdat het DNA op de twee doeken die om de mond van het slachtoffer zaten, van Svetlana is, zal het DNA op deze tape ook wel van Svetlana zijn. Zij zal deze drie voorwerpen wel om de mond van Piet Steevens hebben gebonden,' is de conclusie van de recherche.

Op de badjas waarmee de ene arm vastgebonden was, is geen ander DNA aangetroffen. Dit leidt daarom niet naar een verdachte. Op het telefoonsnoer waarmee de andere arm vastgebonden was, is naast het DNA van het slachtoffer ook DNA aangetroffen dat niet van hem is. Maar: dit DNA is ook niet van Svetlana of John. Dus van wie is het wel? En hoe is het daar gekomen? De technisch rechercheurs lijken een simpele conclusie te trekken: het zal er wel een andere keer op gekomen zijn, dus het maakt niet uit van wie het is. Verder onderzoek hiernaar wordt helemaal niet meer gedaan.

Als laatste de plastic handschoen die bij de stoelpoot is aangetroffen. Aan de binnenzijde van deze handschoen is een bemonstering gemaakt om het DNA te achterhalen van de persoon die deze handschoen gedragen heeft. Er wordt DNA gevonden van drie personen. Eén DNA-profiel steekt er sterk bovenuit: dat van Steevens. Dit DNA is daarom hoogstwaarschijnlijk van hem. Er wordt nog meer DNA aangetroffen dat van minstens twee verschillende personen afkomstig is. John en Svetlana kunnen de donor zijn. Dit

DNA-profiel is te ingewikkeld om vast te stellen hoe groot de kans is dat een willekeurig persoon de donor kan zijn. Dit doet er voor de technisch rechercheurs niet toe. Deze handschoen zullen ze allebei wel even gedragen hebben,' is de conclusie.

Na de aanhouding van Svetlana en John zijn hun eigendommen in beslag genomen. Ze bezitten niet veel. Beiden hebben een plastic tas met wat kleding. John heeft ook een zijkniptang in zijn tas zitten, en hij heeft een fiets, die vol zit met grijze duct tape. De politie vindt de duct tape van de fiets en de zijkniptang erg interessant. Nu kan men onderzoeken of de tang gebruikt is om de telefoonlijn door te knippen. Van de tape van de fiets en de tape die gevonden is op de plaats delict kan een chemische analyse gemaakt worden om te kijken of deze uit dezelfde soorten en concentraties componenten bestaat.

Kort na de uitslag van de DNA-onderzoeken komen ook deze resultaten binnen. Ze zijn negatief. De zijkniptang is niet gebruikt om de telefoonlijn door te knippen en de tape op de fiets heeft een andere componentenverhouding dan de tape die aangetroffen is op de plaats delict. Deze resultaten geven dus geen extra bewijs tegen de verdachten. Maar er is toch al genoeg bewijs: DNA-sporen van Svetlana op de doeken en vingersporen van John op het stuk tape. En niet te vergeten: camerabeelden waarop te zien is dat Svetlana en John geld pinnen met de pinpas van Piet Steevens.

De leugen van Svetlana

De politie confronteert Svetlana en John met deze resultaten. Svetlana barst in tranen uit.

'Ik heb gelogen', zegt ze, terwijl ze met haar hoofd in haar armen ligt. 'We hebben de pinpas van meneer Steevens gestolen,' stamelt ze. 'Maar we hebben hem echt niet vermoord.'

'Wanneer heb je de pinpas dan gestolen?' vraagt een van de rechercheurs.

'Op die avond die jullie hebben opgenomen.'

'Hoe heb je die dan gestolen?'

'Het is echt waar dat John en ik bij meneer Steevens op bezoek zijn geweest. En het is ook echt waar dat hij mij gevraagd heeft voor hem te pinnen, zodat hij zijn boodschappen en medicijnen kan betalen. Maar toen hij mij de pincode gaf, twijfelde hij en schreef hij drie mogelijkheden op een briefje. Hij wees de middelste combinatie aan en zei dat dit de pincode was. Toen ik ging pinnen, bleek de pincode fout te zijn en ben ik teruggegaan naar meneer Steevens. Hij zei toen dat het waarschijnlijk de bovenste combinatie was. We hebben toen nog hooguit tien minuten aan de eettafel gepraat en zijn toen weggegaan. Maar ik heb de pinpas van meneer Steevens niet meer teruggegeven en hij was het vergeten. Toen zijn we naar een hotel in de buurt gegaan en hebben daar ingecheckt. Daarna ben ik gaan pinnen om het hotel te betalen. Ik zweer u dat dit echt is wat er is gebeurd en dat wij meneer Steevens echt niet hebben vermoord.'

'Waarom heb je dat niet eerder gezegd?'

'Omdat ik dacht dat jullie er wel achter zouden komen dat wij meneer Steevens niet hadden vermoord en ik niet de gevangenis wilde ingaan voor diefstal.'

'Hoe komen jouw DNA-sporen dan op die doeken?' is de laatste vraag.

Hierop heeft Svetlana geen antwoord.

John blijft een stuk rustiger. Hij wil niets zeggen en beroept zich op zijn zwijgrecht. De rechercheurs besluiten hem te confronteren met wat Svetlana heeft verklaard.

'Stomme trut,' weten de rechercheurs uit de gemompelde reactie van John te filteren.

'Is dit waar?' vragen de rechercheurs.

'Ja, een beetje moeilijk ontkennen nou hè?' is de reactie. Verder wil John niets kwijt.

De conclusie van de officier van justitie die het dossier heeft bestudeerd, is dat het gerechtelijk vooronderzoek nu voorbij is. Het is tijd voor het onderzoek ter terechtzitting. Dit betekent dat de rechtbank nu beslist of de verdachten aan de hand van de onderzoeksresultaten schuldig bevonden kunnen worden of dat er nog meer onderzoek nodig is. De conclusie uit de technische rapportages is duidelijk. Er zijn veel sporen die naar de verdachten leiden.

TOCH TWIJFEL?

Dit ziet de advocaat van Svetlana, Arthur van der Biezen, ook. De DNA-sporen van zijn cliënte, het beeldmateriaal. En hij leest dat zijn cliënte de laatste is die het slachtoffer levend heeft gezien. Uit de gesprekken met zijn cliënte wordt hij niet veel wijzer. Ze blijft paniekerig herhalen dat ze Steevens niet heeft vermoord. Ondertussen kickt ze af van de methadon, wat haar psychische gesteldheid ook niet erg ten goede komt. Een kansloze zaak, zo lijkt het.

De advocaat geeft de hoop niet meteen op. Het valt hem allereerst op, dat men tijdens het onderzoek er constant vanuit is gegaan, dat Steevens is overleden op de avond dat Svetlana en John bij hem op bezoek zijn geweest en zij de pinpas van het oude slachtoffer hebben gestolen. De patholoog die het lichaam van Steevens heeft onderzocht, heeft echter helemaal niet bevestigd dat hij inderdaad die avond is gestorven. Het kan die dag geweest zijn, maar ook één of twee dagen later. De patholoog stelt namelijk dat het slachtoffer ongeveer een week voor de sectie is overleden. De sectie is acht dagen na het bezoek van Svetlana en John verricht.

Van der Biezen besluit de camerabeelden van de stationshal op te vragen. Misschien dat hij het slachtoffer hierop kan terugvinden. Met een beetje geluk is hij een dag na de avond waarop men denkt dat hij overleden is, op de camerabeelden te zien. Ook wil hij de camerabeelden van het onderzoek op de plaats delict hebben Vele uren film kijken volgen. Dan, ineens, ziet hij op de camerabeelden van het Centraal Station een oude man lopen, die verdacht veel op het slachtoffer lijkt. De blik van Van der Biezen schiet naar de rechteronderhoek van het beeld. De opnamen zijn op dinsdag gemaakt: de dag nadat voor het laatst is gepind met de pinpas van het slachtoffer. Dus ook de dag nadat Svetlana en John bij het slachtoffer op bezoek zijn geweest. Arthur kijkt nog eens goed. Is dit hem echt? Als dit zo is, dan heeft hij opeens een sterke zaak. Na tien minuten staren, weet hij het zeker. Dit is hem!

Van der Biezen duikt vervolgens in de honderden pagina's getuigenverhoren. Veel mensen die in de buurt van het appartement van Steevens wonen, hebben verklaringen afgelegd over de oude man en wanneer zij hem voor het laatst hebben gezien. Ook veel daklozen hebben verklaringen afgelegd over het slachtoffer, over wie blijkbaar veel is gepraat binnen hun afgezonderde wereldje. Van der Biezen ontdekt drie regels cruciale tekst van een onderbuurvrouw van het slachtoffer. Zij beweert voor honderd procent zeker te zijn, dat zij de heer Steevens die dinsdag voor het laatst heeft gezien.

Hij ontdekt ook nog, dat de verhoren voor een deel niet op video opgenomen zijn en dat de processen verbaal die geschreven zijn van verhoren die wél op video zijn opgenomen, helemaal niet met elkaar overeenkomen. Het vertrouwen in wat de politie opgeschreven heeft over wat zijn cliënte zou hebben gezegd, is hiermee compleet verdwenen.

FOUTEN

Van der Biezen is nog lang niet klaar. Er is nog steeds een hoop technisch bewijs waarvoor een verklaring gevonden moet worden. Om een beeld te krijgen van de situatie bekijkt Van der Biezen de videobeelden van de plaats delict: het gruwelijke beeld van het slachtoffer op de stoel. Er zijn verschillende technisch rechercheurs in hun speciale kleding te zien.

Sporen beschermen

De technische recherche neemt verschillende maatregelen voordat zij de 'enge' plaats delict betreedt. In televisieseries als Crime Scene investigation is te zien dat de forensisch onderzoekers al wandelend om een lijk hun latex handschoenen aantrekken en ineens een haar vinden, die vervolgens naar de dader leidt. Zo werkt het niet. Forensisch onderzoekers moeten ontzettend veel 'beschermende kleding' aantrekken voordat zij op de plaats delict komen. Deze kleding beschermt de sporen. Doen de forensisch onderzoekers dat niet, dan kunnen zij gemakkelijk zelf sporen veroorzaken, bijvoorbeeld door een haar achter te laten. Of sporen verplaatsen, bijvoorbeeld door DNA van de ene plaats naar de andere te verslepen doordat het op de handen van een van de onderzoekers is gekomen. Een forensisch onderzoeker moet daarom de volgende kleding dragen: een witte steriele overall, steriele schoenhoezen, twee paar latex handschoenen waarbij het bovenste paar verwisseld wordt iedere keer nadat een bepaald spoor is behandeld, een mondkapje en een haarnetje. Deze beschermende kleding trekken zij aan op een plaats die als 'werkplek' is ingericht, waar een steriele deken op de grond is gelegd die alleen maar betreden mag worden met beschermende kleding.

Ook Van der Biezen weet welke beschermende kleding door de technische recherche gedragen moet worden. Maar tot zijn stomme verbazing ziet hij één persoon in een spijkerbroek en een wit T-shirt, zonder schoenhoezen, haarnetje, handschoenen of een mondkapje over de plaats delict wandelen. Direct schrijft Van der Biezen een verzoek om de technisch rechercheurs te verhoren. Ook de rechtbank is met stomheid geslagen als ze de man, van wie alleen de rug te zien is, over de plaats delict zien wandelen. De rechtbank beveelt hierna dat de technisch rechercheurs bij de rechter-commissaris verhoord moeten worden. De technisch rechercheurs zullen één voor één verhoord worden. Het is voor de rechercheurs niet toegestaan tijdens de verhoren contact met elkaar te hebben. Allereerst stelt de advocaat vragen over de voorwerpen die de technisch rechercheurs hebben gebruikt om sporen veilig te stellen. Hieruit blijkt dat de rechercheurs meer regels aan hun laars gelapt hebben. Alle voorwerpen die onderzocht zijn, zijn met dezelfde, niet steriele stalen pincet vastgehouden. Dit kan tot gevolg hebben, dat DNA-sporen door het pincet van het ene voorwerp overgedragen worden op een ander voorwerp. Of dit ook gebeurd is, valt niet te achterhalen en dus ook niet uit te sluiten.

Van der Biezen vraagt of de rechercheurs weten wie die man is die onbeschermd op de plaats delict loopt. Stuk voor stuk slaan de technisch rechercheurs dicht. Ze weten zich niets meer te herinneren. Ze weten niet eens meer dat iemand zonder beschermende kleding op de plaats delict is geweest, hoewel op de videobeelden te zien is dat sommige rechercheurs met die man staan te praten. Van der Biezen gelooft er niets van. Van der Biezen verzoekt de rechtbank te laten uitzoeken wie de man op de videobeelden is. De rechtbank wijst dit verzoek opvallend genoeg af. Zij zijn van mening dat de sporen zeer waarschijnlijk niet geleden hebben onder het onprofessioneel handelen van de technische recherche. De rechtbank gelooft de technisch rechercheurs die dit zeggen. Dit is vreemd, omdat de rechtbank blind vertrouwt op de professionele mening van de rechercheurs, terwijl eerder is gebleken dat diezelfde rechercheurs allesbehalve professioneel hebben gehandeld. Tevens is de rechtbank van mening dat de overtreding van de protocollen ook geen gevolgen mag hebben, omdat de protocollen voor technisch rechercheurs niet wettelijk vastgelegd zijn.

PROTOCOLLEN

Drie maanden nadat Van der Biezen de rechtbank had verzocht te onderzoeken wie de onbekende man op de plaats delict was, is de inhoudelijke behandeling gepland. Het is de bedoeling dat de officier van justitie dan haar requisitoir houdt, waarin zij vertelt hoe zij denkt dat het misdrijf gepleegd is, waarom de verdachte schuldig is en welke straf zij zal eisen. Daarna houdt de advocaat zijn pleidooi waarin hij zijn cliënt, de verdachte, verdedigt. Van der Biezen zal gaan pleiten voor niet-ontvankelijkheid van het Openbaar Ministerie.

Op de dag van de inhoudelijke behandeling zit Svetlana gespannen in het midden van de zaal. Als de zitting begint blijkt, net als bij eerdere zittingen, dat zij niet weet hoe ze zich moet gedragen. Constant praat ze door het betoog van de officier van justitie heen, wat de rechtbank zichtbaar irriteert. Als de rechter haar verzoekt stil te zijn, negeert ze dit verzoek en vertelt ze al huilend waarom het niet waar is wat de officier van justitie zegt. Nadat haar advocaat haar vervolgens toefluistert dat ze echt stil moet zijn en dat ze later de kans krijgt om haar verhaal te doen, besluit ze uiteindelijk haar mond te houden.

Het requisitoir van het Openbaar Ministerie is duidelijk. De DNA-sporen van Svetlana en het vingerspoor van John zijn veroorzaakt doordat zij Steevens om het leven hebben gebracht. Nadat zij de man hebben vastgebonden en volledig in elkaar geslagen, hebben zij zijn pinpas gestolen en zijn daarmee gaan pinnen. Dat is op de camerabeelden te zien.

Van der Biezen gaat in op de protocollen die op de plaats delict en later bij de verhoren niet correct zijn nageleefd. Veel vertrouwen in zijn niet-ontvankelijkheidverweer heeft de advocaat niet. De mening van de rechtbank bleek eigenlijk al uit de motivering waarom zij nader onderzoek naar de onbekende man op de plaats delict had geweigerd. Daarom zal de advocaat ook pleiten voor vrijspraak. Volgens hem is het helemaal niet zo zeker als het Openbaar Ministerie stelt, dat Steevens op maandagavond om het leven is gekomen. Ter ondersteuning van dit verhaal heeft hij de videobeelden van het station en de verklaring van de onderbuurvrouw dat zij het slachtoffer op dinsdag voor het laatst heeft gezien. Het DNA van Svetlana op de plaats delict is te verklaren doordat zij daar regelmatig kwam.

De rechtbank is het eens met het verhaal van de officier van justitie, zo blijkt twee weken later. De rechtbank veroordeelt Svetlana tot twaalf jaar cel. John krijgt veertien jaar gevangenisstraf, omdat de rechtbank ervanuit gaat, dat hij de klappen uitgedeeld heeft.

PRUTSWERK

Van der Biezen gaat in hoger beroep. Het irriteert hem mateloos dat de politie zulk prutswerk kan leveren zonder dat dit consequenties heeft. Ook is hij niet zo zeker als de rechter van de schuld van de verdachte. De camerabeelden van het station pleiten voor de onschuld van Svetlana en John. Zij hebben zich in zijn ogen alleen schuldig gemaakt aan diefstal van de pinpas. Voor de forensische sporen is vast een verklaring te vinden.

De advocaat besluit zich te focussen op het forensisch onderzoek en mij daarbij in te schakelen. Tijdens het overleg over hoe de zaak aangepakt kan worden, vertelt Van der Biezen dat hij in ieder geval een deskundige naar de camerabeelden van het station wil laten kijken. Er moet duidelijkheid komen over die onbekende man op het station. Verder is het aan mij om nog eens grondig te controleren aan welke normen de technische recherche zich niet gehouden heeft en te kijken naar de verschillende sporen die aangetroffen en onderzocht zijn en de interpretatie daarvan. De aanvraag voor forensisch onderzoek naar de camerabeelden van het station wordt door het Hof toegewezen.

Interpretatie

Bij een technisch sporenonderzoek is het uiteraard van belang zo veel mogelijk sporen te vinden. Deze sporen moeten vervolgens verder onderzocht worden in de hoop dat dit resultaat oplevert. Maar hoe weten we nu dat een onderzoeksresultaat naar de dader leidt en niet naar een ander onschuldig persoon? Deze vraag is de lastigste vraag binnen het forensisch onderzoek. Uitgangspunt is dat sporen niet liegen. Als ergens brand is uitgebroken, dan kunnen forensisch onderzoekers resten van benzine opsporen. Het onderzoek wijst uit dat het om benzine gaat en niet om een andere stof. Dit is een feit dat niet te betwisten valt. Maar de volgende vraag is: is de brand veroorzaakt door het ontsteken van deze benzine? Men is snel geneigd te denken dat dit het geval is, ook, en misschien wel vooral, bij de politie. Dan zal er een onderzoek ingesteld worden naar degene die benzine in de kamer heeft gesprenkeld en dit vervolgens heeft aangestoken. Dit kost veel geld en kostbare tijd van het politiepersoneel. Maar stel nu dat de bewoner van het huis standaard een jerrycan benzine in zijn huis heeft staan voor zijn grasmaaier, dat er kortsluiting is ontstaan waardoor de brand ontstaat, de jerrycan met de benzine ontvlamt en voor benzineresten door de hele kamer zorgt. De sporen liegen niet, maar de interpretatie van de sporen kan dat wel!

Ondertussen houd ik me bezig met het onderzoek dat op de plaats delict is verricht. Eerst bekijk ik alle foto's en de videobeelden die gemaakt zijn. Ik kan me goed voorstellen dat de agent die als eerste in de woning was, over zijn nek is gegaan. De onderuitgezakte, groen uitgeslagen en onder de wonden zittende man lijkt echt uit een horrorfilm te komen. De vliegen en de maden in de oogholtes maken het nog erger. Laat staan de verschrikkelijke stank die er was.

Tijdens mijn werk denk ik niet na over hoeveel het slachtoffer geleden heeft en wat voor persoon hij of zij is geweest. Het enige waarop ik me moet richten, zijn de mogelijk aanwezige sporen. Ik kijk naar de verwondingen van de man, de manier waarop hij vastgebonden zit, maar ik let vooral op zaken die om het dode lichaam heen te zien zijn. Een paar kleine bloedspatten op de muur achter de man. Ook op de kalender die door de tactische recherche is veiliggesteld, zit bloed. De telefoon waarvan het snoer is afgeknipt, staat voor een stapel post op de tafel voor de man. Verder is het rondom het lichaam netjes opgeruimd. Opvallend netjes, want verder is het in de huiskamer alles behalve netjes. Een asbak en een aantal peuken liggen op de grond. Verschillende knoopjes, schroefjes, paperclips en elastiekjes liggen over de vloer verspreid. De kasten zijn overhoop gehaald en er ligt zowaar een rol duct tape op het dressoirkastje. De stoelen en bank rondom de salontafel zijn wel weer erg netjes. Dit is duidelijk geen plek waar de daders gezocht hebben. Op de salontafel ligt een placemat met een bordje met hierop anderhalve witte boterham en een halflege kop koffie. Het lijkt erop, dat Steevens is aangevallen terwijl hij aan het eten was. Hoewel dit natuurlijk van persoon tot persoon verschilt, lijken een kop koffie en twee witte boterhammen meer op een ontbijt dan op een portie avondeten.

Van de opgeruimde keuken zijn twee foto's gemaakt. Een overzichtsfoto en een foto van de inhoud van de prullenbak. In deze prullenbak is eenzelfde soort handschoen aangetroffen als die bij de stoelpoot. Maar bij het nakijken van de lijst van sporen die zijn veiliggesteld, zie ik deze handschoen er niet op staan. Dit is vreemd en onhandig. Een DNA-onderzoek aan deze handschoen kan namelijk aantonen, dat het slachtoffer deze handschoen zelf gebruikt, of juist niet. Te meer nu het DNA-onderzoek aan de handschoen die bij het slachtoffer is gevonden een complex resultaat heeft opgeleverd, waaraan nauwelijks conclusies verbonden kunnen worden.

De laatste foto's zijn van de slaapkamer van Steevens. Het eenpersoonsbed is netjes opgemaakt, maar ook hier zijn de kasten overhoopgehaald. Dan valt mijn oog op een detail op een van de foto's. Wat blijkt er achter de deur te staan? Een ijzeren staaf! De conclusie dat de verwondingen van de oude man zijn veroorzaakt door een ijzeren staaf, past bij de foto's die ik heb gezien en bij het sectierapport. Maar ik vind geen enkel proces verbaal waaruit blijkt dat er onderzoek is gedaan naar de manier waarop de verwondingen van het slachtoffer zijn ontstaan. Wel een verklaring van een technisch rechercheur. Volgens hem zijn er geen voorwerpen gevonden die mogelijk gebruikt zijn voor het toebrengen van het letsel. De ijzeren staaf is de technisch rechercheur blijkbaar niet opgevallen. Die kan nu niet meer onderzocht worden, want hij is niet veiliggesteld.

Daarna bestudeer ik het proces-verbaal van het technisch onderzoek. Hieruit moet ik kunnen herleiden hoe het onderzoek is aangepakt en wat hierbij geconstateerd en veiliggesteld is en op welke manier. Alleen niet in dit geval. Kort wordt uiteengezet hoe de foto's zijn gemaakt, dat van het bloed vermeld in het proces-verbaal niet zeker is van wie dit bloed is (dit zou uit nader onderzoek moeten blijken) en dat de rechercheurs zich aan de geldende FO-normen hebben gehouden. Welke normen dit precies zijn, is er niet vermeld. Verder word ik niet veel wijzer van het proces-verbaal. Ik weet nu alleen welke sporen zijn veiliggesteld en waar ze precies lagen.

Over de video van het plaats delictonderzoek ben ik net zo verbaasd als Van der Biezen. Hij had al gezegd dat de videobeelden verrassend zouden zijn, maar wat hier zie had ik nooit verwacht: de man in het witte T-shirt en de spijkerbroek. Zonder beschermende kleding!

Het komt er nu dus op neer, dat nauwelijks bekend is hoe de technische recherche haar onderzoek heeft uitgevoerd. Bovendien laten de videobeelden zien, dat de rechercheurs zich niet eens aan de belangrijkste regel houden. Mijn vertrouwen in de professionaliteit van de technische recherche is in één klap weg. Ze kunnen in hun proces-verbaal wel schrijven dat ze zich aan alle FO-normen hebben gehouden, maar dit lijkt meer een standaardtekst. In processen-verbaal van technisch onderzoek in andere zaken ben ik namelijk precies hetzelfde stukje tekst tegengekomen. Ik zal in mijn rapport in ieder geval aandacht besteden aan het onvoorstelbare gebrek aan professionaliteit van deze rechercheurs. Hiervan zal Van der Biezen opnieuw werk moeten maken. Ik begrijp niet waarom de rechtbank zoveel vertrouwen had in de verklaringen van de rechercheurs ter zitting.

Tijd om me vervolgens te verdiepen in de onderzochte sporen, de resultaten en de interpretatie hiervan. De verklaringen van de verdachten is van groot belang. Het is heel goed mogelijk dat zij onbewust hebben aangegeven hoe hun sporen op de plaats delict zijn terechtgekomen. De gedachte dat de politie deze verklaringen zal filteren en toetsen aan de onderzoeksresultaten is naïef, zoals ik als forensisch adviseur al heb gemerkt.

Als eerste de handschoen bij de stoelpoot. Er is DNA gevonden dat hoogstwaarschijnlijk van Steevens afkomstig is. Ook is er nog een beetje DNA gevonden dat mogelijk van John en Svetlana afkomstig is. Hoe waarschijnlijk dit laatste scenario is, kan niet berekend worden vanwege de complexiteit van het DNA-profiel. Uit de verhoren van Svetlana en John blijkt dat de politie desondanks gemakkelijk concludeerde, dat Svetlana en John de handschoen hadden aangehad. Waar deze conclusie vandaan komt, wordt mij niet duidelijk. Maar als dit zo is, hebben de rechercheurs geen rekening gehouden met een paar vragen. Hoe kan het dat het DNA dat uit de *binnenzijde* van de handschoen is veiliggesteld, vooral bestaat uit DNA dat hoogstwaarschijnlijk van het slachtoffer afkomstig is, als de daders deze handschoen hebben gedragen en niet het slachtoffer? Wat voor DNA zal er in de handschoen die in de prullenbak lag, gezeten hebben? En hoe kan het dat er toch sporen van Svetlana en John gevonden zijn op de stukken tape en de verschillende doeken als zij de nodige voorzorgsmaatregelen hebben getroffen om juist geen sporen achter te laten? Deze vragen zullen ontbeantwoord blijven en van de simpele conclusie van de recherche zal niets gezegd worden. Men is de tunnelvisie blijkbaar wel gewend.

Dan kijk ik naar de andere sporen die naar de verdachten wijzen, zoals de doeken om de mond van het slachtoffer. De foto's van deze doeken laten zien dat de grijze doek een theedoek is en de gele een stofdoek. Ik verwacht dat het DNA van Svetlana op deze doeken zal zitten. Zij heeft namelijk verklaard regelmatig bij het slachtoffer schoon te maken. Dat haar DNA dan op een stof- en theedoek zit, lijkt een simpel optelsommetje. Ik krijg gelijk. Maar op de theedoek zit nog meer DNA dan alleen dat van het slachtoffer en Svetlana. Johns DNA zit hier ook op. Dit lijkt heel belastend voor de twee verdachten. John maakte daar namelijk niet schoon. Hoe komt zijn DNA dan op de theedoek? Het antwoord kan heel simpel zijn. John heeft zijn handen gewassen en ze met die theedoek afgedroogd. De hoeveelheid DNA van John is veel lager dan de hoeveelheid DNA van Svetlana en Steevens, dus dit scenario lijkt heel goed in het sporenbeeld te passen. De zaak lijkt steeds sterker te worden. Voor alle technische sporen van de verdachten is een verklaring te bedenken.

Het laatste spoor dat naar Svetlana wijst, is het DNA op het stuk tape op de mond van het slachtoffer, veel minder dan het DNA op de doeken en daardoor minder uniek. Dat de rechercheurs denken, dat het DNA op de doeken van Svetlana afkomstig zal zijn, is begrijpelijk. Dit is ook waarschijnlijk. De verklaring waarom het DNA op de tape van Svetlana afkomstig is, kan er een zijn die helemaal niet naar de moord verwijst. Het DNA op de tape, kan namelijk afgegeven zijn door de gele stofdoek, waarop veel DNA van Svetlana zat. De gele stofdoek lag namelijk enkele dagen tegen de tape aan gedrukt. Dit verklaart waarom er zo weinig DNA op die tape zat. Ook voor dit spoor bestaat dus een simpele verklaring.

Nu is er dus voor ieder spoor op of om het slachtoffer dat van Svetlana afkomstig is of kan zijn, een verklaring. Maar als Svetlana en John niet de daders zijn, waarom zijn er dan geen sporen van de echte dader te vinden? Allereerst moet duidelijk zijn, dat sporen van de dader niet altijd gevonden hoeven worden. Forensisch onderzoek kent een belangrijke uitspraak: "*every contact leaves a trace*". Hiermee wordt bedoeld dat ieder contact dat een object of persoon met een ander object of persoon heeft, een spoor achterlaat. Dat is heel aannemelijk. Maar dit betekent niet dat deze sporen ook gevonden kunnen worden. Sporen kunnen wegvallen tegenover andere sporen die in veel grotere mate aanwezig zijn. Er kan op de verkeerde plaatsen naar sporen zijn gezocht of sporen zijn in een zo'n kleine hoeveelheid aanwezig dat ze helemaal niet gevonden kunnen worden. Deze mogelijkheden doen zich in deze zaak voor, nu het onderzoek van de technische recherche zo slecht verlopen is.

Nog belangrijker is, dat er wel degelijk sporen zijn gevonden van een onbekende persoon, namelijk op het telefoonsnoer. Naar dit spoor is totaal geen nader onderzoek gedaan, bijvoorbeeld een vergelijking met de DNA-profielen in de DNA-databank. Er is ook geen onderzoek gedaan naar eventuele andere verdachten waarmee dit DNA kan worden vergeleken.

Mijn rapportage voor Van der Biezen is duidelijk. Controle van het handelen van de technisch recherche is niet mogelijk: de videobeelden die door de recherche zijn gemaakt, roepen ernstige twijfel over de professionaliteit van de technische recherche op. De sporen die naar de verdachten wijzen, zijn te verklaren door eerdere handelingen die niets met het delict te maken hebben. Er zijn sporen gevonden van een onbekende persoon naar wie door tunnelvisie geen nader onderzoek is gedaan.

Tunnelvisie

Dit is een verschijnsel waarbij het onderzoek gericht wordt op één bepaalde verdachte (of groep verdachten) en waarbij sporen die een andere richting opwijzen dan naar de verdachte(n) genegeerd worden.

Camerabeelden

Van der Biezen stelt me op de hoogte van de resultaten uit het onderzoek naar het beeldmateriaal van het station. De rapportage van het NFI is kort maar duidelijk. De kwaliteit van het beeldmateriaal is te slecht om een vergelijking met de pasfoto van het slachtoffer te maken. Van der Biezen heeft bij het Hof verzocht om nog een onderzoek te laten doen door een andere deskundige, zo nodig uit het buitenland. Hij heeft zelf een suggestie daarvoor gedaan. Maar tevergeefs. Het Hof heeft geen vertrouwen in een andere deskundige. Het NFI heeft namelijk laten weten, dat zij de meest up-to-date software hebben voor dit onderzoek. Als zij het niet kunnen, kan niemand het.

Het onderzoek in hoger beroep is bijna afgelopen. Van der Biezen heeft erop gewezen, dat iemand in vrijetijdskleding over de plaats delict heeft gelopen en dat nog steeds niet duidelijk is wie die persoon is. Ook het hof is het ermee eens dat dit achterhaald moet worden. In eerste instantie levert ondervraging van de technisch rechercheurs niets op. Niemand kan zich herinneren wie die persoon is. Het hof gelooft dit ook niet en besluit, dat er anders een intern onderzoek door de rijksrecherche moet plaatsvinden.

De rijksrecherche

'Rijksrechercheonderzoeken richten zich primair op opsporingsonderzoeken tegen (semi-) overheidsfunctionarissen (ambtenaren) die verdacht worden van strafbare gedragingen (misdrijven), waarbij de integriteit van de rechtspleging en/of die van het openbaar bestuur (de overheid) in het geding is.

Vanuit haar onafhankelijke positie ten opzichte van de politiekorpsen kan de Rijksrecherche ook onderzoeken doen naar het optreden van politiemensen die tijdens de uitoefening van hun taak geweld hebben gebruikt of nalatig in hun optreden zijn geweest waarbij letsel is ontstaan.

De Rijksrecherche draagt daarmee bij aan de bewaking en behoud van een integere overheid.

Onze rechtstaat, elke betrokkene, elke burger, maar ook de overheid zelf, heeft daar recht op en het grootste belang bij.'

Bron: http://www.om.nl/organisatie/rijksrecherche/

De recherche schrikt van dit dreigement. Ineens weet één van de technisch rechercheurs zich te herinneren, dat hij zonder beschermende kleding op de plaats delict heeft gelopen. Hij vertelt dat hij dit vergeten was, maar toen hij de beelden nog eens goed bekeek, herkende hij zijn arm en het horloge. Na deze verklaring vraagt het hof welke handelingen hij toen zonder beschermende kleding had uitgevoerd. 'Niets,' is het antwoord. Op de vraag of zijn optreden gevolgen heeft gehad voor het onderzoek antwoordt hij weer ontkennend. Het hof is tevreden.

Het pleidooi van Van der Biezen gaat zoals gepland voornamelijk over de forensische sporen. Svetlana en John hebben de pinpas van Piet Steevens gestolen en aan meer hebben zij zich niet schuldig gemaakt. Daarom zijn zij op de videobeelden van de pinautomaat te zien. Er is ernstige twijfel over het tijdstip van overlijden van Steevens. Men kan er niet zondermeer vanuit gaan dat hij op dezelfde avond is overleden toen Svetlana en John de pinpas hadden gestolen. De recherche heeft onnoemelijk veel fouten gemaakt. Ze hebben zich niet gehouden aan de geldende protocollen en ook is er sprake van tunnelvisie. Primair pleit Van der Biezen weer voor niet-ontvankelijkheid van het openbaar ministerie. Als het hof het hiermee niet eens is, dan moet volgens Van der Biezen zijn cliënte vrijgesproken worden. De sporen die van haar gevonden zijn, zijn immers goed te verklaren. Ook zijn er sporen van een onbekende persoon aangetroffen, die heel goed van de dader afkomstig kunnen zijn.

Het betoog van het openbaar ministerie is hetzelfde als in eerste aanleg. Alle sporen wijzen naar Svetlana en John, dus zij hebben het gedaan. Het is te betreuren dat de recherche zich niet aan de protocollen heeft gehouden, maar hun optreden heeft geen nadelig gevolg gehad voor het onderzoek. Zij brengt opnieuw naar voren, dat de protocollen van de recherche niet gegrond zijn op een wettelijke basis, dus mag het niet naleven van de protocollen geen gevolgen hebben.

De twee weken die volgen voor het hof een uitspraak doet, zijn spannend. Het kan beide kanten opgaan. De verdediging heeft een sterk verhaal. Bovendien hebben rechters altijd een zwak voor forensisch bewijs, en helemaal in deze mate, waardoor zij toch vaak tot een veroordeling overgaan.

De dag des oordeels breekt aan. Het oordeel blijkt in het nadeel van de verdediging uit te vallen. Het hof redeneert hetzelfde als de rechtbank. De fouten die de recherche heeft gemaakt, zijn volgens het hof niet zo ernstig dat het onderzoek geschaad is, laat staan dat het openbaar ministerie niet ontvankelijk moet worden verklaard. De sporen die naar de verdachte wijzen, zijn zo overweldigend, dat de hof tot de conclusie is gekomen dat de verdachten wel de daders moeten zijn.

De teleurstelling is groot. Niet alleen bij de Svetlana die nu geen twaalf jaar gevangenisstraf opgelegd krijgt, maar veertien jaar. Ook bij Van der Biezen overheerst de teleurstelling. Teleurstelling dat de recherche zoveel fouten kan maken zonder enig gevolg. En teleurstelling dat hof de kracht van forensisch bewijs zo groot heeft geacht, naar mijn mening ver overschat. De zaak wordt nu in cassatie voorgelegd bij de Hoge Raad. De Hoge Raad gaat kijken of het hof haar conclusies voldoende heeft gemotiveerd en of het hof de wetten juist heeft gehanteerd.

De hoop is nu gevestigd op de Hoge Raad. De hoop, dat zij beslissen dat de conclusie niet voldoende is gemotiveerd. Waarom het hof het scenario van de verdediging onwaarschijnlijk acht, is namelijk niet duidelijk geworden. John en Svetlana kunnen niets anders doen dan in de cel afwachten tot ze vrijkomen, of dit nu over veertien jaar is of over een aantal maanden. Hoe lang dit ook duurt, het is naar mijn mening alles behalve zeker dat zij Steevens op deze brute wijze om het leven hebben gebracht.

HOOFDSTUK 7
HET VERKEERDE SLACHTOFFER

Veel mensen denken dat de grote stad gevaarlijk is. Dit is ook zo. Ieder jaar wordt een lijst van de meest criminele gemeenten gemaakt. De grote steden staan altijd bovenaan op de lijst. Maar ook in een klein afgelegen dorp kan men slachtoffer kan worden van criminaliteit. Verschrikkelijke voorvallen, waarbij dodelijke slachtoffers te betreuren zijn. Zoals Simon, die nog geen vlieg kwaad doet en toch slachtoffer wordt van een verschrikkelijk misdrijf.

OP DE KOFFIE

Het begint alweer aardig koud te worden eind oktober. Het wordt al vroeg donker. In het dorpje Hijum, in het noorden van Friesland, gaat Maxime na een donkere nacht om half tien 's ochtends op bezoek bij een vriend van haar, Christiaan. Als ze bij de voordeur aankomt, ziet ze dat de onderste van de twee ruiten in de voordeur gebarsten is. Ze belt aan, maar er wordt niet opengedaan. Dan probeert ze hem meerdere keren mobiel te bellen. Geen reactie. Ze vertrouwt het niet. Ze heeft afgesproken dat ze zou langskomen en het is niets voor Christiaan om zijn afspraak niet na te komen. Omdat Christiaan in de ziektewet zit, komt hij voor half tien 's ochtends zijn huis niet uit. Ze belt de politie, zodat zij het huis kunnen binnengaan om te zien of er iets aan de hand is.

Een aantal minuten later staat een surveillance-eenheid voor het huis van Christiaan. Maxime vertelt dat ze via de achterdeur naar binnen kunnen. Deze deur doet Christiaan namelijk nooit op slot. Maxime is zelf niet naar binnengegaan, omdat ze bang is voor haar eigen veiligheid. Wie weet zijn er inbrekers binnen! Maxime blijft buiten staan wachten en de surveillanten lopen naar binnen. Ze raken niets aan, voor het geval er daadwerkelijk iets is gebeurd en er sporen veiliggesteld moeten worden. Het telefoonsnoer is doorgeknipt, wat het vermoeden dat er iets mis is, vergroot. De agenten lopen door, maar zien verder niets opvallends. Dan lopen ze de trap op naar de eerste etage naar de ingang van de slaapkamer van Christiaan. De deur staat op een kier en zit onder de bloedvegen. Zonder de deur aan te raken kijkt een van de surveillanten naar binnen en stapt vervolgens in een reflex naar achteren. 'Een bloedbad,' zegt hij. De twee mannen lopen vervolgens volgens dezelfde weg als ze de woning zijn binnengekomen weer naar buiten. Ze nemen Maxime mee en zetten het erf af met het roodwitte lint waarop staat: niet betreden politie. De surveillanten vertellen Maxime wat ze hebben aangetroffen.

Niet alleen bloed

Terwijl een van de surveillanten assistentie oproept, vangt de andere Maxime op. Al snel komt er een team van technisch en tactisch rechercheurs evenals een forensisch arts. De technisch rechercheurs en de arts betreden de woning en volgen daarmee het pad dat de surveillanten hebben gelopen en hebben aangegeven met pijlen die op de grond zijn gelegd. Zo komen ze uit bij de slaapkamer en aanschouwen het bloedbad. Het mannelijke slachtoffer ligt naakt half op het bed. Zijn benen komen over het voeteneind, waardoor zijn voeten, die met duct tape bij elkaar gebonden zijn, op de grond rusten. De rest van zijn lichaam ligt op het bed, een uitgerekt stuk duct tape is om de rechterpols van het slachtoffer gebonden. Een zwart net ligt voor een deel over het slachtoffer en deels op het dekbed. De vloer, het bed en het slachtoffer zitten onder het bloed. De forensisch arts trekt al snel zijn conclusie: het slachtoffer is dood. Het slachtoffer kan nog niet geïdentificeerd worden. Er zit zoveel bloed op het gezicht, dat een vergelijking met een foto van Christiaan nog geen uitsluitsel geeft of hij het ook echt is. De recherche gaat er wel vanuit dat Christiaan de vermoorde man is.

De technisch rechercheurs lopen samen met de arts weer naar buiten en bellen het NFI. Een team van sporendeskundigen wordt opgeroepen om de technisch rechercheurs te ondersteunen bij het onderzoek. De rechercheurs beginnen in afwachting van de sporendeskundigen van het NFI alvast met het maken van overzichtsfoto's van de plaats delict: de enorme tuin, de gehele begane grond en de eerste etage. De schoenindrukken in de grond van de tuin rondom het huis worden gevuld met gips. Als het droog is, worden deze gipssporen veiliggesteld. In het gips is nu het profiel zichtbaar van de schoenzool waarmee de schoenindruk is gezet. Als een verdachte gevonden wordt, kan het profiel van zijn schoenzool vergeleken worden met de gipsafname van het schoenspoor dat in de tuin is gevonden. De sporendeskundigen van het NFI arriveren en het technisch onderzoek in de slaapkamer kan beginnen.

Sporendeskundigen

Het NFI heeft een aantal deskundigen in dienst die zich hebben gespecialiseerd in het onderzoek op de plaats delict. Het zijn als het ware technisch rechercheurs, alleen zijn de sporendeskundigen beter opgeleid. Waar de huidige technisch rechercheurs hun kennis voor een groot deel opdoen uit ervaring, zijn sporendeskundigen opgeleid in het zoeken en interpreteren van sporen waarbij zij meer geavanceerde technieken gebruiken om de sporen veilig te stellen.

Voordat zij naar het slachtoffer toe gaan, onderzoeken zij eerst de rest van de kamer. Dat is van groot belang, omdat er sporen vernietigd worden als er onvoorzichtig over de plaats delict gelopen wordt. Zij beginnen met de bloedsporen op de deur, die zich iets onder de klink bevinden en eruit zien als een greepspoor. Er zijn namelijk vier vingers in te zien. De forensisch onderzoekers interpreteren de sporen als een veegspoor van een hand met een latex handschoen aan. Daarom wordt dit spoor niet veiliggesteld. Er zullen immers geen vingersporen uit gehaald kunnen worden en het bloed zal wel van het slachtoffer zijn. Daarna komt de vloer aan de beurt. Er zijn verschillende schoensporen te zien. Degene die deze schoensporen heeft achtergelaten, heeft in het bloed gestaan. Zijn schoenen hebben als een stempel gewerkt, toen hij op het schone deel van de vloer liep. Interessant. Ze kunnen namelijk pas gezet zijn, nadat de bloedsporen zijn ontstaan. Deze schoensporen zijn dus bijna zeker van de dader. De enigen die in de kamer zijn geweest nadat het slachtoffer gewond geraakt is, zijn de dader, de politie en de forensisch arts. We kunnen er wel vanuit gaan, dat de politie en de forensisch arts de schoensporen niet hebben gezet. Deze schoensporen worden omringd met stikkers waarop een pijl en een klein meetlijntje staan om te voorkomen dat onderzoekers per ongeluk in de sporen gaan staan.

Er wordt een deel van een panty gevonden, net groot genoeg voor een been. Ook zit er een knoop in de panty. Dit kan een aantal dingen betekenen. De meest logische verklaring is, dat de dader het deel van de panty heeft gebruikt als bivakmuts. De rechercheurs stellen het stuk panty veilig voor nader onderzoek.

Zij vinden ook verschillende plantaardige sporen: enkele zaden van een esdoorn en een paar plukjes gras. Dat is niet vreemd gezien de natuurrijke omgeving van het huis. Het is heel goed mogelijk dat de dader deze sporen in zijn kleding heeft gekregen onderweg naar het huis van Christiaan. Of ze zijn al eerder in de slaapkamer terechtgekomen en hebben niets met het delict te maken. Toch bekijken de forensisch onderzoekers deze sporen nog eens goed. Wat blijkt? Tussen het plukje gras vinden zij een blonde haar. Deze haar kan in de slaapkamer terechtgekomen zijn voor het delict, maar ook tijdens. En als het tijdens het delict is gebeurd, dan hoeft de haar helemaal niet van de dader te zijn. De dader had iemand anders' haar op zijn kleding kunnen hebben en deze op de plaats delict kunnen verliezen. Natuurlijk wordt de haar ook veiliggesteld.

Het laatste spoor op de vloer is een afgeschoten patroon van een gaspistool. Die is natuurlijk niet de oorzaak van de verwonding waaraan het slachtoffer is overleden. Het is namelijk geen scherpe munitie. Ook dit patroon wordt veiliggesteld. Onderzocht zal worden of het gebruikte gaspistool vaker, bijvoorbeeld bij overvallen, is gebruikt. Zoeken naar DNA van de dader op deze patroon heeft weinig nut. Het patroon is namelijk bedekt met bloed dat hoogstwaarschijnlijk afkomstig is van het slachtoffer.

De rechercheurs zoeken naar meer bloedsporen. Misschien kunnen zij aan het patroon zien op welke manier het slachtoffer aan zijn einde is gekomen. Heeft het slachtoffer bijvoorbeeld op een bepaalde plaats gestaan toen hij geslagen werd? Zeggen de bloedspatten iets over waar de dader heeft gestaan? Maar zij vinden alleen één grote plas bloed waar het slachtoffer in ligt. Op één bloedspoor na. Op de vensterbank, ongeveer anderhalve meter van deze plas bloed, ligt een bloeddruppel. Dit is opvallend. De bloeddruppel is rond. Hij is daarom in een hoek van 90° op de vensterbank terechtgekomen. En dat betekent, dat de bloeddruppel van een object af precies boven de vensterbank is gevallen. Het bloed zou heel goed van de dader afkomstig kunnen zijn, nu er geen sporen zijn die de hypothese ondersteunen dat het slachtoffer van zijn bed af is geweest. De bloeddruppel wordt voor onderzoek veiliggesteld.

Hierna richt het onderzoek zich verder op het slachtoffer en het bed. Allereerst wordt het zwarte net van het slachtoffer afgehaald. Het is een klamboe. De rechercheurs zien een haak in het plafond, die blijkbaar heeft gediend om de klamboe op te hangen. Het met bloed overgoten gezicht van de man is goed te zien. Zijn ogen staan wagenwijd open, net als zijn mond. De angst is nog van het gezicht af te lezen. Daar staan de onderzoekers niet te lang bij stil, anders raken zij emotioneel betrokken. Dat kan de zaak beïnvloeden.

De rechercheurs halen de stukken duct tape van de enkels en de rechterpols van de bebloede man. Ze zien dat er in de tape ook tie-wraps zitten. Blijkbaar zijn deze om de polsen en enkels gebonden voordat er tape omheen is gedaan. Voorzichtig stoppen de onderzoekers de stukken tape met de tie-wraps in aparte kartonnen doosjes. Ook om de nek van het slachtoffer zit tape, die blijkbaar omlaaggetrokken is. Aan de voorkant van de tape is een stukje uitgerekt in de vorm van een vinger. De overleden man kan dit zelf gedaan hebben. Maar ook de dader kan dit gedaan hebben, bijvoorbeeld om de man iets te laten zeggen. Deze tape kan dus wel eens een belangrijk vingerspoor bevatten. Als de rechercheurs de tape willen losknippen, zien ze een soort plastic half onder de tape zitten: een vingertop van een latex handschoen. Die moet wel afkomstig zijn van de dader. De tape met het stuk latex handschoen wordt zorgvuldig van het lichaam verwijderd en veiliggesteld.

Meer sporen zijn er op het slachtoffer zelf niet te zien. Het lichaam wordt verpakt en naar het NFI gebracht voor onderzoek door de patholoog. Als de rechercheurs het dode lichaam oppakken, loopt er een stroom bloed uit zijn rug. De rechercheurs zien dat het slachtoffer hier een steekverwonding heeft op de bovenste helft van de rug, net iets links van het midden. Misschien is de steek door het hart gegaan, wat de dood tot gevolg heeft gehad. Maar alleen een verwonding aan het hart geeft nog steeds geen verklaring voor de enorme hoeveelheid bloed in de slaapkamer. De patholoog zal daarover uitsluitsel moeten geven.

De rechercheurs zien ook een alarmpistool in het dekbedovertrek liggen. Misschien is hiermee het gaspatroon verschoten. Maar of het slachtoffer dit heeft gebruikt ter bescherming of de dader ter dreiging, is onduidelijk. Nader onderzoek zoals DNA- en dactyloscopisch onderzoek kan hierover meer vertellen. Het alarmpistool wordt veiliggesteld.

De forensisch onderzoekers sluiten hun onderzoek af. Ze zijn ervan overtuigd alle belangrijke sporen veiliggesteld te hebben. De plaats delict wordt vrijgegeven en schoongemaakt. Iedereen mag er nu komen zonder beschermende kleding aan. Als er nog meer sporen veiliggesteld moeten worden, is dat nu te laat.

Veel sporen, veel resultaat?

Allereerst worden de schoensporen onderzocht. Op de vloer in de slaapkamer en in de tuin zijn schoensporen veiliggesteld. De schoensporen in de slaapkamer zijn afkomstig van een schoen van het merk Puma, schoenmaat 43. Uit de schoensporen uit de tuin valt meer informatie te halen. Er zijn duidelijke beschadigingen in de schoenzool zichtbaar. Beschadigingen zijn erg belangrijk, ze zijn namelijk erg zeldzaam. De kans dat twee schoenen op dezelfde plaats exact dezelfde beschadigingen hebben, lijkt nihil. Toch weten we het niet zeker, omdat we geen databank hebben van alle schoenzolen waarin de beschadigingen volledig up-to-date zijn. Daarom kunnen we niet van unieke sporen spreken. Wanneer schoenen van een verdachte dezelfde beschadigingen vertonen als een schoenspoor op de plaats delict, zijn deze schoenen hier vrijwel zeker geweest. Dit droomscenario komt niet uit. De schoenafdruk uit de tuin komt van de schoenen van Maxime. Ze hebben niets met het delict te maken.

Het stuk panty is bijna zeker een daderspoor. Nu is de vraag, wat moet je ermee? De drager van de panty heeft waarschijnlijk gepraat en gezweet. Uit het DNA in de speeksel- en zweetsporen in de panty moet een DNA-profiel gehaald kunnen worden. Maar dat is niet het geval. De panty is doordrenkt met bloed van het slachtoffer. Het DNA van de drager zal daardoor niet meer zichtbaar zijn. Daarom wordt geen verder onderzoek naar speeksel- en zweetsporen in de panty gedaan. Maar in de panty zitten ook verschillende haren. Het onderzoek aan haren is een aparte discipline, met voor- en nadelen. Ze besluiten dit onderzoek daarom nu niet te doen, maar misschien later als het nodig is.

Haren

Haren kunnen op verschillende manieren worden onderzocht. Allereerst zal een morfologisch onderzoek gedaan worden. Verschillende kenmerken van de haar worden bekeken, zoals de lengte, de kleur, de vorm en de dikte. Haren kunnen vergeleken worden om te kijken of een haar van een bepaalde persoon afkomstig is, bijvoorbeeld van een getuige, slachtoffer of verdachte.

Na het morfologisch onderzoek kan DNA-onderzoek verricht worden. Aan de haarwortel zitten lichaamscellen die celkernen bevatten. Wanneer er nog een haarwortel aan de haar zit, kan een 'gewoon' DNA-onderzoek gedaan worden, waarbij het DNA in de kern van de cel wordt onderzocht. Het komt echter ook vaak voor dat een haar helemaal geen haarwortel meer heeft. In dat geval kan er een mitochondriaal DNA-onderzoek gedaan worden.

In de cel zitten zogenaamde mitochondrieën. Deze onderdelen van de cel zorgen voor de energie in de cel. Mitochondrieën hebben een eigen DNA dat niet te vergelijken is met het DNA in de celkern. Dit DNA wordt van moeder op kind doorgegeven. Daardoor is het mitochondriaal DNA niet zo zeldzaam als normaal DNA en heeft het dus ook minder waarde. Als een verdachte namelijk hetzelfde mitochondriaal DNA heeft als een spoor, kan hij de donor zijn, maar ook iemand anders binnen de moederlijke lijn.

Een ander nadeel van mitochondriaal DNA is het verschijnsel heteroplasmie. Dat betekent dat mitochondrieën in verschillende cellen, verschillend DNA bevatten. Als er een vergelijkend mitochondriaal DNA-onderzoek wordt gedaan, kan het mitochondriaal DNA in het spoor verschillen van het referentiemateriaal van de persoon waarmee het vergeleken wordt. De conclusie kan dan zijn dat het spoor niet afkomstig is van die persoon. Het kan ook, dat die persoon lijdt aan heteroplasmie, waardoor hij wél de donor van het spoor is, maar dat de mitochondrieën in het referentiemateriaal ander DNA hebben dan de mitochondrieën in het spoor.

Aan de haar die tussen het plukje gras lag, zit geen haarwortel meer. Daarom is alleen een mitochondriaal DNA-onderzoek nog mogelijk. Nu van deze haar nog niet eens vaststaat dat deze van de dader afkomstig is, of tijdens het delict is achtergelaten, wordt deze haar niet verder onderzocht.

Dan blijven over: de ronde bloeddruppel die op de vensterbank lag, de stukken tape, het vingertopje van de latex handschoen en het gaspistool. Er zal DNA-onderzoek en dactyloscopisch onderzoek verricht worden. Genoeg sporen om resultaat te krijgen, lijkt het. Niets is minder waar. Uit al deze onderzoeken volgt maar één positief resultaat. In het vingertopje van de latex handschoen wordt DNA gevonden van een onbekende persoon, dat niet overeenkomt met het DNA van het slachtoffer. Er is echter geen DNA van verdachten waarmee het DNA uit de vingertop vergeleken kan worden en ook een vergelijking met de DNA-profielen in de DNA-databank levert niets op. Alle andere onderzoeken aan de andere sporen heeft niets opgeleverd. Zelfs uit de bemonstering van de bloeddruppel op de vensterbank kan geen DNA-profiel verkregen worden, wat opvallend is, omdat in bloed toch een aanzienlijke hoeveelheid DNA zit.

De sectie

De forensisch patholoog maakt eerst een bemonstering van DNA-materiaal dat gebruikt wordt om het slachtoffer te identificeren. In het huis van Christiaan zijn goederen veiliggesteld waarop vrijwel zeker DNA van Christiaan zit. Al vrij snel blijkt dat de dode man inderdaad Christiaan is. Nu moet de forensisch patholoog beoordelen hoe Christiaan om het leven is gekomen.

De patholoog merkt verschillende bloeduitstortingen in het gezicht op. Deze zijn veroorzaakt door uitwendig botsend mechanisch geweld. Christiaan heeft een groot aantal klappen in zijn gezicht gehad voordat hij kwam te overlijden. Verder heeft hij alleen nog de steekverwonding in zijn rug. Dat blijkt de doodsoorzaak te zijn. De steekverwonding loopt namelijk door de linkerlong en de linkerhartkamer. Hierdoor is bloed uit het hart in de longen gepompt, dat Christiaan heeft opgehoest en uitgespuugd. Daarom is er ook zoveel bloed in de slaapkamer verspreid.

Opgelost

Op maandagochtend, drie weken nadat het dode lichaam van Christiaan is aangetroffen, komt een man een politiebureau in Rotterdam binnengelopen. Hij zegt zich verantwoordelijk te voelen voor de dood van Christiaan in Hijum. De agente achter de balie neemt het eerst niet zo serieus. Ze heeft geen flauw idee waar Hijum ligt. De man weigert echter het politiebureau te verlaten en zegt dat hij wil uitleggen waarom hij zicht verantwoordelijk voelt voor de dood van Christiaan. De agente belt een collega. Ze hoort dat er drie weken eerder inderdaad een Christiaan om het leven is gebracht in het Friese dorpje Hijum. Ze vraagt de man die voor de balie staat naar zijn naam. 'Mathieu Verheij,' is het antwoord. Dan roept de agente twee rechercheurs op. Zij nemen Mathieu mee voor verhoor.

In het begin is het gesprek tussen de twee rechercheurs en Mathieu ontspannen. De rechercheurs proberen in te schatten met welke persoon ze te maken hebben. In de loop van het gesprek gaat het steeds meer over Christiaan. Mathieu vertelt, dat hij zijn hele jeugd in Hijum heeft gewoond. Hij had veel problemen met zijn ouders. Toen hij zestien was, is hij in zijn eentje naar Rotterdam verhuisd. Daar had hij geen vaste woon- of verblijfplaats, hij woonde bij vrienden. Hij fladdert veel op straat rond en heeft niets beters te doen, hij vindt het allemaal wel prima zo. Waar hij nu woont, wil hij niet vertellen. Hij wil er geen andere mensen bij betrekken.

Als de rechercheurs hem vragen waarom hij zich verantwoordelijk voelt voor de dood van Christiaan, vertelt hij dat hij bang is, dat ze over een aantal jaar bij hem terechtkomen, als hij een vrouw en kinderen heeft. Dat wil hij niet.

Mathieu praat over het misdrijf, maar hij vertelt niets wat niet al in het nieuws is geweest. Zijn verklaringen zijn nutteloos. De rechercheurs willen weten bij wie hij woont. Mathieu houdt zijn mond hierover. Hij benadrukt wel steeds, dat hij niet de dader is. Wie dat wel is, wil hij niet zeggen. Hij wil alleen vertellen waardoor hij zich verantwoordelijk voelt. Mathieu weet nog vanuit zijn jeugd, dat een van de bewoners van Hijum kerstbomen verkoopt. Hij heeft onlangs tegen een paar jongens gezegd, dat die man veel geld in huis had liggen. De jongens wilden hem beroven en vroegen Mathieu waar die man precies woonde. Dit heeft hij toen verteld. De jongens waren op de bewuste avond naar Hijum gegaan om de man te overvallen. Ze waren daarna woest naar hem toegekomen, omdat de man geen geld had. Toen Mathieu aan de jongens vroeg waar ze precies waren geweest, bleek dat ze het verkeerde huis waren binnengegaan. Ze moesten bij de overbuurman zijn. De jongens hadden Mathieu toen verteld dat het in het huis allemaal uit de hand was gelopen, waardoor de jongens de man hadden gedood. Dit is het, meer wil hij niet zeggen.

De rechercheurs geloven er niets van. Waarom zal een kerstboomverkoper begin november veel geld in huis hebben? Mathieu wil hier verder niet op ingaan. Hij is geïrriteerd, omdat de rechercheurs hem als een dader behandelen. Dat is hij niet. De rechercheurs verdenken hem in ieder geval van betrokkenheid. Daarom besluiten ze een bemonstering te maken van zijn wangslijmvlies, zodat zijn DNA vergeleken kan worden met het gevonden DNA op de plaats delict.

Ook zal er onderzoek gedaan worden naar Mathieus verblijfplaats. Om hierachter te komen schakelen zij de Criminele Inlichtingen Eenheid (CIE) in. Deze mensen mengen zich tussen groeperingen waarvan gedacht wordt dat zij meer weten over bepaalde misdrijven. In deze zaak zullen CIE-agenten ingezet worden in de buurt waar Mathieu rondzwerft. Zij krijgen al snel de informatie die ze willen. Mathieu woont sinds drie maanden bij Harry Knoops.

De rechercheurs brengen een bezoekje aan zijn woning, een appartement in een appartementencomplex. Er wordt niet gereageerd als zij aanbellen. De buren reageren wel, maar zij weten niet waar Harry is. Ze hebben hem al een aantal dagen niet meer gezien. De rechercheurs verzoeken de officier van justitie om toestemming de woning binnen te treden om te zoeken naar goederen die Mathieu mogelijk bij het delict gebruikt heeft. Ook willen ze DNA-materiaal van Harry veiligstellen om dit te vergelijken met het DNA op de plaats delict. Dit verzoek wordt toegewezen, waarna de rechercheurs samen met een technisch rechercheur naar binnen gaan. Er worden geen sporen gevonden die te maken kunnen hebben met het delict. De rechercheurs stellen daarom materiaal veilig dat hoogstwaarschijnlijk van de bewoner van het huis is: een tandenborstel, een scheermesje en een borstel. Natuurlijk kunnen deze ook van Mathieu zijn. Dat zal snel genoeg uit een DNA-vergelijking blijken. De borstel bevat in ieder geval geen haren van Mathieu, die is naar eigen zeggen al heel lang kaal. Het DNA-materiaal uit deze woning wordt vergeleken met het DNA in de vingertop van de latex handschoen die op de plaats delict is aangetroffen en het DNA van Mathieu. Een aantal van de veiliggestelde DNA-sporen bevat DNA dat niet van Mathieu is. Hoogstwaarschijnlijk is dit dus DNA van Harry. Dit DNA uit de woning komt overeen met het DNA in de vingertop.

Waar is Harry?

Nu is er dus een nieuwe hoofdverdachte, Harry Knoops. Mathieu wordt de oren van het hoofd gevraagd over de verblijfplaats van Harry. Mathieu verraadt niets. Hij beroept zich bij alle vragen op zijn zwijgrecht. Volgens hem heeft hij alles gezegd wat hij weet.

De CIE-agenten moeten opnieuw uitkomst brengen en ook deze keer stellen zij de rechercheurs niet teleur. Harry blijkt gevlucht te zijn naar Frankrijk, ergens bij Parijs. Gedetailleerder is de informatie niet. De rechercheurs verzoeken de Franse autoriteiten Harry te arresteren en hem uit te leveren aan Nederland. De Fransen willen wel meewerken, maar gezien de beperkte informatie kan de arrestatie wel eens heel lang op zich laten wachten. Maar ze hebben geluk. Al na drie maanden hebben de Fransen Harry gevonden. Hij is gearresteerd voor een diefstal in een supermarkt. Harry wordt uitgeleverd aan Nederland. De volgende dag zit hij in de verhoorkamer in Friesland.

Harry ontkent. Hij heeft niets met de zaak te maken. Waarom

hij naar Frankrijk is gevlucht, wil hij niet zeggen. Het heeft in ieder geval niets met de moord op Christiaan te maken. Het DNA in de vingertop moet iemand anders hebben achtergelaten, iemand die hem erbij wil naaien. Meer wil Harry niet vertellen. De rechercheurs geloven er geen woord van. Ze blijven daarom telkens in verschillende bewoordingen vragen hoe zijn DNA in de vingertop van de latex handschoen kan zitten als hij er niets mee te maken heeft. Harry is stil, antwoordt niet en zakt steeds verder met zijn hoofd richting het bureau tot hij met zijn armen op het bureau ligt en in tranen uitbarst.

'Ik wilde het niet,' stottert hij. 'Ik had niet verwacht dat ze hem zouden vermoorden, anders was ik natuurlijk niet meegegaan.'

De rechercheurs luisteren met gespitste oren. 'Waren er dan meer daders?'

'We waren met zijn drieën,' is het antwoord.

'Wie dan?'

Hierop krijgen de rechercheurs geen antwoord. Harry is te overstuur en blijft maar stotteren dat hij dit niet wilde en dat hij niet wist dat ze Christiaan zouden doden. Harry wordt teruggebracht naar zijn cel om bij te komen. Nu hij bekend heeft, zal hij snel het hele verhaal wel vertellen, is de gedachte.

Bang maken

Inderdaad, al snel na zijn bekentenis vertelt Harry het hele verhaal. Samen met Mathieu Verheij en Lucas Korstens heeft hij afgesproken om de man in Friesland te overvallen. Deze man verkoopt volgens Mathieu kerstbomen en heeft een hoop geld in huis. Mathieu gaat mee om de weg te wijzen, Lucas zorgt voor de auto en Harry is de link tussen Mathieu en Lucas. 's Avonds zijn ze naar Hijum gereden. Ongeveer een kilometer van het huis vandaan parkeren ze de auto. Mathieu leidt hen naar de woning. Ze hebben een keukenmes, een alarmpistool, tie-wraps en tape bij zich. Ook dragen ze allemaal bivakmutsen en latex doktershandschoenen. Opvallend genoeg vertelt Harry niets over het stuk panty dat bij de overval is gebruikt. Eenmaal binnen gaat het volgens Harry helemaal de verkeerde kant op. Mathieu loopt meteen door naar de slaapkamer, hij weet blijkbaar waar die is. Hij en Lucas zijn hem toen gevolgd. Als ze de slaapkamer binnenkomen, begint Mathieu meteen op de man in te slaan. De man vraagt wat ze willen. Mathieu schreeuwt dat hij geld wil en dat de man moet zeggen waar het geld ligt. De man zegt meerdere keren dat hij geen geld heeft. Harry heeft toen samen met Mathieu de armen en benen bij elkaar gebonden. Mathieu slaat de man telkens weer in zijn gezicht. Ook slaat hij zijn hoofd op de bedrand. Hij blijft maar vragen waar het geld ligt, maar de man blijft ontkennend antwoorden. Lucas en Harry zeggen meerdere keren tegen Mathieu dat hij rustig aan moet doen en dat hij de man niet zoveel moet slaan. Mathieu luistert niet. Hij pakt de tape en bindt dit om de mond van de man. Vervolgens pakt hij het alarmpistool en richt hiermee op het hoofd van de man. Voordat Harry hierop kan reageren, schiet Mathieu.

Harry is zich doodgeschrokken. Hij weet wel dat het een alarmpistool is, maar hij had niet verwacht dat het zo veel lawaai zou maken. De man is doodsbang en probeert te schreeuwen. Dit lukt niet door de tape om zijn mond. Mathieu maakt de tape los en vraagt de man weer waar het geld is. Weer zegt de man dat hij geen geld heeft. Terwijl Mathieu op het bed staat en de man op zijn buik in het bed ligt met zijn gezicht naar het voeteneinde, bindt hij de tape weer om de mond van de man. Daarna pakt hij het mes en steekt dit in de rug van de man. Lucas heeft de hele tijd alleen maar achter Harry staan toekijken. Nadat Mathieu de man neergestoken heeft, komt hij van het bed af. Harry wil de tape van het gezicht van de man afhalen. Hierbij scheurt de handschoen, maar Harry laat zich niet afleiden. Hij wil de man helpen. De man trekt zijn handen zelf uit de tape en de tie-wraps. Hij schreeuwt dat hij doodgaat. Harry wil helpen, maar weet niet wat hij moet doen. Hij schreeuwt tegen Mathieu en Lucas dat ze hem moeten helpen, maar dat doen ze niet. In plaats daarvan vluchten ze. Harry is hen toen maar achterna gelopen. Hij is bang en misselijk. Als ze alle drie weer in de auto zitten, geeft hij over.

Het is niet gegaan zoals ze afgesproken hebben. Het mes en het alarmpistool hadden ze alleen meegenomen om de man bang te maken. Ze hadden afgesproken de man niet te mishandelen. Toen Mathieu dit toch, deed wist Harry niet wat hij moest doen. Hij weet niet waarom Mathieu de man zo afgetuigd heeft.

De rechercheurs zijn er even stil van. Moeten ze dit geloven of niet? Het enige wat ze nog willen weten, is of Harry weet waar Lucas is. Als Lucas het verhaal van Harry zal bevestigen, verhoogt dit de geloofwaardigheid van Harry's verhaal. Harry weet wel waar Lucas is. Die zit weer in Rotterdam. Lucas is met Harry meegegaan naar Frankrijk, daarna is hij naar Orléans gegaan. Vanwege geldgebrek en omdat hij de Franse taal niet beheerst, is Lucas naar Rotterdam teruggegaan.

Geen forensisch bewijs

Lucas is dankzij de CIE snel gevonden. Bij de eerste verhoren blijft hij stug ontkennen. Maar ook Lucas houdt dit niet lang vol. De rechercheurs vertellen hem wat Harry heeft verklaard. Hij barst ook in tranen uit en bekent alles. Zijn verklaring lijkt helemaal overeen te stemmen met de verklaring van Harry. Lucas beschrijft het meedogenloos handelen van Mathieu die avond. Ook hij heeft dit niet gewild. Ook hij heeft geschreeuwd dat Mathieu rustig aan moest doen. Maar ook hij heeft niets gedaan toen Mathieu doorging en Christiaan uiteindelijk neerstak.

De officier van justitie besluit dat er voldoende bewijzen zijn om de rechters te laten oordelen over de schuld van de drie mannen. Tegen alle verdachten heeft de officier meer dan één bewijsmiddel, waardoor hij aan het minimum van twee voldoet. Bij minder dan twee bewijsmiddelen tegen de verdachte mag de rechter een verdachte niet veroordelen. Tegen Harry voert de officier het DNA in de vingertop, zijn eigen verklaring en de verklaring van Lucas aan als bewijs. Tegen Lucas de verklaringen van Harry en hemzelf en tegen Mathieu de verklaringen van Lucas en Harry. Als extra argument brengt de officier nog naar voren, dat het in Hijum zo donker is geweest en de weg naar het huis zo moeilijk bereikbaar, dat Mathieu er wel bij moet zijn geweest, omdat hij de weg van vroeger nog kende.

De verdediging van Mathieu bepleit, dat hij vrijgesproken moet worden. Lucas en Harry zijn namelijk samen naar Frankrijk gevlucht, waardoor zij uit den treuren hun verklaringen op elkaar hebben kunnen afstemmen. Dit hebben zij niet eens goed gedaan, want er zijn verschillen, bijvoorbeeld over de weg naar het huis van Christiaan en waar de auto geparkeerd is. Dit bewijs is volgens de verdediging dus onbetrouwbaar. Er is geen ander bewijs meer over. Mathieu moet worden vrijgesproken, vinden zij.

De rechter is het niet met de verdediging eens. Zij geloven het verhaal van de officier van justitie en veroordelen Mathieu tot twintig jaar gevangenisstraf. Harry en Lucas krijgen beiden een gevangenisstraf van veertien jaar, nu zij bekend hebben. De rechtbank oordeelt, dat Harry en Lucas gelogen hebben om zichzelf in een goed daglicht te plaatsen, maar dat de verklaringen over Mathieu dusdanig overeenkomen, dat de rechter uitsluit dat zij hierover gelogen hebben. De rechtbank neemt het Mathieu daarom ook bijzonder kwalijk, dat hij geen enkel berouw toont. Daarom komt zijn straf uit op twintig jaar gevangenis.

Verbazing

De advocaat van Mathieu, Arthur van der Biezen, tekent hoger beroep aan. In hoger beroep zal hij zich focussen op de verklaringen van Lucas en Harry. Hij is ervan overtuigd dat zij hun verklaringen in Frankrijk op elkaar afgestemd hebben. Maar er moet een fout in zitten. Hij wil echter niet op één paard wedden. Als Van der Biezen aan Mathieu vraagt of hij akkoord gaat met zoveel mogelijk forensisch onderzoek, twijfelt hij geen moment. Doen! Mathieu is ervan overtuigd dat er geen sporen van hem gevonden kunnen worden. Hij is immers helemaal niet in Hijum geweest. Van der Biezen verzoekt mij aan te geven welk forensisch onderzoek nog mogelijk is. Ikzelf doe deze onderzoeken niet. Ik zal de processen-verbaal van het technisch onderzoek en de deskundigenrapporten van het forensisch onderzoek analyseren en vervolgens aangeven welke onderzoeken nog gedaan kunnen worden.

Ik zie, dat de recherche zich er makkelijk vanaf heeft gemaakt. Er zijn nog veel onderzoeken mogelijk. Kennelijk vond de recherche het niet meer nodig na de verklaringen van Lucas en Harry. Dat Mathieu bij hoog en laag ontkent, is dan blijkbaar van ondergeschikt belang.

Ik ben verbaasd, dat de haren in de panty niet onderzocht zijn. Dit is waarschijnlijk een daderspoor. De resultaten van mitochondriaal DNA-onderzoek zijn misschien niet zo zeldzaam als de resultaten van een normaal DNA-onderzoek, maar Mathieu kan hiermee wel als donor van het DNA uitgesloten worden. Maar ook bij andere veiliggestelde sporen zijn verdere onderzoeken niet uitgevoerd, bijvoorbeeld bij de haar die bij het plukje gras lag. Alleen op de buitenzijde van de tape waarmee Christiaan was vastgebonden, is naar vingersporen gezocht, de plakzijde van de tape is hierbij genegeerd. De tie-wraps die onder de stukken tape zaten, zijn ook niet op vingersporen onderzocht. Een tie-wrap is niet zo breed en er zal ook geen heel vingerspoor te vinden zijn, maar een deel van een vingerspoor kan al genoeg zijn om deze te koppelen aan een persoon. Deze onderzoeken kunnen gelukkig ook nu nog verricht worden.

Een aantal belangrijke onderzoeken kunnen echter niet meer plaatsvinden. Bepaalde sporen zijn namelijk niet veiliggesteld. Van der Biezen wil duidelijkheid van de rechercheurs waarom dat niet gebeurd is. Het schaadt zijn cliënt Mathieu, dat de verdediging niet de kans krijgt aan te tonen dat die sporen niet van hem zijn.

Als eerste het bloederige contactspoor op de deur van de slaapkamer. De onderzoekers op de plaats delict waren heel stellig. Dit spoor is een veegspoor van een hand die bedekt was met een handschoen. Het spoor is inderdaad een veegspoor. Maar dit eindigt in een contactspoor waar de hand stil op de deur gedrukt is. Als de persoon die dit spoor heeft gezet geen handschoenen droeg, dan had hieruit misschien een goed vingerspoor verkregen kunnen worden. Maar, zegt een van de rechercheurs, de donor van dit spoor droeg wel een handschoen. Als ter terechtzitting aan hem gevraagd wordt hoe hij dit zo zeker weet, is zijn antwoord dat ze het hierover allemaal met elkaar eens waren. Dan verwacht je dat in ieder geval één van de onderzoekers bloedsporendeskundige is. Maar dat is niet het geval. De onderzoekers zijn dus zeker van de ontstaanswijze van een spoor, terwijl zij daarin helemaal niet deskundig zijn. Ik ben dus erg nieuwsgierig hoe men dan tot de conclusie is gekomen, dat het spoor met een handschoen is gezet. Ook dit wordt ter terechtzitting aan de rechercheur die het proces-verbaal heeft geschreven, gevraagd. Hij antwoordt, dat er geen papillairlijnen in het spoor te zien waren. Ik sta perplex. Deze conclusie, waarmee ook nog eens meerdere forensisch onderzoekers ingestemd hebben, houdt absoluut geen stand. Ook in vingersporen die met bloederige handen gezet zijn, hoeven helemaal geen papillairlijnen zichtbaar te zijn. Er zijn juist onderzoeken ontwikkeld om deze zichtbaar te maken. Dat de forensisch onderzoekers hiermee niet bekend zijn, vind ik erg zorgwekkend. Dit spoor had resultaat kunnen opleveren, maar door gebrek aan kennis van de forensisch onderzoekers is het verloren gegaan.

Fasen

Wanneer een onderzoek op een plaats delict wordt gedaan, is het van belang dat er een duidelijke structuur aangehouden wordt. Ook de forensisch onderzoekers moeten zo werken.

Ieder team van forensisch onderzoekers heeft een coördinator: de coördinator plaats delict unit (CPDU). De CPDU leidt het team van forensisch onderzoekers. Allereerst gaat CPDU samen met de fotograaf de plaats delict op om de situatie te bekijken. Hij doet dan nog niets anders dan rondkijken. Alleen als de CPDU een spoor ziet dat gemakkelijk vergaat, zal hij het veiligstellen.

Na deze eerste rondgang overlegt de CPDU met zijn team van forensisch onderzoekers over wat hij heeft gezien. Er wordt dan een werkplan gemaakt. In dit werkplan wordt besproken welke onderzoeker welke taak zal vervullen, waar men zal beginnen en hoe men de plaats delict afgaat tijdens het onderzoek. Ook zullen er verschillende scenario's over wat er gebeurd kan zijn, besproken worden. Hierdoor kan rekening gehouden worden met eventuele sporen die men over het hoofd zou zien wanneer er niet over mogelijke scenario's nagedacht wordt.

Na het opstellen van het werkplan starten de forensisch onderzoekers het onderzoek op de plaats delict. Iedereen voert zijn taak volgens afspraak uit: bijvoorbeeld fotograferen, notuleren, sporen veiligstellen en de eerste testen met sporen doen. Als er afgeweken wordt van het werkplan, dan zullen de rechercheurs dat moeten motiveren in hun proces-verbaal.

Als het onderzoek op de plaats delict afgerond is, zal de CPDU nog een laatste rondgang over de plaats delict maken. Hierbij kijkt hij of er sporen zijn die nog veiliggesteld moeten worden. Is dit niet het geval, dan is het onderzoek op de plaats delict ten einde en zal er een proces-verbaal over het onderzoek opgesteld worden.

Als dit het enige spoor is dat niet is veiliggesteld, kan dat geclassificeerd worden als een menselijke fout. Iedereen maakt wel eens fouten, ook forensisch onderzoekers op een plaats delict. Maar er zijn nog meer sporen waarbij zij nagelaten hebben onderzoek te doen, getuige de videobeelden van het onderzoek op de plaats delict. Daarop is te zien, dat een rechercheur staat te kijken naar het bed waarop het lichaam van Christiaan ligt. Hij zegt tegen een andere rechercheur, dat hij een schoenspoor heeft gevonden dat met een bloederige schoenzool is gezet, vrijwel zeker afkomstig van de dader. De andere rechercheur komt ook even kijken en beaamt dat het een schoenspoor is. Maar ze vergeten domweg dit spoor veilig te stellen.

Onder een tafeltje dat vlakbij het bed staat, worden vier contactsporen in bloed aangetroffen in de vorm van vier vingers. Hierbij zijn stikkers met pijlen geplakt en de sporen zijn gefotografeerd. Ook deze sporen kunnen een goed vingerspoor opleveren. Helaas is ook dit spoor niet veiliggesteld. De rechercheurs erkennen dat zij dit 'vergeten' zijn. Ik vraag me af hoe het in hemelsnaam mogelijk is dat deze fouten gemaakt zijn. Om hierachter te komen laat ik Van der Biezen nogmaals verzoeken de rechercheurs te horen. Deze keer over de manier waarop zij te werk zijn gegaan op de plaats delict.

De vaste structuur bij een onderzoek op de plaats delict is hier helemaal niet nageleefd. De CPDU vertelt, dat de andere forensisch onderzoekers al met het onderzoek bezig waren toen hij op de plaats delict aankwam. Hij heeft hen toen hun werk maar laten doen. Zelf heeft hij geen aandeel gehad in het forensisch onderzoek. Hij heeft een aantal dringende telefoontjes gepleegd. Van een eerste en laatste rondgang door de CPDU is dus geen sprake. De andere rechercheurs hebben geen flauw idee waarover Van der Biezen het heeft als hij begint over een vaste structurering bij sporenonderzoek. De onderzoekers zijn met zijn tweeën samen met de twee onderzoekers van het NFI de plaats delict op gegaan en hebben spoor voor spoor alles afgewerkt. Er is dus geen sprake geweest van een werkplan en verschillende mogelijke scenario's. Dit slecht uitgevoerde onderzoek op de plaats delict kan ook heel goed de verklaring zijn waarom er geen DNA uit de ronde bloeddruppel op de vensterbank gehaald kon worden. Als bloed namelijk niet op de juiste manier wordt veiliggesteld, kan het DNA kapot gaan, waardoor het ook niet meer geanalyseerd kan worden.

Dezelfde vragen wil Van der Biezen aan de onderzoekers van het NFI stellen. Door de drukte van verschillende partijen wordt besloten dat deze vragen schriftelijk gesteld moeten worden. De NFI-onderzoekers zullen hier vervolgens ook schriftelijk op reageren. Als de antwoorden binnenkomen, blijkt dat de onderzoekers van het NFI wel weten hoe het hoort. Stap voor stap hebben zij uitgewerkt hoe een onderzoek op de plaats delict uitgevoerd dient te worden en hoe zij dit hebben toegepast in deze zaak. Helaas voor de onderzoekers hebben de rechercheurs al verklaard dat het alles behalve zo is gegaan als de sporendeskundigen nu stellen. De voorbeeldige antwoorden van het NFI lijken dus niet representatief voor de werkelijkheid.

Vervolgens komen de resultaten van het onderzoek op de tape binnen. Er zijn geen resultaten gevonden. Dit is niet per definitie een slecht resultaat voor de verdediging, want dat betekent dat er nog steeds geen bewijs is dat Mathieu op de plaats delict is geweest. Dan komen de resultaten van de onderzoeken aan de haren binnen. Zevenentwintig haren zijn onderzocht, namelijk zesentwintig uit de panty en één haar uit het plukje gras. Volgens het mitochondriaal DNA-onderzoek aan de haar uit het plukje gras, is deze niet van Harry, Lucas, Mathieu of Christiaan. Van wie de haar wel is, is onbekend. In de panty zijn ook haren gevonden, die in ieder geval niet van Christiaan zijn. Maar bij het mitochondriaal DNA-onderzoek wordt bij deze haren wel hetzelfde DNA gevonden als dat van Christiaan. Dit is natuurlijk erg vreemd. De deskundige die het onderzoek heeft gedaan, geeft een verklaring. Op de haren zit namelijk een hoop bloed, waar meer mitochondriaal DNA inzit dan in de haar zelf. Het mitochondriaal DNA-profiel uit de haar is door de grote hoeveelheid mitochondriaal DNA uit het bloed niet meer te herkennen. Ook dit is weer een erg knullig resultaat. Als het bloed namelijk eerst van de haren af gewassen was, dan zou tijdens het DNA-onderzoek alleen nog maar mitochondriaal DNA uit de haar zijn geanalyseerd. De haren zijn niet gewassen, omdat dit niet verzocht is.

Gelukkig zijn er nog wel wat haren uit de panty over, die opnieuw onderzocht kunnen worden. Deze worden nu wel eerst gewassen. Wat blijkt? Ook deze haren zijn niet van Christiaan, Harry, Lucas of Mathieu. Zijn die haren dan van een andere dader? Een antwoord kan niet gegeven worden. Omdat een persoon op een dag zoveel haren verliest en haren zo gemakkelijk verplaatst worden, is het alles behalve zeker dat een haar op de plaats delict van de dader afkomstig is. Een haar kan daarom nooit een bewijs zijn van de schuld of zelfs maar de aanwezigheid van een persoon. Wat we wel kunnen concluderen, is dat er nog steeds geen forensisch bewijs is waaruit blijkt dat Mathieu op de plaats delict is geweest. Een andere conclusie is, dat er een ongelooflijk slecht onderzoek op de plaats delict is uitgevoerd, waardoor bepaalde sporen niet zijn veiliggesteld. Het is natuurlijk goed denkbaar, dat er nog meer sporen niet zijn veiliggesteld, die niet op foto's zijn waar te nemen.

TEGENSTRIJDIGHEID

Van der Biezen lijkt ondertussen een belangrijke tegenstrijdigheid in de verklaringen van Harry en Lucas gevonden te hebben. Zij spreken over verschillende routes om bij het huis van Christiaan te komen. Die zijn er inderdaad, maar slechts één van die routes is de bewuste avond gelopen. Harry en Lucas kennen dus wel degelijk de omgeving en hadden Mathieu helemaal niet nodig om bij Christiaans huis te komen. Dit ondersteunt ook de verklaring van Mathieu, dat Harry en Lucas het verkeerde huis zijn binnengegaan. Hoe het voor Mathieu afloopt, blijft vooralsnog afwachten. Het hoger beroep loopt namelijk nog.

HOOFDSTUK 8
HET HORRORHUIS

Het is elf uur 's ochtends. Lieke zit thuis in Den Haag koffie te drinken met haar vriendinnen. De telefoon gaat, Jaap van der Westelaken. De man vertelt dat hij de vader is van de vriend van de twintigjarige Manon Kooistra. Lieke verhuurt gemeubileerde huizen voor korte perioden en Manon Kooistra heeft voor een maand van haar een huis in Breda gehuurd.

EEN SIMPEL RUZIETJE?

Manon is een rustig meisje dat in een plaatsje vlakbij Groningen woont. Ze heeft ruzie met haar ouders gekregen en heeft daarom een maand het huis gehuurd samen met haar vriend Jelle. Jaap vraagt of Lieke vanmiddag naar het huis wil komen. Volgens Jaap hebben Manon en Jelle ruzie gekregen, waardoor er schade is ontstaan.

Lieke baalt enorm. Ze is interieurstyliste en richt de huizen stijlvol in met duur, exclusief meubilair. Beschadigde meubels laten zich dus niet zomaar vervangen. Ze spreekt af die middag langs te komen om de schade op te nemen. Jaap belooft haar diezelfde dag nog cash de schade te vergoeden, als zij belooft geen contact met de politie op te nemen. Lieke is verbaasd.

'Waarom zou ik de politie waarschuwen als er alleen maar wat schade is?'

Jaap vertelt dat er ook verschillende bloedvlekken zijn. Manon zou zijn zoon een bloedneus geslagen hebben. Jelle heeft toen met zijn ene hand zijn neus vastgehouden en met zijn andere zijn vriendin vastgepakt om haar tot bedaren te brengen. Jelle heeft ook met zijn bloederige hand een aantal meubelstukken aangeraakt. Daarom lijkt het alsof er heel wat voorgevallen is. Jelle heeft wel geprobeerd het bloed weg te poetsen, maar dit is niet gelukt. Lieke baalt nog meer, het blijft dus niet bij alleen een meubelstuk vervangen. Ze belooft die middag langs te komen om de schade te bepalen. Jaap vraagt of ze Manon buiten de afhandeling van de schade wil houden, ze schaamt zich namelijk enorm voor wat ze heeft aangericht.

Die middag stapt Lieke haar verhuurde huis binnen. Het is een nog grotere bende dan ze dacht. Er zit bloed op de bank, bloed op de vloer achter de bank, bloed op de salontafel, bloed aan de eettafel, bloed aan de gordijnen, bloed op de piano, bloed op de muur achter de piano en bloed op een van de twee vazen die op de eettafel stonden. Met de nadruk op stonden, want een van de vazen ligt in stukken op de grond. Verder zijn er verspreid over de vloer nog verschillende bloedvlekken te zien. De piano is aan één hoek beschadigd. Die hoek is schijnbaar in de muur gedrukt, omdat de muur op de hoogte van de hoek van de piano ook zwaar beschadigd is. In de bank zitten verschillende sneden. Lieke staat versteld. Kan een simpel ruzietje dit allemaal veroorzaakt hebben? Veel zin om hierover na te denken heeft ze niet. Ze wil de politie niet inschakelen, want dan kan ze de schadevergoeding wel vergeten. Ze besluit daarom niets te vragen en gewoon de schade vast te stellen. Daarna belt ze Jaap. De schadevergoeding bedraagt vijftienduizend euro. Jaap gaat hiermee akkoord en ze spreken voor die avond bij een wegrestaurant af, vlakbij Den Haag.

Die avond overhandigt Jaap aan Lieke een envelop met vijftienduizend euro. Hij biedt nogmaals zijn excuses aan en hoopt dat het niet te veel moeite kost het huis weer op orde te krijgen. Hij schaamt zich dood voor zijn zoon en vertelt haar dat Jelle de schade helemaal aan hem moet terugbetalen. Lieke vindt het allemaal wel prima en gaat naar huis. Ze heeft met haar moeder, Antoinette, afgesproken morgen naar het huis in Breda te gaan. Het huis moet worden schoongemaakt en de schade aan piano en muur hersteld.

Antoinette is nog verbaasder dan Lieke als ze het huis binnenkomt. 'Het lijkt wel of hier mensen afgeslacht zijn! ' is haar reactie. Ze gelooft niets van het verhaal van de ruzie. 'Door een ruzie kan een huis niet zo erg onder het bloed zitten.'

Antoinette wil dat Lieke de politie belt. Dit wil Lieke niet. Ze heeft beloofd dat niet te doen en ze wil die belofte niet breken. Een vriendin van Lieke, Mink, is na het telefoongesprek gisteravond ook nieuwsgierig geworden en komt binnenlopen. Ook Mink is ervan overtuigd dat zoveel bloed niet door een ruzietje is ontstaan. Zij adviseert Lieke eveneens de politie te bellen, waarna Lieke besluit dit toch maar te doen. Na een paar minuten stopt een surveillanceauto van de politie voor de deur. De agenten zijn er ook van overtuigd dat er meer is gebeurd en zetten de woning af. De technische recherche zal de woning verder onderzoeken.

Vreselijk misdrijf

De technische rechercheurs interpreteren ter plaatse de bloedsporen. Zij doen dit om een indruk te krijgen van wat er is gebeurd en waardoor de bloedsporen zijn ontstaan. De rechercheurs kijken naar de zichtbare bloedsporen en zullen vervolgens met behulp van luminol ook eventuele, met het blote oog niet-zichtbare, bloedsporen onderzoeken. Uit de uiterlijke verschijningsvorm van al deze bloedsporen concluderen zij wat er gebeurd kan zijn.

Luminol

Luminol is een chemische stof die gebruikt wordt om latente bloedsporen zichtbaar te maken. Dit zijn bloedsporen die met het blote oog niet te zien zijn. Vaak zijn ze dan weggepoetst of weggeveegd. Doordat luminol heel gevoelig is, maakt de stof ook weggepoetste of weggeveegde bloedsporen zichtbaar. Luminol kan bloedverdunningen van één op honderdduizend zichtbaar maken. In honderd liter water is één milliliter bloed met luminol nog steeds op te sporen.

Tijdens dit onderzoek wordt de plaats die onderzocht wordt, verduisterd: gordijnen dicht, alle lichten uit en zonodig schermen voor de ramen. Als het stikdonker is, wordt de luminol over het te onderzoeken object gesprayd. Als er bloed op het object zit, zal het blauw oplichten. Wel moet men er rekening mee houden, dat luminol niet alleen oplicht bij bloed, maar ook bij andere stoffen zoals ijzer, koper, kobalt en chloorhoudende schoonmaakmiddelen.

Allereerst onderzoeken de rechercheurs de keuken. Lieke heeft hier geen bloed ontdekt, maar de rechercheurs wel. In de wasbak treffen zij bloed aan, evenals op het aanrecht aan de linker- en rechterzijde van de wasbak. Op de vloer voor de wasbak zitten ook enkele druppels bloed. Net als op de keukentafel en de vazen die op deze tafel stonden.

De rechercheurs gaan verder naar de achterkant van de woonkamer. Vanwege de grote hoeveelheid bloedsporen scheiden de rechercheurs de achter- en voorkant van de kamer van elkaar om latere verwarring over de situering van sporen te voorkomen. Ook hier vinden de rechercheurs bloedsporen. Van dertig bloedsporen van verschillente grootte wordt een bemonstering gemaakt. Op verschillende meubelstukken worden ook schoonmaaksporen gevonden. Hier is het bloed verdund en uitgeveegd, maar nog wel zichtbaar. Hieruit trekken de rechercheurs de conclusie dat men heeft geprobeerd bloed weg te poetsen.

Hierna gaan de rechercheurs naar de voorzijde van de kamer. Veertien bloedsporen worden veiliggesteld. Als de rechercheurs vervolgens de eetkamer, het toilet en de hal onderzoeken, worden nog eens veertig bloedsporen veiliggesteld. Al deze bloedsporen zijn met het blote oog zichtbaar. Als zij naar latente bloedsporen speuren, vinden zij weer ontzettend veel sporen. De bemonsteringen worden naar het NFI gestuurd. De ouders van Manon geven haar tandenborstel aan de politie om haar DNA-profiel te bepalen.

De technisch rechercheurs zijn het eens: er heeft een gevecht in de woning plaatsgevonden waarbij een of meerdere personen op zijn minst gewond zijn geraakt, maar misschien ook wel gedood. De gewonde personen hebben mogelijk geprobeerd te vluchten via het raam aan de voorzijde van het huis en/of via de achterdeur en zijn waarschijnlijk onder de tafel in het nauw gedreven. Ook hebben de slachtoffers of het slachtoffer zich langere tijd op de vloer bevonden, waarbij een grote bloedvlek is ontstaan. Later zijn schoonmaakhandelingen verricht om die bloedsporen te verwijderen.

De politie gaat net als het Openbaar Ministerie uit van een vreselijk misdrijf. Jaap van der Westelaken wordt verdacht van minstens mishandeling, maar meerdere moorden sluit justitie ook niet uit. Met dit laatste lijkt het Openbaar Ministerie het meest rekening te houden, want meteen gaat er een aanhoudingsbevel uit voor Jaap op verdenking van moord. Deze verdenking vloeit voort uit het feit dat Jaap degene is die Lieke over de schade heeft opgebeld. Hij moet daarom wel meer weten over wat er gebeurd is.

Verschillende kranten pakken de zaak op, ze hebben het al snel over het "horrorhuis" in Breda en "het grote raadsel van de bloedsporen". De woordvoerder van de politie geeft al informatie: de hoeveelheid bloed kan niet veroorzaakt zijn door een bloedneus of een sneetje in de vingers.

Het ongeïdentificeerde slachtoffer

De politie gaat uit van moord. Jaap van der Westelaken wordt nog altijd gezocht, maar lijkt niet gevonden te willen worden. Waar Manon Kooistra en haar vriend Jelle zijn, is ook onbekend. Zijn de bloedsporen van Manon? Is zij in het horrorhuis om het leven gebracht? De ouders van Manon vertellen dat Manon een lief, maar naïef meisje is, dat vaak criminele vriendjes heeft. Zij denken, dat Jelle zich ook in een crimineel milieu beweegt. Manon logeerde vaak bij de ouders van Jelle in een landhuis in een bos in Breda.

De politie onderzoekt de omgeving van dit landhuis en vindt een kistje met een vuurwapen, een geluiddemper, munitie en cocaine. Manons ouders weten zeker dat dit kistje van de familie Van der Westelaken is. Ze zijn bang dat er iets met Manon is gebeurd. Uit het landhuis in Breda heeft de politie, na toestemming van de officier van justitie, ook verschillende objecten veiliggesteld ten behoeve van het achterhalen van DNA-profielen van de bewoners.

Na anderhalve week is het NFI klaar met de DNA-onderzoeken. Het bloed blijkt niet van Manon te zijn. Ook is het niet van een van de personen uit het landhuis. Het NFI heeft wel vastgesteld, dat het bloed van één persoon afkomstig is. Er lijkt dus maar één slachtoffer te zijn. Zij vinden geen DNA-profiel dat overeenkomt met de profielen in de DNA-databank. Het slachtoffer is dus onbekend. Vooralsnog is er geen andere optie dan doorzoeken naar Jaap en Jelle van der Westelaken, en Manon Kooistra. Het mysterie rondom het horrorhuis is nog lang niet opgelost.

Niets aan de hand

Vijf weken en maar liefst dertig rechercheurs later komen Jaap, Jelle en Manon het politiebureau op het Chasseveld in Breda binnenlopen. Ze worden niet meteen herkend. Maar als ze vertellen dat ze worden gezocht met betrekking tot het huis in Breda, staat er al snel een aantal rechercheurs klaar om ze te verhoren.

De drie vertellen dat ze de afgelopen maand in hotels hebben gelogeerd, maar dat zij zich nu komen melden, omdat de hele situatie uit de hand dreigt te lopen. Manon vertelt dat ze niets met de zaak te maken heeft. Zij heeft alleen de woning gehuurd. Jaap van der Westelaken heeft haar dat gevraagd. Waarom weet ze niet, alleen dat het voor zaken was. Ook Jelle zegt er niets mee te maken te hebben. Hij weet alleen, dat zijn vriendin het huis heeft gehuurd voor zijn vader, zodat hij er zaken kon doen. Jaap zal de nodige informatie moeten verschaffen.

Zoals Manon al verteld heeft, wilde Jaap in de woning zaken doen. Welke zaken, wil Jaap niet zeggen. Jaap had samen met zijn neef Aron, zijn zakenpartner, een afspraak met zakenrelaties. Tijdens die afspraak is er een conflict ontstaan, gevolgd door een vechtpartij. Een van de twee mannen met wie ze zaken deden, viel Aron met een mes aan. Die man raakte hierbij zelf gewond. Aron weet zich namelijk goed te verdedigen en de man is blijkbaar niet zo bedreven in het vechten met een mes. Tijdens dit gevecht liepen zowel hij en zijn neef als de zakenrelaties nog een paar schrammetjes op. Vandaar de bloedsporen. Na de ruzie hebben hij en Aron vergeefs geprobeerd de bloedsporen te verwijderen. Daarna heeft Jaap Lieke gebeld.

Na deze drie verklaringen wordt hun DNA-materiaal afgenomen voor een vergelijking met het biologisch materiaal dat in het huis gevonden is. Al snel blijkt het bloed niet van Jaap, Jelle of Manon afkomstig te zijn.

Een nieuwe verdachte is in beeld. Aron Hazenberg, de neef van Jaap. Deze verdachte wordt vrij snel opgespoord en verhoord. Aron ontkent niet betrokken te zijn bij de zaak. Volgens hem is er niet zoveel aan de hand. Aron bevestigt de zakelijke afspraak en de vechtpartij. Ook hij zegt dat bij beide partijen een beetje bloed gevloeid is, maar dat dit niet veel voorstelt. Een van de mannen heeft hem met een mes aangevallen en zichzelf verwond. Aron bevestigt de mislukte schoonmaak.

Ook van Aron wordt DNA-materiaal afgenomen. Na onderzoek blijkt ook het DNA-profiel van Aron niet overeen te komen met de DNA-profielen die in het huis zijn aangetroffen.

De recherche gelooft niets van de verhalen over de vechtpartij. Het bloed op de plaats delict is namelijk maar van één persoon afkomstig. Niets wijst erop dat Jaap en Aron ook verwondingen hadden opgelopen. De media smullen weer van het nieuws. Heeft justitie een enorm team op een zaak gezet die een simpele vechtpartij lijkt te zijn?

Uitgeveegd

De advocaten van Aron, mr. Van Berge Henegouwen en zijn kantoorgenoot mr. Faber, vragen aan mij of er iets meer over de bloedsporen gezegd kan worden. Wijzen die bloedsporen nu echt op zo'n zwaar delict, of kunnen ze zijn ontstaan door een simpel vechtpartijtje, zoals de verdachten zelf zeggen?

Het proces-verbaal van de technisch rechercheurs over het bloedsporenonderzoek is bij mijn analyse van groot belang. Duidelijk is, dat er veel verschillende bloedsporen op veel verschillende plaatsen zijn gevonden. Een grote hoeveelheid bloedsporen houdt echter niet in, dat er ook veel bloed is vergoten. Een bloedspoor zegt namelijk niet per definitie iets over de hoeveelheid bloed die hiermee gemoeid is. Dat de rechercheurs die het proces-verbaal hebben geschreven dit weten, blijkt uit hun proces-verbaal, maar de rechercheurs lijken toch uit te gaan van een grote hoeveelheid bloed. Dit blijkt onder andere wanneer zij spreken over een grote bloedvlek in de woonkamer. De rechercheurs melden, dat hier zich "waarschijnlijk gedurende langere tijd een bloedbron heeft bevonden." Dat het om menselijk bloed gaat, wordt tijdens het onderzoek op de plaats delict bevestigd. Nu is de bloedvlek aangetroffen op vloerbedekking. Bloed is moeilijk te verwijderen uit vloerbedekking. De conclusie van de rechercheurs dat men geprobeerd heeft bloedsporen te verwijderen is terecht. Maar de bloedvlek kan tijdens het schoonmaken best groter zijn geworden. Het bloed is dan erg verdund, maar vaak nog wel zichtbaar. En of bloed erg verdund is of niet, is vaak niet te zien wanneer dit bloed zich op donkere vloerbedekking bevindt. De conclusie dat de bloedvlek is veroorzaakt door een bloedbron die zich langere tijd op deze plek heeft bevonden, is een brug te ver.

Dit lijken de rechercheurs ook te beseffen, want later zeggen zij, dat het bloed op deze plek mogelijk is uitgeveegd. In één procesverbaal worden nu twee verschillende conclusies gegeven over dezelfde bloedvlek. De laatste conclusie hoort in een proces-verbaal thuis, de eerste niet. De conclusie dat een bloedbron zich een langere tijd op die plek heeft bevonden, is volledig subjectief, gebaseerd op de mening van de rechercheurs. Dit kan voor een vertekend beeld zorgen bij de rechters, wat altijd voorkomen moet worden.

Deze subjectieve conclusie is niet de enige in het proces-verbaal. Van een bloedveeg aan de onderkant van de eettafel zeggen de rechercheurs, dat deze mogelijk is veroorzaakt doordat een of meerdere slachtoffers onder de tafel door hebben geprobeerd te vluchten. Ook dit is natuurlijk een conclusie die nergens op gebaseerd is. Op het moment dat de rechercheurs het onderzoek verrichten, is nog helemaal niet bekend of het bloed van het slachtoffer is. Ook weten de rechercheurs niet of het bloedspoor onder de tafel op hetzelfde moment is ontstaan als andere bloedsporen in de woning. Zelfs al is het bloed van het slachtoffer, dan nog hoeft dat niet te zijn veroorzaakt omdat het slachtoffer wilde vluchten. De verklaringen van Jaap en Aron zijn niet in strijd met dit bloedspoor. Zij zeggen dat er een gevecht heeft plaatsgevonden. Als tijdens dit gevecht iemand onder tafel valt, kunnen de bloedsporen zijn veroorzaakt. De conclusie dat het slachtoffer misschien onder de tafel door heeft willen vluchten, is ook weer een conclusie die voor een vertekend beeld in het 'objectieve' proces-verbaal zorgt.

Als laatste geven de rechercheurs aan, dat één of meer slachtoffers mogelijk in het nauw gedreven zijn waardoor een aantal bloedsporen zijn ontstaan. Deze bloedsporen zijn vegen van bloed, verspreid over de muur, zowel dichtbij de vloer als een stuk hoger op de muur. Dat het slachtoffer in het nauw gedreven is, duidt erop dat de dader de overhand heeft. Het slachtoffer kan geen kant op. Ook deze conclusie gaat veel te ver. De aangetroffen bloedsporen kunnen heel goed passen bij een vechtpartij, zonder dat een van de partijen de overhand heeft. Laat staan dat de bloedende persoon in het nauw gedreven is.

De rechercheurs lijken erg onder de indruk geweest te zijn van de bloedsporen in het huis. Op mij komt het over alsof de rechercheurs overtuigd zijn van een hulpeloos slachtoffer. In mijn rapportage laat ik stap voor stap zien, dat het zogenaamde objectieve proces-verbaal van technisch onderzoek barstensvol subjectieve suggesties staat. Iets wat niet de bedoeling is van het forensisch onderzoek. Toch wil ik achterhalen waar die subjectieve suggesties vandaan komen. Als uit de plaats delict blijkt dat degene die de bloedsporen heeft veroorzaakt, heel zwaar gewond is geraakt, kan ik begrijpen dat de rechercheurs ervan uitgaan, dat de gewonde zwaar in het nadeel is geweest. Ik richt me nu op de ontstaanswijze van de verschillende bloedsporen.

Ontstaan

In hoofdstuk 4 is al behandeld welke bloedsporen ontstaan door een slagaderlijke bloeding. In hoofdstuk 9 zal worden behandeld welke bloedsporen er ontstaan als er een krachtsinwerking in bloed optreedt en hoe een ronde bloeddruppel ontstaat. Twee andere voorbeelden zijn bloedsporen die ontstaan doordat bloed van een object afgeworpen wordt en bloederige contactsporen.

Contactsporen zijn meestal niet moeilijk te herkennen. In deze sporen is te zien dat ze zijn ontstaan doordat op een object of persoon bloed heeft gezeten. Dit object of deze persoon heeft vervolgens het bloed op een oorspronkelijk schoon object gestempeld of geveegd. Andersom is het ook mogelijk dat op een object een of meerdere bloeddruppels aanwezig zijn. Wanneer een ander object of een persoon vervolgens in contact komt met deze bloeddruppels, worden deze in meer of mindere mate uitgeveegd, waardoor ook een contactspoor ontstaat.

Bloedsporen veroorzaakt doordat bloed van een object afgeworpen wordt, bijvoorbeeld wanneer iemand met een hamer wordt geslagen of met een mes gestoken, geven een ander patroon. Wanneer de hamer na een tweede klap (anders zit er nog geen bloed op de hamer) naar achteren wordt gehaald voor een nieuwe klap, of het mes uit het lichaam wordt getrokken, slingert het bloed van deze objecten af. Deze bloedspatten zijn vaak op het plafond of een muur te zien. Kenmerkend voor deze bloedsporen is, dat deze in een rechte lijn lopen. Aan de hand van deze bloedsporen kan men achterhalen wat de richting van een slag- of steekbeweging is geweest, waardoor ongeveer bepaald kan worden waar het slachtoffer en de dader tijdens het misdrijf hebben gestaan.

De rechercheurs geven in hun proces-verbaal aan, dat er geen bloedsporen aangetroffen zijn die wijzen op het toebrengen van letsel. Ook ik kan uit de beschrijvingen van de verschillende bloedsporen en de foto's van de plaats delict niet opmaken dat er een bepaald soort letsel is toegebracht. Geen bloedsporen die wijzen op een krachtsinwerking in bloed, geen bloedsporen die wijzen op een schotverwonding en geen letsel dat wijst op wegslingerend bloed. De enige bloedspatten zijn de bloederige contactsporen en ronde bloeddruppels. Er is dus niets wat erop wijst dat de bloedende persoon ernstig gewond is.

De eindconclusie van mijn onderzoek is dan ook, dat de vele bloedsporen geen indicatie geven voor wat zich in de woning heeft afgespeeld. Een persoon of object dat in ieder geval voor een deel bedekt is met bloed, is op veel plekken in contact geweest met een aantal andere objecten. De ronde bloeddruppels wijzen erop, dat een bloedend persoon, of een met bloed bedekt object, zich door het huis heeft bewogen. Er valt niets te zeggen over de hevigheid van de bloeding waardoor de bloedsporen zijn ontstaan. Men heeft later geprobeerd de ontstane bloedsporen weg te poetsen. Over de hoeveelheid bloed in de woning valt eveneens niets te zeggen. Meer kan uit de bloedsporen niet geconcludeerd worden. Wat Jaap en Aron over de bloedsporen verklaren, is één van de mogelijke verklaringen voor het ontstaan van de gevonden bloedsporen.

GEVECHT

De media-aandacht voor het horrorhuis is ook Jorrit Beek opgevallen. Jorrit kent het huis, kent Jaap en Aron en kent het slachtoffer. Dit is hij namelijk zelf. Jorrit heeft eerder geen aangifte durven doen, maar besluit dit nu toch te doen.

Jorrit vertelt de politie, dat hij een zakelijke afspraak had met Jaap in het huis in Breda, het "horrorhuis". Alleen met Jaap, niet met Aron. Hij kende Aron voor de ontmoeting in het huis namelijk helemaal niet. Jorrits neef Lars is met hem meegegaan naar het huis in Breda. Daar treffen zij Jaap en Aron. Waar de afspraak over ging, wil Jorrit niet vertellen. Wel dat hij en zijn neef Lars zijn overvallen.

Lars wordt door Jaap onder schot gehouden. Jorrit raakt in gevecht met Aron. Tijdens dit gevecht snijdt Aron hem met een stanleymes in zijn linkerhand. Dit ontdekt hij pas nadat Aron bovenop hem is gaan zitten. Aron drukt het stanleymes tegen zijn wenkbrauw. Jorrit vreest voor zijn leven, wurmt zich los en probeert door de voorruit te springen. Dat lukt niet. Daarna probeert hij via de achterdeur te vluchten. Ook dit mislukt. Aron heeft inmiddels een mitrailleur gepakt waarmee hij Jorrit onder schot houdt. De handen van Lars en Jorrit worden geboeid en een stuk tape wordt op hun monden geplakt. Jaap en Aron stelen hun portemonnees met het geld voor de zakelijke transactie. Jaap en Aron dreigen regelmatig hen te doden. Jaap laat autosleutels en de sleutels van de handboeien op het aanrecht in de keuken voor hen achter. Jorrit en Lars krijgen vervolgens de opdracht tot vijfhonderd te tellen, waarna ze zich mogen losmaken. Toen zijn ze gevlucht, waarbij zij de handboeien hebben meegenomen en later ergens hebben weggegooid. Ze hebben eerst bij een wegrestaurant gezeten en zijn toen naar het ziekenhuis gegaan om naar Jorrits hand te laten kijken. De wond in zijn hand is met negen hechtingen gedicht.

Dit verhaal strookt met de bevindingen van het bloedsporenonderzoek. Alleen kan veel van wat Jorrit vertelt, niet gecontroleerd worden. Het is nogal logisch dat Jorrit zich zal voordoen als het slachtoffer. Hij gaat natuurlijk niet vertellen dat hij Jaap het hele huis door geslagen heeft en zich hierbij per ongeluk gesneden heeft. Ook is het niet ondenkbaar dat hij de situatie flink zal aandikken. Dat de verklaring past binnen het beeld van de bloedsporen, betekent niet dat het ook zo gebeurd is. De bloedsporen kunnen namelijk corresponderen met veel andere situaties. Om de verklaring van Jorrit te controleren, nodigt de politie Lars uit op het bureau om een verklaring af te leggen. Als Lars Jorrits verhaal bevestigt, kan nog steeds niet gezegd worden dat zij de waarheid spreken. Lars en Jorrit hebben namelijk meer dan genoeg tijd gehad om hun verhalen op elkaar af te stemmen.

Het verhaal van Lars komt voor het grootste gedeelte overeen met wat Jorrit heeft verklaard. Lars verklaart echter ook nog, dat hij samen met Jorrit heeft geprobeerd het bloed weg te poetsen. Iets wat Jorrit niet heeft verklaard. Deze verklaring past bij de aangetroffen bloedsporen in de keuken. Die wijzen er namelijk op, dat een bloedend persoon bij de wasbak heeft gestaan en hier ook de kraan heeft aangezet. Ook over wat ze hebben gedaan nadat ze zijn gevlucht, vertellen ze een verschillend verhaal. Jorrit zegt dat ze bij een wegrestaurant zijn geweest en daarna naar het ziekenhuis zijn gegaan. Lars zegt dat ze eerst naar een vriend zijn gegaan en daarna naar een coffeeshop. Toen Jorrits hand bleef bloeden, zijn ze naar het ziekenhuis gegaan.

Verder onderzoek van de politie wijst uit dat ze inderdaad naar een vriend zijn gegaan. Die legt een verklaring af. Ook de negen hechtingen zijn niet gelogen. Dit blijkt uit het medisch dossier van Jorrit. Maar wat zich precies in de woning heeft voorgedaan, kan niet gecontroleerd worden. Jaap en Aron worden geconfronteerd met de verklaringen van de twee en beweren allebei dat daar niets van klopt. Het was gewoon een vechtpartij. Er waren helemaal geen vuurwapens mee gemoeid.

Het DNA van Jorrit is opgestuurd naar het NFI en vergeleken met het DNA-profiel van het bloed in de woning. Het komt overeen. Jorrit is hoogstwaarschijnlijk de donor van het bloed in het horrorhuis.

SIMPEL

Het onderzoek is afgelopen. De enigen die weten wat er is gebeurd, hebben hun verklaring afgelegd. Al het forensisch onderzoek in de zaak is gedaan. Wat voor zaken de vier mannen hebben gedaan, zal nooit achterhaald worden. Dit speelt ook verder geen rol in deze zaak. In deze zaak gaat het om de vermeende diefstal door Jaap en Aron, waarbij wellicht mishandeling heeft plaatsgevonden.

Het is tijd voor het pleidooi van de advocaten en het requisitoir van de officier van justitie. De officier van justitie gelooft het verhaal van Jorrit en Lars en eist dat Jaap en Aron veroordeeld worden tot twee jaar gevangenisstraf. De advocaten geloven niets van het verhaal van de twee zogenaamde slachtoffers Lars en Jorrit en willen dat de Jaap en Aron vrijgesproken worden. Zij geloven het verhaal van hun cliënten. Er is ook geen reden dit verhaal niet te geloven. De snee in Jorrits hand zou veroorzaakt zijn tijdens het gevecht met Aron. Zijn cliënt ontkent dat hij de dader is, maar als hij de snee in Jorrits hand wel veroorzaakt heeft, dan is het een handeling uit noodweer. Hij verdedigde zichzelf tegen Jorrit. Het was Jorrit die een mes tegen hem trok.

De rechters besluiten Aron te veroordelen voor mishandeling en leggen hem een gevangenisstraf van twee maanden op. Behalve uit de verklaringen van Jorrit en Lars blijkt nergens dat er een diefstal heeft plaatsgevonden. Omdat Aron al bijna een jaar in voorarrest heeft gezeten, mag hij meteen naar huis. Jaap, die nog langer in voorarrest heeft gezeten, wordt vrijgesproken. Ook de rechter vindt dat de bloedsporen op verschillende manieren geïnterpreteerd kunnen worden en dat hieruit niet geconcludeerd kan worden dat het verhaal van Jorrit en Lars klopt. De rechtbank houdt het wel voor waar, dat Aron Jorrit in zijn hand heeft gesneden met een stanleymes. De zaak is voorbij. Wat eerst lijkt op een gruwelijk misdrijf waarbij misschien meerdere mensen zijn vermoord, blijkt niets meer dan een simpele mishandeling te zijn.

Geen waarheidsvinding

Dertig rechercheurs hebben bijna een jaar lang aan de zaak gewerkt. Het huis is drie dagen lang onderworpen aan forensisch technisch onderzoek. In dit onderzoek is ontzettend veel geld gaan zitten. De politie hield rekening met een zeer ernstig misdrijf, maar wist dat de kans aanwezig was dat er niet zoveel aan de hand zou zijn. Nu kan de politie beter teveel mensen inzetten waarna blijkt dat er niet zo veel aan de hand is, dan dat zij te weinig mensen inzet en men er na een paar jaar achterkomt dat er toch sprake is van een moord.

Toch denk ik dat men efficiënter met het politiepersoneel en het overheidsgeld had kunnen omgaan, als men zich niet vanaf de start van het forensisch onderzoek gefocust had op een vreselijk misdrijf. Voordat de sporen beoordeeld werden, had men meer rekening moeten houden met verschillende hypothesen over wat zich in deze zaak had kunnen afspelen. Ik denk op grond van het subjectief gekleurde proces-verbaal van het bloedsporenonderzoek, dat men dit niet heeft gedaan. Conclusies zoals: het slachtoffer is mogelijk onder de tafel door gevlucht en het slachtoffer is mogelijk in het nauw gedreven passen niet in een objectief proces-verbaal van forensisch technisch onderzoek. Dat deze er wel instaan, voedt naar mijn mening de indruk dat een slachtoffer in het huis iets verschrikkelijks zou zijn aangedaan. Men heeft zich vervolgens teveel gericht op deze hypothese en de hypothese van een simpele mishandeling links laten liggen. Omdat de politie geacht wordt aan waarheidsvinding te doen, zal de rechter hun conclusies eerder aannemen dan de conclusie van de advocaten. De advocaat probeert de verdachte immers altijd vrij te pleiten, schuldig of niet. Maar de politie heeft niet aan waarheidsvinding gedaan, omdat ze hun onderzoek vanuit één hypothese hebben uitgevoerd. En de advocaten hebben in deze zaak juist vanaf begin aangevoerd, dat er niet zo veel aan de hand was en dat de verdachte uit voorlopige hechtenis moeten worden vrijgelaten. De eis van waarheidsvinding brengt voor de politie de verantwoordelijkheid met zich mee, dat zij hun mening en gevoel niet kenbaar maken. Alle uitspraken van de politie moeten objectief onderbouwd te zijn.

Naar mijn mening heeft het subjectieve proces-verbaal van bloedsporenonderzoek ervoor gezorgd dat Jaap en Lars veel te lang als verdachte van een ernstig misdrijf zijn aangemerkt en veel te lang in voorarrest hebben gezeten. Ook denk ik dat dit proces-verbaal enorm bepalend is geweest voor de inzet van het grote aantal rechercheurs. Een objectiever proces-verbaal had kunnen zorgen voor een meer realistische benadering van het benodigde politiepersoneel.

Aron is in hoger beroep gegaan tegen het vonnis van de rechtbank. Hij vindt het onterecht dat hij veroordeeld is wegens mishandeling. Hij blijft er namelijk bij, dat hij degene is, die is aangevallen en dat hij uit noodweer heeft gehandeld als hij al verantwoordelijk is voor de snee in Jorrits hand. Er is geen enkel bewijs dat dit verhaal tegenspreekt. Mr. Faber, de advocaat van Aron, zal hem in hoger beroep samen met mr. Van Berge-Henegouwen weer verdedigen. Zij staan achter het verhaal van Aron. Ook als de rechter toch overtuigd blijft van mishandeling, vinden zij een straf van twee maanden cel voor een eenvoudige mishandeling veel te hoog.

Hoofdstuk 9
If I see him, I will kick him in the ass

Het vriest dat het kraakt in Londen net na de jaarwisseling. Shirley Neville snelt naar de telefoon als deze overgaat. Ze hoopt dat Mark, haar vijfendertigjarige zoon, haar eindelijk belt. Tien dagen geleden is hij na twee weken vakantie bij zijn ouders teruggegaan naar Maastricht waar hij nu woont en werkt. Hij heeft sindsdien niets meer van zich laten horen. Shirley maakt zich ernstige zorgen. Dit is niets voor Mark, normaal belt hij iedere week. Zijn baas heeft ook al contact met haar opgenomen om te vragen of Mark nog bij haar was, omdat hij niet op zijn werk was verschenen.

Vermist

Het is Joe aan de telefoon, een vriend van Mark die ook vanuit Londen naar Nederland is gegaan om daar te werken en vlakbij Mark woont. Shirley wordt ineens heel zenuwachtig. Waarom belt hij? Hij belt nooit. Is er nieuws over Mark? Joe heeft geen nieuws over Mark. Hij is stomdronken en wil Shirley geruststellen. Hij vertelt haar dat Mark waarschijnlijk met wat vrienden in Amsterdam zit en dat zij zich niet te ongerust moet maken. Hij besluit het gesprek met: '*Mark was a good guy, if I see him, I will kick him in the ass.*' Dit laatste stelt Shirley allesbehalve gerust. Waarom zegt Joe dat een Mark een goede jongen was en niet nog steeds is? Half januari meldt de baas van Mark op verzoek van Shirley zijn vermissing bij de politie in Maastricht.

Eind januari komt er duidelijkheid. Shirley wordt gebeld door de Nederlandse politie. Ze hebben Mark gevonden in een kast in een kamer boven het café waar Mark zelf ook een kamer huurde.

Na het aangeven van de vermissing is de politie al op de eerste etage van het gebouw gaan kijken, maar toen konden ze niets vinden. Deze keer is de stank van het lichaam onmiskenbaar doorgedrongen tot in de slaapkamer waar de kast staat. In de kast treft de politie achter een opgehangen dekbedovertrek een lichaam in ontbinding aan dat waarschijnlijk van Mark is. De staat van ontbinding maakt het onmogelijk het lichaam op uiterlijke kenmerken te identificeren. Daarom wordt er een DNA-onderzoek gedaan. Marks DNA-materiaal is al veiliggesteld en onderzocht, een snelle vergelijking is nu mogelijk. Het slachtoffer is inderdaad Mark Neville.

BLOEDSPATTEN

Voordat de politie het slachtoffer uit de kast haalt, stellen zij het dekbedovertrek dat voor het slachtoffer hangt veilig. Als vaststaat dat het slachtoffer om het leven is gebracht, kan op het dekbedovertrek naar DNA-sporen van de mogelijke dader gezocht worden. Mark is door geweld om het leven gekomen. Hij heeft enkele barsten in zijn gezicht en een grote hoeveelheid bloed op zijn kleding. De technische recherche laat de kleding zitten en zoekt ook niet verder naar verwondingen op de rest van het lichaam. Dat is de taak van de forensisch patholoog. De forensisch arts stelt vast dat het slachtoffer echt dood is. Het slachtoffer wordt gefotografeerd, opgeborgen in een lijkenzak en getransporteerd naar het NFI voor de sectie.

Als het lichaam van Mark weggevoerd is, begint de technische recherche aan haar onderzoek. Het appartement bestaat uit drie slaapkamers, een huiskamer, een keuken en een badkamer. Alles wordt op sporen onderzocht. Tijdens het onderzoek vinden de rechercheurs op verschillende muren in de hal en vooral in de keuken veel bloedspatten. Op de muur van de keuken zit een grote vlek. De politie denkt dat deze veroorzaakt is door de poging tot schoonmaak van bloeddruppels op de muur. Omdat de meeste bloedspatten in de keuken te zien zijn, neemt de politie al snel aan dat hier het misdrijf heeft plaatsgevonden. Deze bloedspatten zijn namelijk klein en ovaalvormig, wat wijst op een ontstaan door een krachtsinwerking in bloed.

Krachtsinwerking

De krachtsinwerking in bloed houdt in, dat de bloedsporen zijn ontstaan doordat er een bepaalde krachtsinwerking is geweest, bijvoorbeeld een klap met een vuist of ander object in het bloed. Voorwaarde voor zulke bloedspatten is, dat het slachtoffer al bloedt of er zit al bloed op het object waarmee geslagen is. Als een slachtoffer een eerste klap of steekverwonding oploopt, kunnen er geen bloedspatten ontstaan die duiden op een krachtsinwerking in bloed. Het bloed zit dan nog in de bloedvaten. Bloedspatten die veroorzaakt zijn door een krachtsinwerking in bloed kunnen daarom pas ontstaan bij de tweede klap of steekverwonding, op dezelfde plaats op het lichaam van een slachtoffer. Bij een schotverwonding ontstaan andere bloedsporen dan die hier besproken worden.

De politie vindt ook bloedspatten in de huiskamer. Veel van de aangetroffen bloedsporen worden veiliggesteld voor DNA-onderzoek. In de slaapkamer waar het lichaam van Mark is gevonden, wordt op de donkergrijze vloerbedekking een grote donkere vlek aangetroffen. Bij het omhoogtrekken van de vloerbedekking is te zien dat de donkere vlek een rode kleur had. Dit kan bloed van Mark zijn. De slaapkamer is door niemand gehuurd. De laatste huurder is een half jaar eerder verhuisd. In Marks eigen kamer en in de badkamer zijn geen bloedsporen te vinden. Wel vindt de politie in de derde slaapkamer in de kast schoenen met kleine bloedspatjes erop. Deze schoenen zijn vervolgens veiliggesteld.

Om te kijken of er nog meer bloedsporen zijn die niet met het blote oog zichtbaar zijn, bijvoorbeeld doordat ze zijn weggepoetst, wordt een luminolonderzoek ingesteld.

Eerst is de woonkamer aan de beurt. Hier wordt op een paar vage schoensporen na, weinig meer gevonden. De zichtbare bloedspatten die daar al eerder aangetroffen zijn, zijn dus de enige bloedsporen in dit vertrek. De keuken levert meer resultaat op. Bij de ingang van de keuken licht de vloer op, evenals een deel van de toegangsdeur, de muur op het gedeelte vlakbij de ingang waar eerder de vlek is gevonden, een deel van de wasmachine en de gehele binnenkant van een emmer die naast de wasmachine staat. De conclusie is, dat er veel bloed is weggepoetst en dat daarvoor de emmer is gebruikt. Ook de hal levert veel resultaat op. De hele vloer van de ingang van de keuken tot de ingang van de kamer waar het slachtoffer is aangetroffen, licht op. De rechercheurs concluderen hieruit, dat dit spoor een sleepspoor is dat van de keuken naar de slaapkamer loopt. Een sleepspoor wordt veroorzaakt door het verslepen van een bloedend persoon of object. Op de muur worden geen latente bloedsporen meer zichtbaar. De onderzoekers volgen het sleepspoor en komen uit in de slaapkamer waar het slachtoffer is aangetroffen. Vanaf de ingang tot de grote vlek op de vloerbedekking ontstaat een reactie op de luminol. De rechercheurs concluderen hieruit, dat het sleepspoor bij de grote vlek eindigt. Achter in de hal vinden zij nog een opgerold tapijt. Ook dit tapijt wordt met luminol onderzocht, maar geeft geen reactie behalve bij een ronde bloeddruppel die ook met het blote oog zichtbaar is. Ook deze bloeddruppel is veiliggesteld.

De politie vindt in de resultaten van het luminolonderzoek een bevestiging voor het scenario, dat het misdrijf in de keuken heeft plaatsgevonden. Volledigheidshalve onderzoeken ze nog de laatste twee slaapkamers. In de slaapkamer waar de schoenen met bloeddruppels zijn aangetroffen, worden nog een paar vage schoensporen zichtbaar gemaakt. Verder wordt er geen resultaat meer verkregen. Omdat de rechercheurs ervan uitgaan, dat de bloedsporen zijn weggepoetst, stellen zij ook een schuurspons die bij de emmer in de keuken ligt, veilig vanwege mogelijk DNA van degene die het bloed heeft weggepoetst. Op deze schuurspons is namelijk een klein bloedspoor te zien.

Na het veiligstellen, fotograferen en zonodig verpakken van alle voorwerpen en sporen verlaat de technische recherche de woning.

De forensisch patholoog zal met zijn bevindingen komen. Dat kan een aantal dagen duren, omdat er maar weinig forensisch pathologen in Nederland werkzaam zijn.

Verdachten

Shirley vertelt de politie over haar telefoongesprek met Joe, wat hij als laatste zei voordat hij ophing. Daardoor kreeg zij het vermoeden, dat haar zoon niet meer in leven was, maar ook dat Joe er meer van wist. De politie verdenkt Joe hierdoor meteen van betrokkenheid bij het overlijden van Mark. Zij pakken Joe op, die in een appartement achter het café waar Mark is gevonden, woont. Maar Joe is niet de enige verdachte. In de slaapkamer waar de schoenen met bloedspatten zijn aangetroffen, woonde namelijk tot het tijdstip waarop Mark vermist werd, de dertigjarige John. Dat John toen is verhuisd, is wel heel toevallig.

Het sectierapport

De rapportage van de forensisch patholoog maakt duidelijk waardoor Mark is overleden. Dit is belangrijk, want tot nu toe gaat de politie ervanuit dat de gevonden bloedsporen een gevolg zijn van het misdrijf dat Mark het leven heeft gekost. Of dit ook het geval is, hangt onder andere af van het antwoord op de vraag of Mark ook veel heeft gebloed. Mark heeft drie steekwonden in zijn borst. Twee aan de linkerzijde en een aan de rechterzijde. Eén van de steekwonden aan de linkerzijde is door de linkerkamer van zijn hart gegaan. De steekwond aan de rechterzijde is door de rechterlong gegaan. Daardoor is er bijna een liter bloed in zijn borstholten gekomen. De steekverwonding door de linkerhartkamer is Mark fataal geworden, de andere twee steekverwondingen zijn op zichzelf niet dodelijk.

Mark heeft meer verwondingen. Hij heeft een bloeduitstorting op zijn rechterslaap. Volgens de patholoog is die veroorzaakt terwijl het slachtoffer nog leefde; het heeft niet bijdragen aan het overlijden. Het slachtoffer kan hierdoor wel een verminderd bewustzijn hebben. De bloeduitstorting is veroorzaakt door uitwendig mechanisch botsend geweld, bijvoorbeeld door een vuiststomp.

Nu de resultaten van de sectie binnen zijn, wordt een forensisch intakegesprek georganiseerd om te bepalen welke forensisch onderzoek uitgevoerd zal worden.

De laatste avond

De tactische recherche verhoort onder anderen kroegbaas Karel, tevens eigenaar van het pand en verhuurder van de kamers boven de kroeg, Hij vertelt dat hij Mark voor het laatst heeft gezien op de zaterdagavond tweeënhalve week voor de vondst van Mark. Mark had toen samen met Joe en John vanaf ongeveer half tien 's avonds in de kroeg gezeten. Ze hadden flink veel whisky en heel veel bier gedronken. Rond een uur of één stuurt Karel de drie mannen weg, omdat ze erg dronken en vervelend zijn. Ze gaan naar boven. Joe gaat ook mee. Hij komt regelmatig boven, onder andere om zijn was te doen. De drie mannen zijn volgens Karel goed bevriend. Als de drie dronkenlappen boven zijn, hoort Karel de muziek flink hard staan. Karel schreeuwt onderaan de trap, dat ze die herrie moeten uitzetten. Dat doen ze. Hij heeft de drie mannen die avond niet meer gezien. Mark heeft hij na die avond nooit meer gezien.

Het verhuizen van John is volgens Karel al vaker besproken. John is namelijk werkeloos en kan de huur niet meer betalen. Hij zou bij zijn oom gaan wonen, alleen wanneer was nog niet bekend. John is op een dag naar hem toegekomen en zegt, dat hij per direct verhuist, omdat hij de huur niet meer kan opbrengen en hij ook zijn achterstallige huur nog moet betalen. Diezelfde week is John vertrokken. Karel merkt nog op, dat John zijn hand heeft gebroken. Twee dagen nadat hij de drie mannen zijn kroeg uit had gestuurd, zat zijn arm in het gips. John heeft Karel verteld, dat dit is gebeurd tijdens armpje drukken. Meer weet Karel niet.

John, die inderdaad bij zijn oom woont, wordt opgepakt en verhoord. Ook wordt zijn kleding veiliggesteld om te kijken of er bloed van Mark op zit. Het klopt dat Johns hand in het gips zit. Natuurlijk is dit de eerste vraag.

'Hoe kom je daaraan?'

'Gebeurd met armpje drukken.'

'O ja, wanneer was dat?'

'Een paar weken geleden.'

John vertelt precies hetzelfde als wat hij volgens Karel heeft gezegd. Maar de politie gelooft deze verklaring niet. De arts moet uitsluitsel geven over het ontstaan van de breuk. Als die arts zegt, dat de breuk onmogelijk tijdens het armpje drukken ontstaan kan zijn, zullen de agenten erop terugkomen. Nu zijn ze vooral geïnteresseerd in wat er die avond dat Mark voor het laatst is gezien, is gebeurd.

John vertelt, dat ze die avond veel gedronken hadden. Mark en Joe werden lastig, waardoor ze de kroeg uitgezet werden. Toen gingen ze naar boven. Joe ging iets te eten maken, Mark ging in de woonkamer muziek zitten luisteren en John ging naar zijn slaapkamer. Mark had de muziek erg hard aangezet. De kroegbaas schreeuwde onderaan de trap dat de muziek zachter moest. Mark reageerde hier niet op. John ging toen naar de woonkamer om de muziek zachter te zetten. Dat wilde Mark niet en er ontstond een beetje onenigheid met wat getrek en geduw. Dit duurde niet lang. Toen John de muziek zachter had gezet, ging hij in de woonkamer op de bank liggen om te voorkomen dat Mark de muziek weer harder zou zetten. John viel toen in slaap. Een paar uur later, rond vijf uur 's ochtends, werd hij wakker. Hij was toen nog als enige in de woonkamer. Hij ging naar zijn slaapkamer om verder te slapen. Toen hij de volgende ochtend wakker werd, viel hem niets op wat kon wijzen op een misdrijf. John ging die dag naar Joe om hem te helpen met het schilderen van zijn appartement. John heeft Mark na die avond niet meer gezien. Dat vond hij niet raar, Mark bleef wel vaker een aantal dagen weg. Hij logeerde bijvoorbeeld bij vrienden in Amsterdam.

Dan confronteren de rechercheurs John met de enorme hoeveelheid bloed die zij in de woning hebben aangetroffen. Mark is volgens hen in de keuken om het leven gebracht en vervolgens naar de kast gesleept waar hij twee weken later is gevonden. De dader heeft toen geprobeerd de bloedsporen te verwijderen. Hoe bestaat het, dat John niets gemerkt heeft? John blijft het antwoord op deze vraag van de rechercheurs schuldig. Hij snapt ook niet hoe dat kan. Hij blijft bij zijn verklaring en kan er verder niets over zeggen. John geeft dezelfde verklaring als Karel voor de plotselinge verhuizing van Joe. Hij is werkeloos en heeft geen geld meer. Omdat hij ook nog achterstallige betalingen heeft, kan hij het zich niet permitteren nog langer in de woning te blijven. Hij is toen naar zijn oom verhuisd.

Veel aanknopingspunten levert de verklaring van John niet op. Misschien dat de ruzie om de muziek Mark fataal is geworden. Misschien kan nader forensisch onderzoek licht op de zaak werpen.

Dan wordt Joe verhoord. Ook aan hem wordt gevraagd wat er die avond is gebeurd. Joe vertelt hetzelfde over de harde muziek. Joe was toen in de keuken eten aan het maken. Ook haalde hij de kleding uit de wasmachine en deed deze in een wasmand die vlakbij de wasmachine stond. Hij liet een shirt uit zijn handen vallen. Mark kwam net binnen en werd boos. Joe bood toen zijn excuses aan en ging verder met het klaarmaken van zijn brood. Na het eten ging hij weg. De volgende morgen kwam John naar hem toe om hem te helpen met schilderen. John had veel last van een gezwollen hand en vroeg om een zak ijs. Toen Joe vroeg hoe dat gekomen was, antwoordde John dat hij Mark had geslagen.

Dit is een interessante mededeling, die John in een kwaad daglicht zet. John moet wel erg hard geslagen hebben als hij hierbij zijn hand heeft gebroken. Er zal dus wel een flinke ruzie zijn geweest.

De politie beschrijft vervolgens hoe Mark in de kast aangetroffen is. Hier reageert Joe opvallend op. Eerst is hij begripvol, hij kan zich voorstellen dat het een heel onprettige ervaring moet zijn geweest. Maar dan zegt hij iets opvallends. 'Hij zat zeker vast in de kast hè?' Dit klopt. Het was lastig het lichaam uit de kast te krijgen, omdat het vastgeklemd zat tussen de twee zijkanten van de kast.

Dit heeft de politie Joe niet verteld. Omdat Joe zo reageert, lijkt het alsof hij daderkennis heeft. Dat maakt hem verdacht.

Daderkennis
Dit is de kennis die iemand heeft over een misdrijf, terwijl de recherche hem niets verteld heeft en die persoon deze kennis ook niet heeft kunnen opdoen via de media.

Forensisch onderzoek

Er is een ontmoeting georganiseerd tussen de technische recherche, een forensisch adviseur, de forensisch onderzoekers van het NFI en de officier van justitie. Tijdens dit overleg wordt het volgende besloten: veel bemonsteringen van bloedsporen worden onderzocht. Ook de veiliggestelde kleding van het slachtoffer en de verdachten. Verder de schoenen die in de kast in de slaapkamer van John zijn gevonden, het schuursponsje met de druppel bloed en het dekbedovertrek dat voor Mark hing. Bij al deze onderzoeken zal men zoeken naar DNA-sporen.

Tijdens de sectie is de maaginhoud van het slachtoffer veiliggesteld. Mark heeft voor zijn kroegbezoek, ongeveer om 21.30 uur, voor het laatst gegeten, aangenomen dat hij kort na het kroegbezoek is overleden en niet meer heeft gegeten. Er zal een rapport uitgebracht worden over de tijd die voedsel nodig heeft om de maag te doorlopen. Daardoor kan bij benadering achterhaald worden hoe laat Mark om het leven is gekomen.

Johns gebroken hand

De recherche heeft de röntgenfoto's van Johns hand opgevraagd en de behandelend arts verzocht zijn visie te geven over hoe John zijn hand heeft gebroken. Ook leggen zij John Joe's verklaring voor, dat hij gezegd heeft dat hij Mark had geslagen. Johns reactie is kort maar krachtig: '*Bullshit!*' Dit heeft hij nooit tegen Joe gezegd. De arts verklaart, dat John zijn middenhandsbeentjes op een dusdanige manier heeft gebroken, dat de arts het erg onwaarschijnlijk acht dat dit veroorzaakt is tijdens het armpje drukken. Hij vindt het aannemelijker dat er een stomp is uitgedeeld.

Wat ligt er nu? De verklaring van Joe dat John tegen hem heeft gezegd, dat hij Mark geslagen heeft, John heeft inderdaad zijn hand gebroken, de verklaring van de arts dat hij het een stuk aannemelijker vindt dat dit is veroorzaakt door het uitdelen van een stomp én het feit dat Mark een bloeduitstorting had op zijn rechterslaap. Al deze gegevens worden John voorgelegd.

'Weet je zeker dat jij je hand hebt gebroken tijdens het armpje drukken?'

Even is het stil. Dan komt de reactie: 'Nee. Het is niet gebeurd tijdens het armpje drukken.'

'Hoe dan wel?'

'De avond dat ik Mark voor het laatst heb gezien, schreeuwde Karel naar boven dat de muziek zachter moest. Toen Mark daar niet op reageerde, ben ik naar de woonkamer gegaan om de muziek zachter te zetten. Dit wilde Mark niet en we begonnen een beetje te trekken en te duwen. Ik stak mijn arm uit naar de volumeknop van de radio en toen wilde Mark mij wegduwen. Ik ben toen omgedraaid en heb in die draai Mark een stomp in zijn gezicht gegeven. Mark liep toen weg en daar bleef het bij. Ik had niet echt veel pijn aan mijn hand, omdat ik zo dronken was. Ik ben toen op de bank gaan liggen en in slaap gevallen. Zo is het echt gegaan. Ik heb Mark niet vermoord.'

'Waarom heb je dit dan niet eerder gezegd?'

'Mark is vermoord! En uit jullie verhaal leid ik af, dat dit is gebeurd op de avond dat ik hem in zijn gezicht heb gestompt. Als ik jullie dit had verteld, hadden jullie mij meteen verdacht. Dit wilde ik niet, want ik heb hem niet vermoord.'

Men is weer een stap verder. Het is nu duidelijk hoe John aan zijn gebroken hand is gekomen en ook hoe Mark de bloeduitstorting op zijn slaap heeft gekregen. Maar het is nog steeds niet duidelijk of John ook medeschuldig is aan de dood van Mark. De patholoog heeft immers gesteld, dat de verwonding niet bijdragen heeft aan Marks dood. Daarom blijft onduidelijk wanneer die bloeduitstorting is ontstaan.

Van wie is het bloed?

Vele van de bloedsporen op de eerste verdieping zijn bemonsterd en nader onderzocht. Niet alleen op de muren, de vloer en verschillende apparaten in de keuken is bloed aangetroffen, ook op de schoenen in de kast van John zat bloed en op de schuurspons in de keuken. En er zat een bloederige handafdruk op het shirt dat Mark aan had. Op één van de sokken die John droeg bij zijn aanhouding, is ook bloed gevonden. Al dit bloed is onderzocht op DNA-sporen. Het resultaat is een enorm deskundigenrapport waarin netjes beschreven staat welke spoornummers de verschillende sporen toebedeeld hebben gekregen. Vervolgens is uitgewerkt hoe de verschillende sporen en het referentiemateriaal van het slachtoffer en de verdachten zijn onderzocht.

Referentiemateriaal

Bij een DNA-onderzoek wordt ook vaak referentiemateriaal onderzocht. Uit dit referentiemateriaal wordt een DNA-profiel herleid, dat vergeleken kan worden met het DNA-profiel uit de sporen. Zo kan men zien of sporen afkomstig zijn van bijvoorbeeld het slachtoffer, verdachten of andere getuigen. De DNA-databank doet dienst als een databank met referentiemateriaal. Als er in een zaak sporen zijn terwijl er nog geen slachtoffer is gevonden of er zijn nog geen verdachten, dan kan het gevonden DNA-profiel vergeleken worden met de DNA-profielen in deze databank om de donor van het gevonden spoor te vinden.

In een tabel is weergegeven of er DNA in een spoor is aangetroffen en of bekend is van wie dit DNA-materiaal afkomstig is. De tabel laat zien, dat een groot aantal van de spoornummers DNA bevat dat hoogstwaarschijnlijk van het slachtoffer is. Dat geldt ook voor het bloed op de schoen uit de kast van John en het bloed op de sok van John. Zelfs in het schuursponsje waar bloed op zat, zit DNA van John. Dit wijst allemaal op betrokkenheid van John bij Marks dood.

Alle bloedsporen uit de keuken zijn van Mark afkomstig. Het wordt langzaamaan duidelijk, dat Mark zijn verwondingen in de keuken heeft opgelopen. Het sleepspoor in de hal leidt naar de kast, de rechercheurs denken dat dit is ontstaan door het verslepen van Marks lichaam. Dit kan niet meer onderzocht worden, omdat het sleepspoor niet visueel zichtbaar was, waardoor de rechercheurs geen bemonstering hebben gemaakt, in de overtuiging dat hier toch geen DNA-profiel uit gefilterd kon worden.

De bloeddruppel op het opgerolde tapijt aan het eind van de hal is ook van Mark. Het is voor de rechercheurs wel duidelijk. Er is daar een hoop bloed van Mark weggepoetst. Omdat op het schuursponsje Johns DNA zit, zijn de rechercheurs ervan overtuigd dat hij de bloedsporen heeft weggepoetst. Ook al heeft John niet schoongemaakt, dan nog zijn de rechercheurs ervan overtuigd dat hij iets gemerkt moet hebben. Volgens hen is er namelijk nogal grondig schoongemaakt.

Opvallend is, dat er ook meerdere bloedsporen zijn van een onbekende persoon. Deze bloedsporen bevonden zich in de woonkamer en op de muur in de hal, net naast de ingang van de slaapkamer waarin het lichaam van Mark is gevonden. De bloedsporen op de muur in de hal hebben, net als de bloedsporen in de keuken, een ovale vorm. Deze bloedspatten moeten ook veroorzaakt zijn door een krachtinwerking in bloed. Het lijkt er dus op, dat er nog een betrokkene is, die ook een paar klappen heeft gehad. Misschien is hij medeplichtig of misschien slachtoffer. Wat zijn betrokkenheid ook is, hij moet snel gevonden worden.

Voedsel in de maag

Het NFI heeft achterhaald waaruit de maaginhoud van Mark bestaat: voor 75% uit champignonplakjes. Het NFI voegt daaraan toe, dat uit onderzoek is gebleken dat 90% van het voedsel gemiddeld binnen vier uur de maag doorloopt. Hieruit kan geconcludeerd worden, dat Mark niet veel later dan vier uur na zijn laatste maaltijd is gestorven. Mark heeft op zijn laatst om half tien 's avonds gegeten. Dat betekent, dat Mark om ongeveer half twee 's nachts om het leven is gebracht. Om half een 's nachts worden John, Joe en Mark naar boven gestuurd. De conclusie is dus dat Mark in het uur daarna is vermoord.

BEKENTENIS

Het is stil, heel stil, als John de bevindingen van het forensisch onderzoek te horen krijgt. Zijn eerste reactie is: 'Welke schoenen?'

De rechercheurs vertellen dat het de schoenen betreft, die in zijn voormalige kast zijn aangetroffen. 'Zijn dat die schoenen in de kussensloop?' vraagt John. De rechercheurs beamen dit.

'Die zijn helemaal niet van mij. Toen ik in het appartement kwam te wonen, lagen die schoenen er nog. Die zullen dus wel van de vorige bewoner zijn. Ik heb die schoenen toen in een kussensloop gedaan, die ook van een van de vorige bewoners was en in de kast gelegd. Ik heb daar toen nooit meer naar omgekeken. Dat bloed moet dus al lang op die schoenen hebben gezeten.'

Dit kunnen de rechercheurs niet onderzoeken. Van DNA-sporen is niet te achterhalen hoe lang deze al op een object zitten, met uitzondering van vochtige biologische sporen. Bijvoorbeeld bloed-, speeksel- en spermasporen die nog niet opgedroogd zijn.

De rechercheurs geloven dit niet, maar gaan eerst in op de andere resultaten. 'Hoe komt zijn bloed op jouw sokken? Hoe komt jouw DNA op de schuurspons waarmee het bloed is weggepoetst? Vind je het zelf niet ongeloofwaardig dat jij niets van het misdrijf hebt gemerkt omdat je sliep, terwijl Mark binnen een uur nadat jullie uit het café zijn gestuurd om het leven is gebracht en jij in dat uur ook nog met Mark hebt gevochten?'

'Ik weet het niet, ik snap het ook niet,' is Johns reactie.

Ook Joe wordt nader aan de tand gevoeld. Er is namelijk een spoor gevonden dat hem erg verdacht maakt. In de kast waarin Marks ontbindende lijk lag, was een dekbedovertrek om een horizontaal opgehangen ijzeren buis gevouwen. Precies waar zowel het linker- als het rechteruiteinde van het dekbedovertrek over de buis was gevouwen, is DNA van Joe gevonden. Joe reageert net als vele verdachten van een misdrijf die geconfronteerd worden met forensisch bewijs. 'Ik weet niet hoe dat kan, ik snap het niet.' Joe had zich in een eerder verhoor versproken over de wijze waarop Mark in de kast lag, daarom is hij vaker verhoord in de hoop op meer versprekingen. Dit is niet gebeurd. Tot deze dag. Joe is zichtbaar zenuwachtig door de onderzoeksresultaten die naar hem leiden. Hij zegt, dat hij er echt niets mee te maken heeft: 'Ik heb hem echt niet neergestoken!'

De rechercheurs hebben beet! Joe was erbij. De rechercheurs hebben Joe namelijk nooit verteld dat Mark is neergestoken. Ook is deze informatie nooit aan de media gemeld.

Als de rechercheurs hem hiermee confronteerden, is Joe even stil en barst dan in tranen uit.

'Je probeert John te beschermen of niet?' vragen de rechercheurs.

'Ik bescherm helemaal niemand,' is de reactie.

'Dat doe je wel Joe, jij weet meer van de dood van Mark. Je zit net te vertellen dat jij hem niet hebt neergestoken terwijl je helemaal niet kunt weten dat Mark neergestoken is. Jij weet dus wie het gedaan heeft. John heeft Mark geslagen. Dat heb je al verteld. Je hoeft John niet te beschermen Joe. Daar schiet je niets mee op.'

'Ik bescherm John niet.'

Joe is overstuur en zegt niets meer. De rechercheurs stoppen het verhoor even om later op de dag verder te gaan. Joe is nu een stuk rustiger en zegt zelf dat hij met de rechercheurs wil praten.

'Die avond hadden we erg veel gedronken. Er was veel onenigheid om allemaal onzin. Daarom stuurde Karel ons naar boven. Toen we met zijn drieën boven waren, ging John naar zijn slaapkamer, Mark naar de woonkamer en ik naar de keuken. Ik wilde eten maken en de was uit de wasmachine halen. Mark zette de radio erg hard aan en ik hoorde Karel onderaan de trap schreeuwen dat de muziek zachter moest. Mark deed dit niet. Ik zag dat John toen naar de woonkamer liep. Ik hoorde dat John en Mark ruzie hadden. Het volume van de radio werd zachter gezet en dit bleef zo. Mark kwam toen de keuken ingelopen. Ik was kwaad. Vooral door de ruzie die we beneden in het café hadden, maar ook door de ruzie om de radio. Mark hield zijn hand op zijn slaap alsof hij pijn had. In de keuken werd Mark boos, omdat zijn T-shirt op de grond lag. Mark dacht dat John dit had gedaan en wilde naar hem toe lopen. John was toen nog in de woonkamer. Ik heb toen een mes gepakt en ben ook naar de woonkamer gelopen. Toen ik de woonkamer binnenkwam, waren John en Mark weer ruzie aan het maken. Ik schreeuwde: '*Who the fuck is first*' waarbij ik het mes met de punt naar voren hield. Mark sprong toen op en kwam in het mes terecht. Ik schrok me rot. Mark was boos en liep naar de badkamer. Toen hij terugkwam, vroeg ik of ik mocht zien wat ik had gedaan. Ik wilde hem helpen. Maar hij liet me niet kijken. Toen werd ik weer boos. Ik schold hem uit en zei dat het niet zo erg kon zijn. Ik heb het mes toen in de keuken gelegd en ben naar huis gegaan. Dat is het. Meer heb ik niet gedaan. Toen ik wegging, was hij nog springlevend.'

'Je hebt hem maar één keer gestoken?' vragen de rechercheurs. Zij weten, dat Mark drie keer gestoken is en na dit verhaal is er nog geen verklaring voor de andere twee steekwonden.

'Ja, één keer.'

'Was er veel bloed?'

'Nee, helemaal niet, ook op mijn handen zat geen bloed.'

De rechercheurs lijken Joe te geloven en beëindigen het verhoor.

Zij confronteren John met deze bekentenis. Joe heeft immers verklaard dat John erbij was toen dit gebeurde. De rechercheurs lijken ervan overtuigd dat John de andere twee steekwonden heeft toegebracht en hopen dat hij dit zal bekennen. Maar nee. John vindt het raar wat Joe heeft verteld. Hij is er helemaal niet bij geweest. Mark was na de klap die hij had gekregen de woonkamer uitgelopen en niet meer teruggekomen. Joe heeft hij helemaal niet meer gezien. John blijft bij zijn verklaring. Hij heeft Mark een klap gegeven waardoor hij zijn hand heeft gebroken. Hij is toen op de bank gaan liggen en in slaap gevallen. John weet niet hoe de andere twee steekwonden zijn ontstaan.

Het lijkt alsof John zich hiermee verspreekt. Dit merken de rechercheurs ook op.

'Hoe weet jij dat er drie keer is gestoken? Dat hebben wij je helemaal niet verteld. De media weten niet eens dat Mark door messteken om het leven is gekomen, laat staan dat ze hebben verteld dat Mark drie keer was gestoken.'

John is even stil. Dan geeft hij zijn reactie. 'Ik heb volgens mij in een van de processtukken gelezen dat Mark drie keer gestoken is. Dit is bij de rechtbank besproken. Als ik het niet gelezen heb, dan heb ik het daar gehoord.'

De rechercheurs pakken de processen-verbaal van de terechtzittingen erbij. Ze komen tot de conclusie dat hier niet instaat, dat Mark drie keer gestoken is.

'Dan heb ik het daar dus gehoord,' zegt John gevat.

De rechercheurs geloven er niets van, maar kunnen deze verklaring niet controleren. Daarom is de verklaring ook niet uit te sluiten.

Misschien dat overig forensisch onderzoek nog nieuw licht op de zaak kan werpen.

De onbekende persoon

In de hal van de eerste etage van het gebouw waar Mark is gevonden, zijn bloedspatten aangetroffen die volgens het DNA-onderzoek niet van een van de verdachten afkomstig is, maar ook niet van het slachtoffer. Misschien is er daarom wel een ander slachtoffer of een andere betrokkene bij het misdrijf.

Een vergelijking met de DNA-profielen in de DNA-databank heeft geen resultaat opgeleverd. Om een nutteloze zoektocht naar een medeplichtige of slachtoffer te voorkomen, is eerst gekeken naar de personen die eerder een kamer boven het café hebben gehuurd. De laatste persoon is Kenny Baltrow. Kenny heeft de kamer waarin het lichaam van Mark is gevonden tot een half jaar voor het misdrijf gehuurd. Mark woonde daar toen ook al, John nog niet. Die kwam pas twee maanden nadat Kenny vertrokken was. Kenny is ondertussen vertrokken naar zijn vaderland, Groot-Brittannië. Als Kenny hoort wat er is gebeurd en de politie vraagt om zijn DNA, laat hij onmiddellijk een bemonstering van zijn wangslijmvlies maken. Kenny blijkt de donor van de bloedspatten in de hal te zijn. Nu is de vraag, hoe lang zitten deze bloedspatten er al? Is Kenny naar Nederland gekomen en heeft hij een bezoekje aan Mark gebracht? Dit lijkt niet aannemelijk, omdat Karel dat dan wel gemerkt zou hebben. De bloedsporen kunnen ook al heel oud zijn. Men controleert alle vervoersbedrijven die vervoer tussen Nederland en Groot-Brittannië verzorgen. Daaruit blijkt dat Kenny niet met een van deze bedrijven naar Nederland is gereisd. Kenny kan ook via Calais naar het vasteland gereisd zijn. Dit onderzoeken de rechercheurs niet. Ze geloven niet, dat Kenny iets met het misdrijf te maken heeft. Hij is geen medeplichtige en ook geen dader. Hoe zijn bloed door krachtsinwerking op de muur is gekomen, is niet bekend. Kennelijk is dit ook niet boeiend.

Klopt het?

Verklaringen van verdachten en getuigen kunnen met elkaar vergeleken worden. Als ze afwijken, kan nagegaan worden of iemand liegt. Forensisch onderzoek kan ook een toegevoegde waarde hebben bij het controleren van verklaringen. Als een verdachte of getuige een bepaalde situatie beschrijft, kan aan de hand van de forensische sporen gekeken worden of deze situatie zich ook zo afgespeeld kan hebben. In deze zaak leggen de twee verdachten tegenstrijdige verklaringen af. Forensisch onderzoek wordt gebruikt om te kijken op welke punten de verdachten gelogen hebben.

Joe heeft verklaard dat hij maar één keer gestoken heeft en dat Mark nog springlevend was toen hij wegging. Dit betekent, dat Joe in ieder geval niet in het hart van Mark heeft gestoken. Als Joe Mark in zijn hart had gestoken, was Mark namelijk dood geweest. Dan had niemand een reden later nog twee keer in de borst van Mark te steken. De andere steekverwondingen waren op zichzelf niet dodelijk. Er wordt er daarom vanuit gegaan, dat de steekverwonding in het hart de laatste is.

De technisch rechercheurs besluiten de forensisch patholoog die het lichaam van Mark onderzocht heeft, de volgende vraag te stellen: 'Kan de tijd die tussen het toebrengen van de verschillende steekverwondingen is verstreken, bepaald worden?'

De patholoog zegt, dat ze haar verwachtingen wel kan uitspreken aan de hand van de uiterlijke kenmerken van de steekverwondingen. De steekverwondingen liggen namelijk relatief dicht bij elkaar en lopen evenwijdig aan elkaar. Dit betekent dat ze in eenzelfde hoek het lichaam gepenetreerd hebben. Hieruit trekt de patholoog de conclusie, dat de steekverwondingen binnen een zeer korte tijd en binnen één reeks van handelingen moeten zijn toegebracht.

Hieruit blijkt dus, dat het niet aannemelijk is dat Joe maar één keer heeft gestoken. Of hij heeft niet gestoken, of wel, maar dan moet het drie keer geweest zijn.

Er moet nog achterhaald worden hoe bloed van Mark op de sok van John is terechtgekomen. Die oppert, dat hij misschien door het bloed gelopen is zonder dat hij dat in de gaten had. De rechercheurs vragen een bloedspatdeskundige van het NFI of dit mogelijk is. Deze deskundige verklaart, dat alle bloedsporen op de sok veroorzaakt zijn doordat een object waar bloed op zat, in aanraking is gekomen met de sok. Op de sok zijn bloedsporen aan de onderkant te zien en een bloedvlekje aan de binnenkant bovenaan de sok. De bloedsporen aan de onderkant van de sok kunnen inderdaad veroorzaakt zijn doordat iemand in een bloeddruppel is gaan staan. Het bloedvlekje aan de binnenkant van de sok moet door een ander contact zijn veroorzaakt. Als voorbeeld noemt de deskundige dat degene die de sok aantrok, bloed op zijn handen had en dit aan de sok afveegde.

De rechercheurs nemen nu aan, dat John bloed van Mark aan zijn handen had, dat hij bij het aantrekken aan de sok heeft afgeveegd.

NOG EEN BEKENTENIS?

De rechercheurs confronteren Joe met de bevindingen van de patholoog. Joe blijft bij zijn verklaring dat hij maar één keer gestoken heeft. De rechercheurs zeggen, dat dit niet mogelijk is. Joe raakt in de war. Dan zegt hij uiteindelijk: 'Dan zal ik hem wel vaker gestoken hebben. Misschien heb ik hem ook wel in de keuken gestoken. Dit weet ik alleen niet zeker.'

'Heb je Mark ook in de kast gestopt?'

'Nee, ik weet zeker van niet!'

Joe blijft bij deze verklaring en heeft deze ook nooit bijgesteld. De rechercheurs geloven hem, want nieuw resultaat van het forensisch onderzoek leidt hen opnieuw naar John.

Op de rugzijde van het T-shirt dat Mark droeg, zit een bloederige handafdruk. Een dactyloscopisch onderzoeker heeft bekeken of deze handafdrukken van één van de verdachten afkomstig zijn. Als dit zo is, is het vrijwel zeker een spoor dat de dader achtergelaten heeft.

Dactyloscopisch onderzoek

De dactyloscopisch onderzoeker kijkt of er zogenaamde papillairlijnen in een vingerspoor zichtbaar zijn. Dit zijn de lijnen die iedereen op zijn vingers en handen heeft. Vooral de kleine details zijn belangrijk. De deskundige kijkt bijvoorbeeld waar lijnen zich in tweeën splitsen, waar lijnen eindigen of beginnen, naar de heel korte lijntjes en of er littekens in het vingerspoor te zien zijn. Deze kenmerken maken een patroon van papillairlijnen zeer zeldzaam. Wanneer er een volledig vingerspoor gevonden wordt en iemand hetzelfde papillairlijnenpatroon heeft, is diegene bijna zeker de donor van het spoor. Overeenkomst van twaalf kenmerken tussen een spoor en dactyloscopische kenmerken van een bepaald persoon, zonder dat er verschillen zijn, is genoeg om te kunnen zeggen dat een vingerspoor vrijwel zeker van die persoon afkomstig is. Papillairlijnen zijn in een spoor vrijwel nooit met het blote oog zichtbaar. Daarom zijn er vele scheikundige methoden ontwikkeld om vingersporen op verschillende materialen zichtbaar te maken.

Het onderzoek aan de handafdruk levert geen zichtbare papillairlijnen op. De deskundige kan daarom alleen zeggen of de hand van één van de verdachten past in de handafdruk. Zowel de hand van John als de hand van Joe passen in de handafdruk. Zij kunnen daarom beiden de donor zijn. Van dit onderzoek is niemand veel wijzer geworden.

De rechercheurs interpreteren dit resultaat echter door te stellen dat John deze handafdruk heeft gezet. Hun hypothese, die ook overgenomen zal worden door de officier van justitie, is dat hij Mark samen met Joe in de kast heeft gelegd. Vervolgens heeft hij Marks bloed op zijn sok gesmeerd bij het uittrekken van de sok.

Eis

De officier van justitie is net als de rechercheurs overtuigd van de schuld van John en Joe. Joe heeft bekend en de verklaring van John vindt de officier ongeloofwaardig. Allereerst omdat Mark kort nadat zij het café uit zijn gezet om het leven moet zijn gekomen. Bovendien is er zoveel bloed aangetroffen, dat John wel gemerkt moet hebben dat er schoongemaakt is.

De advocate van John is het niet eens met de conclusies van het Openbaar Ministerie. Zij vindt de verklaring van John wel geloofwaardig. Iemand die dronken is en in slaap valt, wordt niet zo snel wakker. Volgens haar is er niets vreemds aan het DNA van John op de spons. Dit kan al eerder op die spons zijn gekomen, omdat hij daar woont en regelmatig schoonmaakt. Maar waarom er bloed op die spons zit, weet zij niet.

De advocaat van Joe vindt, dat zijn cliënt onder druk is gezet en dat hij daarom een valse bekentenis heeft afgelegd.

Beide advocaten eisen vrijspraak.

De rechtbank vindt het technisch bewijs overtuigend genoeg om het eens te zijn met de officier van justitie. Wie wat nu precies heeft gedaan, weet de rechtbank niet. Wel acht de rechtbank John en Joe verantwoordelijk voor de dood van Mark. Ze worden beiden veroordeeld tot acht jaar cel wegens doodslag.

Beide advocaten accepteren de uitspraak niet en gaan in hoger beroep.

SCHUURSPONS

Vooral het forensisch onderzoek pleit tegen John en met name de grote hoeveelheid bloed. Dat er nog voedsel in de maag van het slachtoffer zat, speelt voor de rechtbank ook een grote rol. Mark kan niet veel later zijn overleden dan het tijdstip waarop zij de kroeg uitgezet zijn.

De advocate van John, mevr. mr. Landerloo, vraagt mij of ik iets over de schuurspons kan zeggen. Landerloo is overtuigd van de onschuld van haar cliënt. Het verwijt dat hij de bloedsporen heeft weggepoetst, vindt zij onzin. Ze kan zich niet voorstellen dat het onderzoek heeft uitgewezen, dat John naar alle waarschijnlijkheid heeft schoongemaakt. Ook vraagt de advocate of ik iets kan zeggen over hoe de bloedsporen op de sok van John ontstaan zijn. Ik krijg het dikke dossier van het technisch onderzoek opgestuurd. In vijfhonderd pagina's is beschreven hoe de plaats delict aangetroffen is, welke onderzoeken er op de plaats delict uitgevoerd zijn, welke sporen verder zijn onderzocht en de deskundigenrapporten uit nader onderzoek. Aan dit enorme dossier is voor de juristen die niet technisch opgeleid zijn, een samenvatting van dertig pagina's toegevoegd.

Om mij een beeld te vormen lees ik eerst de samenvatting. De onderzoeken die uitgevoerd zijn en leiden naar de verdachten John en Joe, staan hier netjes in samengevat. Het valt mij op, dat alle gevonden bewijzen naar John of naar Joe leiden. Dat wekt de indruk, dat John en Joe de daders zijn.

Maar ik heb ernstige twijfels of dit wel echt de belangrijkste onderzoeksresultaten zijn. Deze dertig pagina's kunnen bijna niet alle belangrijke onderzoeksresultaten omvatten. Tijdens mijn opleiding tot forensisch onderzoeker en mijn loopbaan als forensisch adviseur ben ik vaak het verschijnsel tunnelvisie tegengekomen. Ik heb het gevoel dat hiervan in deze zaak ook sprake is, waarbij de recherche haar aandacht compleet op John en Joe heeft gericht, zonder naar andere verdachten te kijken, of naar sporen die voor John en Joe pleiten. Die zouden, indien aanwezig, ook in het dossier moeten staan. Ik besluit alle rapportages uitgebreid te analyseren. Bij deze analyse gebruik ik ook het vonnis van de rechtbank in eerste aanleg. Zo kan ik zien hoe de rechters het forensisch onderzoek hebben geïnterpreteerd en op welke onderzoeksresultaten zij de nadruk hebben gelegd.

Voordat ik iets kan zeggen over de bloedsporen op de sok en de schuurspons, moet ik me verdiepen in het onderzoek op de plaats delict, de sectie - in verband met de doodsoorzaak - en andere onderzoeksresultaten die enig verband kunnen hebben met het bloed op de sok en de schuurspons.

VEEL BLOED?

In zowel het technisch dossier als in het vonnis wordt aangenomen, dat er een enorme hoeveelheid bloed is, verspreid over de hele etage. Vooral het sleepspoor in de hal, dat van de keuken naar de slaapkamer waar Mark is gevonden loopt, wordt gezien als een enorme hoeveelheid bloed die tijdens het misdrijf is veroorzaakt. Deze aanname valt bij mij niet goed. Dat de rechters van deze aanname uitgaan, vind ik niet raar. De rechtbank heeft namelijk heel weinig inlichtingen gekregen over de werking van luminol en hoe men deze resultaten moet interpreteren. Het lijkt alsof de rechters hierover ook niet goed ingelicht kunnen worden, omdat de rechercheurs de resultaten van dit onderzoek ook verkeerd interpreteren. Wat is het geval? De rechercheurs geven de volgende toelichting over het luminolonderzoek:

"Tijdens dit onderzoek werd gebruikgemaakt van luminol. Luminol is een middel dat luminesceert in de aanwezigheid van bloed en een karakteristiek gekleurd licht uitzendt. Hemoglobine (ijzerhoudend eiwit belast met zuurstoftransport door de bloedbaan) versterkt de luminescentie van luminol. Luminol reageert niet met andere lichaamsvloeistoffen, zoals zweet, huidepitheel, sperma, speeksel en urine. Bij toepassing van luminol worden evenwel in voorkomende gevallen vals-positieve reacties waargenomen. Zo kunnen verbindingen met ijzer, koper, kobalt en permanganaat vals-positieve reacties geven."

Wat de rechercheurs goed doen, is aangeven waarmee luminol kan reageren en waarmee niet.

Maar bij een toelichting op een bepaald onderzoek is het van belang, dat iemand die geen kennis heeft op dit gebied, begrijpt wat er in dit onderzoek gebeurt. Deze toelichting laat zien dat luminol reageert met hemoglobine. Men krijgt ook de functie van dit eiwit te weten. Simpeler is het volgens mij te stellen dat luminol reageert met een stof (hemoglobine) in de rode bloedcellen. Wat de functie van hemoglobine is, staat erbij, maar doet er in dit geval helemaal niet toe.

Vervolgens vermelden de rechercheurs dat de reactie die plaatsvindt luminescentie betreft. Menig jurist zal zich afvragen: 'Wat is een luminescentie nou weer?' Simpel gezegd: luminescentie is een scheikundige reactie waardoor licht vrijkomt. Deze uitleg had veel onduidelijkheid voorkomen.

Maar wat is een van de belangrijkste zaken die absoluut vermeld moet worden? Dat is, dat luminol ontzettend gevoelig is en bloedverdunningen van één op honderdduizend zichtbaar kan maken.

Waarom is dat zo belangrijk? De rechtbank heeft in deze zaak aangenomen dat er ontzettend veel bloed op de etage aanwezig was. Het luminolonderzoek gaf namelijk erg veel reactie. Maar als men weet, dat luminol zo gevoelig is, kan men er rekening mee houden dat het enorme sleepspoor in de hal, veroorzaakt kan zijn tijdens het schoonmaken. Een heel kleine hoeveelheid bloed, bijvoorbeeld één druppel, kan over de hele hal uitgesmeerd zijn. Men kan dus niet zomaar de conclusie trekken dat er erg veel bloed in de hal aanwezig geweest is. Het is dus zeer twijfelachtig of de reactie van luminol door een grote hoeveelheid bloed is ontstaan. Ergo, het is zeer twijfelachtig of er veel schoonmaakhandelingen hebben plaatsgevonden.

Maar dit is niet het enige wat twijfelachtig is. Het is namelijk helemaal niet zo zeker, dat dit spoor tijdens het misdrijf is ontstaan. De bloedsporen in de keuken zijn van Mark, het zijn bloedsporen die met het blote oog zichtbaar waren. Van wie de schoongemaakte bloedsporen zijn, weten we niet. Niemand weet van wie het bloed is, waardoor het schoongemaakte spoor in de hal is ontstaan. Het lijkt voor de hand te liggen, dat dit bloed van Mark is. Maar dat is helemaal niet zo logisch. Op de muur in de hal bij de slaapkamer waarin Mark is gevonden, zijn namelijk bloedspatten van Kenny Baltrow aangetroffen. Wie zegt dat de bloedsporen die met luminol zichtbaar zijn gemaakt, niet veroorzaakt zijn door zijn bloed? De sporen uit het luminolonderzoek zijn niet veiliggesteld en kunnen dus niet op DNA onderzocht worden. Onbekend is waardoor Kenny gewond is geraakt en hoe oud het bloed is dat met luminol is zichtbaar gemaakt. Het bloed kan dus van hem zijn.

Deze mogelijkheid wordt reëler als je kijkt naar het opgerolde tapijt. Dat heeft de recherche nagelaten. Wanneer dit tapijt uitgerold wordt, past dit mooi over de hele lengte van de hal, van keuken tot de slaapkamer waar het slachtoffer lag. Op dit tapijt is een ronde bloeddruppel van Mark aangetroffen. Deze bloeddruppel kan tijdens het misdrijf op het tapijt terechtgekomen zijn.

Ronde bloeddruppel

De vorm van de bloeddruppel zegt vaak iets over het ontstaan. Een ronde bloeddruppel kan alleen ontstaan als deze in een rechte hoek op een object valt. Als een ronde bloeddruppel op de grond wordt gevonden, is deze dus recht naar beneden op de grond gevallen. Dit is ook het geval met de bloeddruppel op het tapijt.

De mogelijkheid dat de bloeddruppel wel degelijk tijdens het misdrijf is veroorzaakt, maakt het onwaarschijnlijk dat het bloedspoor dat door de recherche als sleepspoor wordt gezien, (ook) ontstaan is tijdens het misdrijf. Het is het een of het ander. Als de bloeddruppel is ontstaan tijdens het misdrijf, dan moet het tapijt uitgerold over de vloer hebben gelegen. Als dit zo is, kan er niet een heel sleepspoor op de vloer onder het tapijt liggen en op het tapijt zelf alleen een bloeddruppel.

Hoeveel bloed?

De hypothese van de recherche is dus veel te voorbarig. Dit betekent niet dat het is gegaan zoals ik aangeef. Ik geef alleen een (andere) mogelijkheid aan. Om iets te kunnen zeggen over de hoeveelheid bloed, is het handig om te weten hoeveel bloed Mark verloren heeft. Als het bloed uit Marks lichaam gespoten moet zijn, is het aannemelijker dat er veel bloed op de etage is aangetroffen dan wanneer het slachtoffer maar net een druppeltje bloed heeft verloren.

Landerloo verzoekt het gerechtshof daarom de patholoog te horen. Het gerechtshof stemt toe.

De patholoog verklaart dat het slachtoffer veel bloed verloren moet hebben, nu hij in zijn hart is gestoken. Dit bloed blijft echter inwendig, komt nauwelijks buiten het lichaam. Het bloed dat wel uit het lichaam stroomt, zal voor een groot deel door de kleding opgenomen worden. De patholoog is duidelijk. Zij bevestigt hiermee mijn theorie. Op de etage is weinig tot geen bloed van het slachtoffer terechtgekomen. Het is dus ook helemaal niet zeker dat er schoongemaakt is, laat staan dat John wakker moet zijn geworden van de grote schoonmaak.

Dit zegt ook al een hoop over de schuurspons. John is ten laste gelegd, dat hij met de schuurspons de bloedsporen heeft weggepoetst. Maar het staat helemaal niet vast, dat er bloed is weggepoetst. Hoe komt men dan tot de conclusie, dat er met die spons is schoongemaakt?

Om deze vraag te kunnen beantwoorden verdiep ik me in de rapportages over de schuurspons. In het proces-verbaal van het onderzoek op de plaats delict lees ik, dat er op de gele kant van de schuurspons bloed is aangetroffen. Daarom is de schuurspons naar het NFI gestuurd. Wat zegt het NFI? Op de donkere kant van de schuurspons is een heel klein bloedspoortje aangetroffen. Verder is er geen bloed op de schuurspons te zien! Als iemand een huis vol bloed schoonmaakt met een schuurspons, lijkt het vrij logisch dat er dan meer bloed op de schuurspons terug te vinden is dan een klein vlekje. Toch heeft men dat ene kleine vlekje onderzocht op DNA. Wat kwam eruit? Niets. Het DNA is afgebroken, dus kan er geen DNA-profiel meer achterhaald worden. We weten nu niet eens of het bloedvlekje wel van Mark afkomstig is. Het klopt wel, dat er DNA van John op de spons zit. Maar dat is niet zo raar, hij woont daar en wast ook vaak af. Na verloop van tijd zal er steeds meer DNA op dat sponsje terechtkomen. Misschien is het bloedvlekje wel van John, bijvoorbeeld omdat hij zich gesneden heeft tijdens het afwassen.

Het scenario dat John de enorme hoeveelheid bloed heeft weggepoetst, vindt nergens onderbouwing. We weten namelijk niet of er veel bloed is geweest, van wie het bloed is en of dát sponsje voor het poetsen is gebruikt.

Bloed op de sok

Het bloed op de sok van John is afkomstig van Mark, waarschijnlijk veroorzaakt nadat Mark zijn dodelijke verwondingen heeft opgelopen. Het bloedspoor is ontstaan doordat een object waar bloed op zat, in aanraking is gekomen met de sok. De bloedsporen onder de sok kunnen verklaard worden doordat John met zijn sokken aan door het bloed is gelopen. Alleen kan het bloedspoor aan de boven-binnenkant zo niet ontstaan zijn. De rechters hebben aangenomen, dat dit moet zijn veroorzaakt doordat John bloed van Mark aan zijn handen had bij het aantrekken van de sok. De bloedspatdeskundige van het NFI heeft deze mogelijkheid geopperd.

Dit is natuurlijk niet de enige mogelijkheid, zoals de deskundige ook aangeeft. We weten namelijk helemaal niet of deze sok gedragen werd toen de bloedsporen zijn ontstaan. De verklaring van Joe is een mogelijke aanwijzing. Hij zegt, dat hij de was uit de wasmachine heeft gehaald en dat hij kort daarna Mark heeft gestoken. Joe is toen teruggelopen naar de keuken. Hij weet het niet meer, maar het kan dat hij Mark daar ook nog heeft gestoken. De was lag toen in een wasmand op de keukentafel. Misschien lag die sok wel bovenop. Deze kan in contact zijn gekomen met een bloederig object, zoals de hand van Joe of de hand van Mark of een ander kledingstuk in de wasmand waarop bloed is gekomen. Al deze scenario's zijn heel goed mogelijk.

Ook dit bewijsmiddel is dus erg zwak. Mevrouw Landerloo zit nog met een ding in haar maag. Volgens de maaginhoud van Mark is hij kort nadat de drie heren het café zijn uitgezet om het leven gebracht. John zegt dat hij sliep. Dit geloven de rechters in eerste aanleg niet, omdat John volgens hen nooit zo snel zo vast geslapen kan hebben, als hij in diezelfde tijd ook nog met Mark heeft gevochten en zijn hand gebroken. Klopt dat verhaal over de maaginhoud wel?

Een bodem leggen

Nu is het doorlopen van voedsel door de maag dusdanig specifiek, dat ik hier niet zo een, twee, drie een antwoord op heb. Een belangrijk gegeven vind ik niet terug in het rapport van de patholoog: de alcoholconsumptie. Uit alle verklaringen over die avond blijkt, dat de drie mannen ontzettend veel gedronken hebben. Karel, de café-eigenaar, heeft het over meer dan één fles whisky en twintig glazen bier per persoon. Ook hebben ze nog Jägermeister gedronken. Het lijkt mij logisch dat deze hoeveelheid alcohol invloed heeft op de doorloop van voedsel door de maag. Ik ga op zoek naar achtergrond-artikelen, waarin ook ingegaan wordt op de invloed van alcohol.

Die artikelen vind ik. Wat blijkt? Alcohol beïnvloedt inderdaad de snelheid van het doorlopen van voedsel door de maag. Vooral bier vertraagt dit aanzienlijk. Bij whisky valt dit wel mee. Deze bevindingen speel ik ook door aan mevrouw Landerloo. Ik adviseer haar een maag-, lever-, darmarts ter zitting te laten komen, die meer informatie kan geven. Ook het hof ziet de noodzaak hiervan in.

De arts bevestigt, dat alcohol het doorlopen van voedsel door de maag met een paar uur kan vertragen. De arts komt ook met iets wat ik niet wist. De restanten die uit de maag van Mark zijn gehaald, bestaan voor 75% uit champignons. Door hun structuur hebben champignons meer tijd nodig dan normaal om de maag te doorlopen. De eindconclusie van de arts is: het kan zelfs acht uur hebben geduurd, voordat het gevonden voedsel nog als enige in de maag aanwezig is.

Uitspraak

Mijn onderzoek is klaar. Mijn conclusies staan recht tegenover de conclusies van de recherche.

Over de hoeveelheid bloed kan niets gezegd worden. Dat er schoongemaakt is, lijkt onwaarschijnlijk. Of het bloed in de hal van Mark afkomstig is, staat ook niet vast. Het bloed op de sok van John kan op verschillende manieren ontstaan zijn zonder dat John bij het misdrijf betrokken is. Over het tijdstip van overlijden van Mark kan ook al niets met zekerheid gezegd worden. Kortom, alle gegevens van het forensisch onderzoek die de rechtbank in haar vonnis gebruikt heeft voor haar de conclusie dat John betrokken is bij de dood van Mark, blijken niet feitelijk onderbouwd te zijn.

Het pleidooi van Landerloo is simpel: vrijspraak.

Ook het gerechtshof is het hiermee eens. In plaats van de acht jaar cel die John in eerste aanleg opgelegd kreeg wegens medeplichtigheid aan doodslag, wordt hij nu vrijgesproken.

Joe wordt wel weer veroordeeld.

FOUTEN BIJ DE RECHTBANK

Waar de rechtbank in eerste aanleg zo zeker is van de betrokkenheid van John en hem veroordeelt tot acht jaar cel, spreekt het gerechtshof hem vrij. De rechtbank interpreteert de resultaten van het forensisch onderzoek onjuist. Maar hoe kan dit gebeuren?

Ik denk dat dit vooral te maken heeft met de wijze van rapporteren van de rechercheurs. Het betreft hier een relatief groot technisch dossier, dat voor mensen die niet forensisch technisch opgeleid zijn, erg moeilijk is om te lezen, laat staan juist te interpreteren. Het is daarom van groot belang, dat de rechercheurs die de eindversie van het technisch dossier opstellen, ervoor zorgen dat de juristen die het moeten lezen, alles kunnen begrijpen. Een samenvatting is dus een goede zaak.

Maar het schrijven van een samenvatting is niet zonder risico's, zoals in deze zaak ook is gebleken. Afhankelijk van de mening van de rechercheurs van wat belangrijk is, worden bepaalde gegevens wel of niet in de samenvatting verwerkt. Dit kan de juristen wel of niet op een bepaald spoor zetten.

In deze samenvatting zijn alleen de sporen behandeld die zowel John als Joe verdacht maken. Dit is een duidelijk voorbeeld van tunnelvisie. Er is volgens mij helemaal geen sprake van een onderzoek naar de dader, er is sprake van een onderzoek naar sporen die wijzen op de schuld van John en Joe. Omdat de rechters uitgaan van de objectiviteit van de rechercheurs, kunnen zij meegesleurd worden in deze tunnelvisie. Gevolg: in deze zaak is een onschuldig man tot acht jaar cel veroordeeld!

De rechters zullen dus altijd rekening moeten houden met eventuele tunnelvisie van de rechercheurs. Subjectieve conclusies van de rechercheurs moeten niet zonder meer overgenomen worden. De rechters zullen goed moeten kijken naar de onderzoeksresultaten van de sporen waarover de rechercheurs uitspraken doen en naar andere onderzoeksresultaten, die de rechercheurs niet in hun eindconclusie betrekken.

Dezelfde zorgvuldigheid geldt voor de informatie over de onderzoeken die de juristen krijgen. In deze zaak is belangrijke informatie over het luminolonderzoek onvolledig. Het is misschien een goed idee om een algemene korte toelichting op alle soorten onderzoek die op de plaats delict uitgevoerd worden, in te voeren, zodat deze informatie altijd volledig en hetzelfde is.

Gelukkig stonden de rechters van het gerechtshof open voor onderzoek naar alternatieven voor het in eerste aanleg aangenomen scenario. Een nieuwe gerechtelijke dwaling is voorkomen. Een onschuldig man is niet voor acht jaar de gevangenis ingegaan.

HOOFDSTUK 10
DE SNOTNEUS

De 40-jarige vastgoedhandelaar Mast van Halder parkeert zijn auto op zijn oprit. Gisteren is hij met zijn vrouw Monique vanuit Zwitserland, waar hij sinds drie jaar woont, aangekomen in Nederland. Hij bezit nog steeds een woning in zijn geboortestad Den Haag.

LIQUIDATIE

Wanneer Monique rond 18.00 uur de gordijnen dichtdoet, hoort ze haar man binnenkomen. Ze hoort een hoop gestommel op de gang. Eerst denkt ze dat hij over de drempel struikelt, maar het gestommel duurt wel erg lang. Ze gaat kijken wat er aan de hand is. Als ze de gang inloopt, ziet ze haar man worstelen met een man met een bivakmuts op. Al worstelend stormen ze de woonkamer binnen. Monique bedenkt zich geen moment en probeert de indringer van Mast los te trekken. Ze trekt een deel van zijn bivakmuts omhoog. De man schudt haar van zich af en schiet vier keer op Mast. Mast valt op de grond. De man vlucht.

Monique belt meteen het alarmnummer en probeert haar man, die met zijn jas nog aan bloedend op de grond ligt, te reanimeren. Vergeefs. Mast van Halder overlijdt ter plekke.

De politie begint direct met een grootschalig onderzoek. Het huis mag door niemand anders meer betreden worden dan door de leden van de technische recherche. Monique gaat mee naar het politiebureau. Hier geeft zij het signalement van de dader: een blanke man, tussen de 25 en 30 jaar, kort haar, zonder snor of baard, een Amsterdams accent en een lengte van 1.90 meter. Vooral de vouwen in zijn gezicht zijn haar opgevallen.

KOGELS

Ondanks de bruutheid van de zaak is het forensisch onderzoek op de plaats delict niet zo grootschalig als bij sommige andere zaken. Het is vrij duidelijk wat zich heeft afgespeeld. De verklaring van Monique is duidelijk. In de hal en het begin van de woonkamer vinden de rechercheurs verscheidene sporen, een pistool met een kaliber van 6.35 mm, een geluidsdemper, patronen en hulzen. Ook treffen zij hulzen aan met een kaliber van 9 mm. Het vuurwapen dat daarbij hoort, vinden zij niet. De recherche zoekt ook nog voor de woning naar schoensporen, maar vindt niets omdat het pad naar de voordeur uit kiezelstenen bestaat.

Tijdens de sectie wordt het slachtoffer uitgekleed. De forensisch onderzoekers zullen de jas van Mast verder onderzoeken. Misschien dat de dader lichaamscellen op de jas heeft achtergelaten waardoor zijn DNA erop zit. Als zij Van Halder de jas uittrekken, valt er een kogel uit. Deze heeft het lichaam waarschijnlijk gepenetreerd en is er aan de achterkant weer uitgekomen. Tijdens de sectie halen zij nog twee kogels uit Masts lichaam. De drie kogels zijn allemaal 9 mm kogels, die door de beide longen en ruggenmerg zijn gegaan. Een 6.35 mm kogel heeft de lies van Mast gepenetreerd.

Alles wat op de plaats delict wordt aangetroffen, wordt onderzocht op de aanwezigheid van DNA-sporen. De DNA-profielen worden vervolgens vergeleken met de DNA-profielen die in de DNA-databank opgeslagen zijn.

HERKENNING

Vier dagen na het misdrijf belt de politie Monique van Halder. Aan de hand van de omschrijving die zij van de dader heeft gegeven, is er een compositietekening gemaakt. Met Monique wordt afgesproken dat ze naar het bureau zal komen om te kijken of de compositietekening op de dader lijkt. Als Monique later op de middag de tekening ziet, schrikt ze. 'Dit is de man die Mast heeft vermoord,' zegt ze. Monique blijft even naar de tekening staren en gaat dan in een hoek van de kamer staan. Ze is erg aangeslagen. Na een aantal minuten beseft Monique dat ze de man op de tekening kent. Ongeveer vijftien jaar geleden is hij een paar keer bij hen op bezoek geweest. Hij is een gokvriend van Mast. Ze weet niet precies wie, Mast had vroeger meer gokvrienden. Maar hij is er een van, dat weet ze zeker.

Uitzonderlijk veel DNA

Bijna iedere bemonstering in deze zaak geeft resultaat. Dit is best bijzonder. Maar nu wordt op maar liefst tien sporen ook nog eens DNA-materiaal aangetroffen, dat van één persoon afkomstig lijkt te zijn: op het pistool, de demper, verschillende 6.35 patronen, één 9 mm huls en op de jas van Mast. Het ene DNA-profiel is wat sterker dan het andere, maar toch lijken de sporen allemaal van één persoon af te komen. Die ene persoon is niet Mast van Halder of de enige getuige, zijn vrouw Monique.

Na deze hoogst opmerkelijke resultaten wordt het aangetroffen DNA-profiel vergeleken met de DNA-profielen in de DNA-databank. De onderzoekers hebben opnieuw geluk: er is een match. Het DNA-profiel komt overeen met dat van Pepijn Sweres. De 40-jarige Hagenees Pepijn Sweres heeft een eigen autohandel en wordt niet voor het eerst in verband gebracht met een misdrijf. Hij is verdacht geweest van betrokkenheid bij de beruchte Juliët-bende en bij een moord. Hiervoor is hij niet veroordeeld, wel voor een aantal relatief kleinere feiten zoals drugs- en wapenbezit.

De Juliët-bende

Rond het einde van de vorige eeuw teisterde de Juliët-bende vier jaar lang Breda. De organisatie zou zich hebben beziggehouden met ontvoeringen, ripdeals (drugsroven), afpersingen, zware mishandeling en de handel en productie van ecstasy. De ontvoeringen duurden soms enkele weken, waarbij de slachtoffers op brute wijze werden gemarteld. Zij stormden, verkleed als een arrestatieteam van de politie, de woningen van de slachtoffers binnen. Ook zouden zij voor andere criminelen werken. In 1997 stonden 39 vermeende leden van de bende terecht, waaronder Pepijn. Maar de officier van justitie pleegde meineed. Het Openbaar Ministerie werd niet-ontvankelijk verklaard. Uiteindelijk zijn vijf van de vermeende bendeleden veroordeeld voor lichte straffen, terwijl eerder nog straffen van rond de twintig jaar cel werden geëist.

Ook de forensisch onderzoekers van de technische recherche vinden de enorme hoeveelheid DNA-materiaal van Pepijn op zijn zachts gezegd opmerkelijk. Het vermoeden rijst dat er sprake is geweest van contaminatie. Op één of andere manier is Pepijns DNA tijdens het onderzoek van de politie op de sporen terechtgekomen. Dat zou betekenen, dat Pepijn op basis van de DNA-sporen niet als verdachte aangemerkt mag worden. Daarom worden alle processen-verbaal en aantekeningen van het onderzoek gecontroleerd. Maar op geen enkele manier blijkt, dat er sprake is van contaminatie. Daarom beschuldigt de politie Pepijn Sweres van betrokkenheid bij de moord op Mast van Halder. Hij wordt gearresteerd.

Terecht verdacht?

De familierechercheurs gaan bij Monique langs om te melden dat Pepijn de verdachte is. Monique is blij, ze wil niets liever dan dat de moordenaar van haar man zo snel mogelijk achter slot en grendel verdwijnt. Als ze twee dagen later met haar zus Marina praat, herinnert Marina zich dat Pepijn enkele jaren geleden op de verjaardag van haar zoon is geweest, toen die vier of vijf werd. Marina zoekt de foto's van de twee verjaardagen. Op twee foto's is Pepijn Sweres inderdaad te zien. Monique bestudeert de foto's aandachtig. Nu is ze helemaal overtuigd: dit is de man die haar echtgenoot heeft vermoord. Monique gaat meteen naar de politie. Die politie is blij, het bewijs tegen Pepijn wordt steeds sterker.

Pepijn ontkent dat hij iets met de moord te maken heeft. Waarom zou hij Mast vermoorden? Hij heeft geen enkel motief. Er is geen sprake van roofmoord, mocht dit het motief van de politie zijn. Hoe zijn DNA in zo'n grote mate op de plaats delict aanwezig kan zijn, weet Pepijn ook niet. 'Iemand anders zal het daar wel achter gelaten hebben,' is zijn redenering.

De politie houdt er rekening mee, dat Mast misschien geld heeft witgewassen voor criminele organisaties. Het zal niet de eerste keer zijn dat een vastgoedhandelaar daarvan verdacht wordt. Ook houden de rechercheurs er rekening mee dat de moordenaar wellicht een zakenrelatie is. In deze scenario's past Pepijn niet. Hij is een autohandelaar die niets met Mast van doen heeft. Toch bedenken de rechercheurs wel een motief: geld. Pepijn kan ingehuurd zijn door een onbekende persoon en voor een flink geldbedrag de moord hebben gepleegd. Alleen heeft de politie hiervoor geen enkel bewijs. Desondanks gaat de officier van justitie over tot vervolging. Het Openbaar Ministerie is overtuigd van Pepijns schuld. Monique heeft hem herkend en zijn DNA is overal op de plaats delict aanwezig. Daaruit concludeert het OM, dat Pepijn moet hebben geschoten.

Betrouwbaar?

Het zal voor de advocaat van Pepijn, Jan-Hein Kuijpers, een hele kluif worden de onschuld van zijn cliënt aan te tonen. Ondanks de grote hoeveelheid bewijs tegen zijn cliënt is Kuijpers overtuigd van zijn onschuld. Zijn cliënt ontkent van meet af aan iets met de moord te maken te hebben. Het bewijs tegen Pepijn moet dus anders te verklaren zijn, dan het OM doet.

Kuijpers besluit zich eerst te richten op de herkenning van Pepijn door Monique. Hij heeft hier grote twijfels over. Op het moment van de misdaad heeft Monique de dader namelijk niet herkend. Pas als ze de compositietekening ziet, herkent zij de dader. En pas als haar zus de twee foto's van Pepijn laat zien, weet zij zeker dat hij de dader is. Daarom wil Kuijpers meer weten over de betrouwbaarheid van deze herkenning. Hij benadert de rechtspsycholoog Peter van Koppen. Een man die erg veel aanzien geniet in de wereld van het strafrecht. Ook is hij op meerdere universiteiten hoogleraar rechtspsychologie.

Rechtspsychologie
In de rechtspsychologie wordt het algemeen gedrag van mensen bestudeerd. Dit wordt vervolgens gerelateerd aan het gedrag van één bepaald persoon. Men kijkt of gedragingen van die persoon te herleiden zijn op een bepaald algemeen gedrag van mensen. Het doel hiervan is een bepaalde gedraging in een bepaalde situatie te herkennen en waarderen.

Ook Van Koppen twijfelt aan de herkenning door Monique. Hij zegt over de herkenning naar aanleiding van de compositieteke- ning, dat het risico groot is dat zij het uiterlijk van de man op de compositietekening in haar herinnering opslaat als het uiterlijk van de dader. Het is dus heel goed mogelijk, dat zij daarom het gezicht dat op de compositietekening is getekend, herkent als de dader. Ook de herkenning van Pepijn als dader, nadat zij de foto's van Marina heeft gezien, acht Van Koppen uiterst discutabel. Monique heeft die foto's pas gezien, toen zij al wist dat Pepijn ver- dachte was. Door de hoge "verwachtingsfactor" kan hier hetzelfde zijn gebeurd als bij de compositietekening. Monique slaat het beeld op de foto in haar hoofd op als het beeld van de dader.

Kuijpers is blij met de conclusies van Van Koppen. Zijn twijfel over de herkenning wordt hiermee bevestigd. Nu kan hij zich richten op de verklaring voor de DNA-sporen van zijn cliënt op de plaats delict.

TUNNELVISIE

Kuijpers leest in het enorme dossier van duizenden pagina's, hoe er verschillende scenario's zijn bedacht over de aanleiding voor de moord. Maar als de resultaten van het DNA-onderzoek eenmaal bekend zijn, verdwijnen deze scenario's in de prullenbak. De politie richt zich helemaal op Pepijn. Zij onderzoekt welke telefoonpalen het signaal van de telefoon van Pepijn rond het tijdstip van de moord hebben opgepikt, zij luistert de telefoongesprekken van Pepijn af, bekijkt de camerabeelden van openbare gebouwen in de buurt van de plaats delict, ondervraagt heel veel personen over Pepijn en onderzoekt zijn woning en autohandel.

Uit de telefoongesprekken blijkt, dat Pepijn zich heeft beziggehouden met hennepteelt. Bij doorzoeking van zijn bedrijfspand vindt de politie verschillende hennepkoppen. Het OM zal Pepijn hiervoor eveneens vervolgen. Maar waar het echt om gaat, namelijk informatie vinden over de moord op Van Halder, lukt voor geen meter. Nergens uit dit hele onderzoek blijkt, dat Pepijn iets met de moord te maken heeft. Wel ontdekt de politie, dat Pepijn opdracht heeft gegeven een motor te stelen. Zij achterhalen de persoon die dit gedaan heeft. Die verklaart dat de motor gebruikt zou worden voor iets "ergs". Later zal blijken dat het Openbaar Ministerie dit interpreteert als bewijs dat de motor gebruikt is voor de moord op de vastgoedhandelaar.

Bij camerabeelden van een tankstation vlakbij de woning van Mast en Monique van Halder stuit de politie op een nieuw bewijs tegen Pepijn. Te zien is dat Pepijn ongeveer een half uur voor de moord twee pakjes sigaretten koopt. Zes minuten later komt Monique het tankstation binnenlopen. Zij betaalt bij dezelfde kassa waar Pepijn zojuist heeft afgerekend. Twintig minuten later is ze getuige van de moord op haar man.

Antwoorden op de vraag hoe Pepijns DNA op de plaats delict terechtgekomen is, vindt Kuijpers niet. In zijn gesprekken met Pepijn hoopt hij meer informatie te krijgen.

Geen nette man

Pepijn haalt zijn neus flink op als hij tegenover Kuijpers gaat zitten. Een muur met beveiligingsglas staat tussen beiden in. De advocaat wil weten hoe zoveel DNA van Pepijn op de plaats delict is gekomen. Pepijn denkt dat iemand anders opzettelijk zijn DNA daar heeft achtergelaten. Een beetje slimme crimineel hoeft alleen maar te zorgen dat het DNA van iemand anders op de plaats delict terechtkomt en diegene hangt. Kuijpers vraagt natuurlijk wie dat kan hebben gedaan. Pepijn heeft geen idee. Maar er zijn genoeg mensen die een hekel aan Pepijn hebben en Kuijpers weet ook dat Pepijn niet bepaald bekend staat als een nette man. Hij houdt zich vaker bezig met illegale praktijken, zie de hennepkoppen in zijn autohandel. Maar dit betekent niet dat hij ook in staat is een moord te plegen en al helemaal niet dat hij deze moord ook heeft gepleegd. De echte dader moet wel iemand uit de directe omgeving van Pepijn zijn. Hoe komt de dader anders aan zoveel van zijn DNA?

Kuijpers vraagt zich ook af welk lichaamsmateriaal op de plaats delict is achtergelaten. Dit is niet onderzocht en kan ook niet meer onderzocht worden. In het begin was namelijk helemaal niet zeker of er DNA aangetroffen zou worden. Bij testen om te bepalen om welk lichaamsmateriaal het gaat, wordt een bepaalde hoeveelheid van het materiaal verbruikt. Omdat het mogelijk is, dat er maar een minimale hoeveelheid DNA op de sporen zit, besluiten de onderzoekers deze testen niet te doen, omdat zij niet het risico willen lopen al het celmateriaal te verbruiken.

Kuijpers weet dat het om zweet, speeksel, bloed, sperma en nog een hoop andere lichaamsstoffen kan gaan. Pepijn haalt nog eens flink zijn neus op. Hij weet echt niet wie het gedaan kan hebben. Terwijl Pepijn aan zijn neus wrijft, vraagt Kuijpers of hij verkouden is. Pepijn zegt van niet. Hij heeft teveel met zijn neus in de poeder gezeten. Het tussenschotje van zijn neus is daardoor weggesnoven. Het gevolg is een chronische loopneus. Al een aantal jaar loopt hij flink te snotteren.

Kuijpers beseft, dat die chronische loopneus niet alleen vervelend is, maar ook wel eens de reden kan zijn voor zijn verdenking. Als Pepijn al jarenlang overal loopt te snotteren, zal hij op ontzettend veel plaatsen een lel snot achtergelaten hebben. De echte dader, ongetwijfeld afkomstig uit zijn (criminele) omgeving kan dit ook weten. Pepijn is dus het ideale slachtoffer om DNA van te verzamelen en op de plaats delict achter te laten.

Pepijn kijkt in het dossier naar een afbeelding van het pistool dat op de plaats delict is aangetroffen. Hij herkent het pistool, het lijkt op een oud pistool van hem. Hij had een kluis in zijn bedrijfspand staan met documenten, lederen handschoenen en een bivakmuts. Maar er zat ook een illegaal pistool met munitie van verschillende kalibers in. Een jaar geleden is deze kluis gestolen. Hiervan heeft hij toen aangifte gedaan. Hij heeft alleen niet gezegd, dat er ook een pistool in die kluis zat. Het gestolen pistool lijkt ontzettend veel op het pistool dat op de foto staat. Kuijpers beseft dat dit een verklaring kan zijn voor Pepijns DNA op de plaats delict. Het is mogelijk, dat zijn oude pistool en zijn munitie bij het delict gebruikt zijn en dat de dader Pepijns handschoenen en bivakmuts heeft gedragen. Als Kuijpers het gesnotter van Pepijn ziet, is het niet onlogisch dat de zaken helemaal vol zitten met DNA-sporen van deze man. Maar kunnen deze DNA-sporen na een jaar nog steeds op deze objecten zitten?

ACHTERGELATEN DNA

Kuijpers bekijkt de videobeelden van het tankstation. Hij ziet zijn cliënt tegen de caissière praten. Dan pakt de caissière een paar pakjes sigaretten en legt deze op de toonbank. Terwijl zij dit doet, staat zijn cliënt flink aan zijn neus te wrijven. Dan legt Pepijn deze hand op de toonbank, rekent af, pakt de pakjes sigaretten en verlaat het tankstation. Even later komt Monique het tankstation binnen. Zij rekent bij dezelfde balie af. Ze legt haar portemonnee op de toonbank, pakt haar pasje eruit en pint. Met haar andere hand leunt ze op de toonbank, precies op de plek, waar iets eerder Pepijn zijn hand heeft neergelegd. Kan zij zijn snot op haar hand hebben gekregen, waardoor ook zijn DNA op haar hand zit? Misschien is vervolgens dit DNA via haar op de jas van haar man terechtgekomen. Kuijpers besluit met mij contact op te nemen.

Ouderdom DNA-sporen

Kan dit scenario kloppen? Eerst komt de vraag of DNA-sporen een jaar lang kunnen blijven zitten. Daarvoor moet je weten hoe lichaamscellen precies in elkaar zitten, waar het DNA in deze cellen zit, en hoe alles vernietigd kan worden.

Menselijke cel

Ieder mens is opgebouwd uit miljarden cellen. Deze cellen krijgen stevigheid door het vocht in de cel. In de cel zitten verschillende compartimenten die door een soort skelet op hun plaats worden gehouden. Deze compartimenten hebben ieder een eigen functie. Zo zijn er bijvoorbeeld compartimenten die zorgen voor de stofwisseling, transport van eiwitten, eiwitsynthese, verteringsprocessen en energie-ontwikkeling. Eén van die compartimenten is de celkern. De functie van de celkern is het regelen van de celfuncties. In de kern zit zowel DNA als RNA. RNA vertaalt kort gezegd de informatie van DNA in eiwitten. Het DNA bevat de genen die alle erfelijke eigenschappen van een persoon bepalen. Om de kern van een cel zit, net als om de hele cel, een membraan. Deze membranen zorgen ervoor, dat de kern afgescheiden wordt van de rest van de cel en dat de cellen van elkaar afgescheiden worden. Het celmembraan laat bepaalde stoffen wel en andere niet de cel in. Hierdoor wordt gewaarborgd dat in de cel alleen de stoffen zitten die de cel nodig heeft. Het membraan van de celkern bestaat uit twee lagen. Op een aantal plekken komen deze twee lagen samen, waardoor er poriën in het membraan ontstaan. Hierdoor kunnen stoffen uit de kern met de rest van de cel uitgewisseld worden.

Er zijn twee manieren waarop DNA van een voorwerp kan verdwijnen. De cellen worden van het voorwerp afgeveegd of ze gaan kapot, waarna ook het DNA vernietigd wordt. Hoe snel cellen van een voorwerp afgeveegd worden, is afhankelijk van het soort biologisch materiaal. Als er alleen huidcellen op een voorwerp zitten, hecht dit zich minder sterk aan het materiaal dan wanneer er bijvoorbeeld snot op een voorwerp zit. Snot bestaat namelijk niet alleen uit menselijke cellen, maar ook uit een aantal andere stoffen die zich beter aan een oppervlak hechten. Daardoor zullen ook de lichaamscellen zich beter hechten aan het oppervlak. Afhankelijk van hoe vaak het voorwerp gebruikt wordt, varieert de tijd die het kost om de cellen van het voorwerp af te vegen.

Stel dat Pepijns DNA via de gestolen spullen uit zijn kluis op de plaats delict zijn gekomen, dan valt nog steeds niet te vast te stellen hoe vaak de handschoenen, de munitie en het wapen gebruikt zijn vanaf de diefstal tot de moord op Mast van Halder. Deze voorwerpen kunnen heel goed gewoon in de kluis hebben gelegen tot de avond van het misdrijf. De kans dat het ingedroogde snot van Pepijn van deze voorwerpen is afgeveegd, is dan niet zo groot. Dat het DNA na een jaar allang van de voorwerpen is afgeveegd, is een hypothese die niet onderbouwd kan worden.

Dan moet ik nog nagaan of de lichaamscellen na een jaar niet afgebroken zijn en het DNA verdwenen is. Er zijn veel enzymen die lichaamscellen, en dus ook DNA, afbreken. Deze enzymen zitten onder andere op onze huid. Deze enzymen beschermen onze huid tegen lichaamsvreemde cellen en helpen voorkomen dat ander DNA tussen ons DNA komt te zitten. Onze eigen cellen worden beschermd door eiwitten, zodat deze niet aangetast worden door deze enzymen. Een DNA-spoor moet dus onder andere niet in aanraking komen met deze enzymen. Nu is de kans dat er een grote hoeveelheid van die enzymen op de spullen in de kluis zit niet zo heel groot. En dus is de kans op vernietiging van het DNA ook niet groot. Andere factoren die een rol spelen zijn zonlicht en water. Wanneer een spoor zich in water bevindt, zullen de cellen, net als door zonlicht, sneller afbreken. De gevonden sporen kunnen al die tijd droog hebben gelegen en vrij van zonlicht. Ook hierdoor zal het DNA op de gestolen spullen dus niet snel afbreken.

Mijn conclusie is dan ook, dat er geen omstandigheden zijn die de kans op het afbreken van DNA vergroten of versnellen. Zolang de cellen niet vernietigd worden, blijft het DNA intact. Het is daarom heel goed mogelijk dat sporen die een jaar eerder zijn ontstaan, nu nog steeds op dat voorwerp zitten. De hypothese dat Pepijns DNA via de gestolen spullen op de plaats delict terechtgekomen kan zijn, is daarom zeker niet uit te sluiten.

NIET ONMOGELIJK

Er zijn twee verklaringen voor Pepijns DNA op de jas van Mast, die Pepijn vrijpleiten. Monique heeft een lel snot van Pepijn op haar hand gekregen bij het afrekenen bij het tankstation, twintig minuten voor de moord. Als haar man neergeschoten wordt en zij zich om hem bekommert, veegt zij het DNA van Pepijn aan de jas van Mast. Een andere hypothese is dat de dader de handschoenen van Pepijn uit de kluis heeft gedragen. Tijdens de worsteling met Mast komt het DNA van Pepijn, dat op de handschoenen zat, op de jas van Mast.

Bij beide hypothesen is er sprake van een verschijnsel dat secundaire DNA-overdracht heet: een persoon laat zijn DNA op een object of een ander persoon achter. Dit DNA wordt vervolgens doorgegeven aan een ander persoon of object. Het DNA van de eerste persoon komt dan op iets of iemand waarmee diegene nooit in contact is geweest.

De hoeveelheid DNA in een DNA-spoor dat door secundaire overdracht ontstaat, is aanzienlijk lager dan de oorspronkelijke hoeveelheid DNA. Maar het is er wel. In de hypothese dat Monique het DNA van het tankstation naar de jas van Mast heeft getransporteerd, moet zij haar hand precies in het snot van Pepijn hebben neergelegd. De kans dat dit gebeurt, is kleiner dan dat dit niet gebeurt. Er is namelijk een groter oppervlak op de toonbank waar geen snot van Pepijn zit. Verder zal Monique niet alleen de jas van Mast hebben aangeraakt, nadat zij met haar hand in het snotspoor heeft geleund. Ze heeft de deur van het tankstation opengedaan. Ze heeft haar autodeur geopend en haar stuur vastgepakt. Thuis doet ze het portier van de deur weer open, pakt de boodschappentas, vervolgens de huissleutel en doet de voordeur open. Ze doet haar jas uit, gaat de woonkamer binnen en doet de gordijnen dicht. Allemaal momenten waarop Monique eventueel DNA van Pepijn aan andere objecten afveegt. Als dit is gebeurd, dan is er zo weinig DNA van Pepijn op de jas gekomen, dat het niet meer te achterhalen valt.

Vanwege deze omstandigheden concludeert het OM dat het tankstationscenario te onwaarschijnlijk is om serieus rekening mee te houden. Echter, het OM gaat hier een stap te ver. Het is onbekend of Monique met hetzelfde deel van de hand waarop het DNA van Pepijn zou zitten, andere objecten heeft aangeraakt. Er kan dus niet zonder meer vanuit gegaan worden, dat Monique het DNA van Pepijn op alle voorgaande momenten heeft overgedragen. De hypothese lijkt misschien niet erg waarschijnlijk, maar is zeker niet onmogelijk.

Mijn conclusie is dan ook dat beide hypothesen waar kunnen zijn. Ze lijken minder waarschijnlijk dan de hypothese van het Openbaar Ministerie, omdat een aantal omstandigheden voorwaardelijk zijn. Pepijn mag bijvoorbeeld niet gelogen hebben over de voorwerpen in de kluis. De dief van deze spullen moet ook echt de dader zijn. De dader moet ook nog deze spullen gebruikt hebben voor de moord. Het kan alleen niet uitgesloten dat dit niet gebeurd is, waardoor er wel ernstig rekening gehouden moet worden met de hypothesen. Minder waarschijnlijk betekent namelijk niet: niet gebeurd!

Roofoverval in Bloemendaal

Tijdens verschillende zittingen bij de rechtbank blijkt, dat de officier van justitie niets van de hypothesen van de verdediging gelooft. De rechtbank houdt zich in het midden, zoals zij ook hoort te doen. Dan gebeurt er iets, wat de hypothesen van de verdediging een stuk waarschijnlijker maakt. In Bloemendaal is een roofoverval gepleegd. Het touw waarmee een van de slachtoffers is vastgebonden, is door de politie veiliggesteld en vervolgens voor onderzoek naar het NFI gestuurd. Er is DNA aangetroffen. De donor is

Pepijn Sweres. Maar Pepijn kan onmogelijk bij de roofoverval betrokken zijn, omdat hij toen in voorarrest zat op verdenking van de moord op Mast van Halder. Toch is zijn DNA op dat touw aangetroffen.

Hieruit blijkt opnieuw, dat het aantreffen van DNA-sporen op een plaats delict niet impliceert dat donor van het DNA ook op de plaats delict aanwezig is geweest. Ook is duidelijk, dat Pepijns DNA op een plaats delict is aangetroffen zonder dat hij daarbij betrokken is. Dat kan dus ook zo zijn in geval van de moord op Van Halder.

SCHULDVRAAG

De officier van justitie is overtuigd van de schuld van Pepijn. Ze twijfelt geen moment aan de herkenning door Monique van Pepijn als de dader. Ook het feit dat Pepijns DNA in zo'n grote mate op de plaats delict aangetroffen is, kan volgens de officier geen toeval zijn. Waarom hij de moord heeft gepleegd, weet het OM niet, maar het ontbreken van een duidelijk motief is geen beletsel voor Pepijns schuld. Het OM eist dan ook een gevangenisstraf van twintig jaar.

Kuijpers verhaal is even stellig als dat van het OM. Er is helemaal geen reden om aan te nemen dat Pepijn de dader is. De herkenning is onbetrouwbaar, net als de conclusie dat Pepijn de dader is nu zijn DNA op de plaats delict is aangetroffen. Dit hoeft helemaal niet te betekenen dat hij de dader is. Dit is wetenschappelijk onderbouwd en blijkt ook uit het feit dat zijn DNA ook aangetroffen is bij een roofoverval waar hij helemaal niet bij kon zijn. Kuijpers wil dan ook dat de rechtbank hem vrijspreekt van de moord op Mast van Halder.

De rechtbank heeft nu twee weken de tijd om te beslissen over de schuldvraag. De media houdt de zaak goed bij. Deze lijken al zeker te weten dat Pepijn schuldig is. Dan doet de rechtbank uitspraak. Pepijn Sweres is onschuldig. De bewijsmiddelen zijn op vele manieren te interpreteren. Schuld van Pepijn is één van de mogelijke interpretaties. Andere interpretaties kunnen echter niet uitgesloten worden.

Het is naar mijn mening een erg gedurfd en deskundig oordeel van de rechtbank. Nu zoveel mensen Pepijn als de dader zien, lijkt het voor de rechtbank moeilijker hem vrij te spreken. Dit verschijnsel is beter bekend als *trial by media*. De rechters weten dat ze uitgebreid moeten verklaren waarom ze Pepijn vrij spreken. Daarom geeft de rechtbank een mijns inziens uitstekende uiteenzetting over de gevaren van DNA-bewijs en hoe de politie en het OM in deze zaak daarbij in de fout zijn gegaan.

"Sinds het moment dat is vastgesteld, dat er uit biologische sporen op de plaats delict DNA-profielen zijn verkregen die matchen met het DNA-profiel van verdachte, heeft het politieonderzoek zich met name gericht op de bevestiging van de met die DNA-sporen (terecht) gerezen verdenking jegens verdachte, met als uitgangspunt dat het hier om dadersporen ging. Dit onderzoek, zo blijkt uit het voorgaande, heeft met name veel mogelijke scenario's opgeleverd. Maar zelfs het door politie en OM gepresenteerde meest waarschijnlijke scenario, wordt – behalve met een groot aantal DNA-matches – met geen ander valide gebleken bewijsmiddel overtuigend onderbouwd. Andere mogelijke verklaringen voor de aangetroffen DNA-sporen worden daarom door de officier van justitie ten onrechte buiten beschouwing gelaten. Op grond van de onderzoeksresultaten kunnen alternatieve scenario's – waaronder de door de verdediging geschetste gang van zaken waarbij de verdachte weliswaar ooit de eigenaar van het wapen en munitie was, maar niet de schutter is geweest – onvoldoende worden uitgesloten.

Er zijn wel heel veel verhalen, er zijn veel praatjes, er zijn vermoedens. Maar er is, met andere woorden, niet met een voldoende mate van zekerheid vast te stellen dat verdachte het feit heeft gepleegd of dat verdachte op de dag van de moord wapens voorhanden heeft gehad."

Pepijn barst in tranen uit. Hij is blij dat hij eindelijk naar huis kan. Het OM is minder blij met de vrijspraak. Diezelfde dag laten ze weten tegen de uitspraak van de rechtbank in beroep te gaan.

SNOT

In het hoger beroep lijkt het OM vastbesloten aan te tonen dat het scenario van de verdediging onmogelijk is. Zij schakelen het NFI in. Aan de DNA-onderzoekers wordt gevraagd of het scenario waarbij Monique snot van Pepijn naar de plaats delict versleept, mogelijk is. Na enige tijd komt het NFI met een rapportage waarin zij berekend hebben dat er minstens twee liter snot op de balie van het tankstation moet hebben gelegen om zoveel DNA op de jas van Mast aan te treffen als er gevonden is. Het OM verzoekt het gerechtshof Pepijn weer in voorlopige hechtenis te nemen. Het hof zal pas een uitspraak doen na het horen van de deskundige die deze rapportage heeft gemaakt.

Kuijpers is minder blij met de deskundigenrapportage. Anderzijds: er is alleen iets gezegd over één van de scenario's. Over het scenario dat de gebruikte spullen uit de kluis van Pepijn komen, zegt de deskundige niets.

Met de rapportage in zijn hand klopt Kuijpers opnieuw bij mij aan. Ik lees het rapport en sta versteld. De rapportage lijkt voor geen meter op een objectieve rapportage zoals van het NFI verwacht mag worden. Het NFI lijkt te hebben gezocht naar een bevestiging van het verhaal van het OM. De rapportage die ik aan het doorlezen ben zit barstensvol aannames, zonder veel wetenschappelijke grond.

Het NFI is uitgegaan van de aanname, dat in de tijd tussen het bezoek van Pepijn aan het tankstation en het bezoek van Monique, ook drie andere personen in Pepijns snot hebben gehangen. Op de videobeelden van het tankstation is te zien dat voor Monique nog drie anderen met hun hand ongeveer op de plek waar Pepijn eerder zijn snothand heeft neergelegd, hebben geleund. Vervolgens is aangenomen, dat Monique met het gedeelte van haar hand waarop het snot zit, tenminste zes voorwerpen heeft aangeraakt, voordat zij de jas van Mast aanraakte. Uit onderzoek is gebleken, dat iedere keer als een DNA-spoor overgedragen wordt, er 10% op het voorwerp zelf blijft zitten en 90% wordt overgedragen. Er zijn volgens het NFI negen overdrachtsmomenten van het snot van Pepijn, voordat het aan de jas wordt overgedragen. In combinatie met de wetenschappelijke gegevens, een schatting van de hoeveelheid DNA-materiaal in het spoor op de jas en de gemiddelde hoeveelheid DNA per milliliter speeksel, is vervolgens berekend dat er tussen de twee en achttien liter snot op de balie moet hebben gelegen.

Dit lijkt raar en dat is het ook. Hoe onderbouwt het NFI de aanname, dat er negen overdrachtsmomenten van het snot zijn geweest? Natuurlijk onder andere op basis van de videobeelden. Maar ongeveer op dezelfde plek leunen, betekent niet precies. Er kan dus niet met zekerheid gezegd worden, dat deze drie personen in het snot van Pepijn hebben gehangen. Dit betekent dus dat deze drie momenten weggestreept kunnen worden. We moeten namelijk weten hoeveel snot op de balie gelegen heeft op het moment dat Monique het snot versleept naar de jas van Mast, terwijl hier zo weinig mogelijk overdrachten van het snot op de balie aan vooraf zijn gegaan. De berekening moet niet gebaseerd zijn op de aanname van de deskundige, maar op de feiten. Dat er voor Monique nog drie mensen in het snot hebben gehangen, is geen feit.

Vervolgens kijken we naar de zes momenten waarvan de deskundige zegt dat Monique het snot aan een ander voorwerp heeft afgeveegd. Als de deskundige dit kan zeggen, dan moet hij ook weten waar precies het snot aan de hand van Monique heeft gezeten. Als het snot aan haar vingers heeft gezeten, zal zij het namelijk eerder aan een ander voorwerp afvegen, dan wanneer zij het snot net boven haar pols heeft gehad. Sterker nog, juist dan is het heel goed mogelijk dat zij het alleen aan de jas van Mast heeft afgeveegd. De andere zes overdrachtsmomenten zijn dus heel onzeker en zouden niet in de berekening meegenomen moeten worden.

Ik vind het bovendien opvallend, dat zij in hun berekening het volume DNA in speeksel hebben betrokken en niet het volume DNA in snot. In de vakliteratuur is simpelweg niet veel bekend over het volume DNA in snot. Maar om dan maar aan te nemen, dat er evenveel DNA in snot zit als in speeksel, vind ik nogal twijfelachtig. Speeksel bevat namelijk ook een hoop stoffen die snot niet bezit, en andersom. Kortom, het deskundigenrapport zit barstensvol aannames zonder grondslag. De wetenschappelijke onderbouwing in dit rapport is ver te zoeken.

Kuijpers besluit na het lezen van mijn rapportage nog een DNA-deskundige ter zitting te laten komen. Als hij de deskundige van het NFI ondervraagt, kan de andere DNA-deskundige controleren of alles wat de deskundige zegt klopt en zo nodig de discussie met hem aangaan.

Op de zitting lijkt de NFI-deskundige na de vragen van Kuijpers ook te beseffen, dat hij in zijn rapportage te ver is gegaan. Hij concludeert nu ook, dat er voor de overdracht van de sporen via Monique aan de jas helemaal geen negen overdrachtsmomenten hoeven te zijn geweest. Hij belooft tijdens een pauze een aangepaste berekening te maken van de hoeveelheid snot die op de toonbank moet hebben gelegen. Hij zal hierbij nog steeds het volume DNA in speeksel gebruiken, omdat hij niet weet wat het volume DNA in snot is. Het is best mogelijk dat er in snot meer DNA zit dan in speeksel, en dat de hoeveelheid snot op de toonbank dus nog minder is dan in zijn aangepaste berekening. De nieuwe berekening geeft aan dat de hoeveelheid snot op de toonbank zonder de negen overdrachtsmomenten twee milliliter is. Het scenario van Kuijpers is dus nog steeds mogelijk.

De rechters hebben voldoende gehoord. Pepijn kan gaan, hij zal niet in voorlopige hechtenis genomen worden.

Het 6.35 mm pistool

Het OM richt zich dan maar op het pistool. Pepijn zegt, dat het aangetroffen pistool misschien uit zijn kluis komt en een jaar voor de moord is gestolen. Het OM vraagt de fabrikant van het wapen hoe oud het pistool is. Het antwoord van de fabrikant lijkt het scenario dat het pistool uit de kluis van Pepijn komt, op losse schroeven te zetten. Toen de kluis van Pepijn leeggehaald was, bestond dit pistool helemaal nog niet. Het kan dus niet in de kluis hebben gelegen.

Het OM is momenteel nog steeds bezig nader onderzoek naar het bouwjaar van het pistool te doen.

Maar ze lijken hierbij bepaalde zaken over het hoofd te zien. Pepijn zegt namelijk niet dat het pistool uit zijn kluis komt, hij zegt dat het mogelijk is. Verder heeft hij gezegd, dat er ook een bivakmuts en handschoenen in de kluis lagen. Via de handschoenen kan het DNA van Pepijn dus ook op het wapen zijn gekomen. Bovendien lijkt het OM te vergeten, dat er bij de overval in Bloemendaal een touw is gebruikt, waarop het DNA van Pepijn zat. Maar Pepijn zat toen in voorlopige hechtenis en kon de overval dus niet hebben gepleegd. Ook lag dit touw niet in zijn kluis. Toch zit zijn DNA erop. Dat DNA van Pepijn op voorwerpen zit die gebruikt worden bij andere misdrijven, is dus op meerdere manieren te verklaren.

Hoe deze zaak zich verder zal ontwikkelen, zal de tijd uitwijzen. Zolang de hypothese van het OM voornamelijk bestaat uit aannames en weinig uit wetenschappelijk onderbouwde feiten, hoop ik dat het formidabele eerste vonnis van de rechtbank overeind blijft.

HOOFDSTUK 11
ONDUIDELIJKHEID OVER JAY

Om half twaalf 's avonds wordt de alarmcentrale 112 gebeld. De telefoniste krijgt een vrouw aan de lijn, die duidelijk in paniek is. Ze vertelt dat een kind van twee jaar oud, Jay, op niets meer reageert. Het kind is van vrienden die bij haar op bezoek zijn.

GEEN REACTIE

De telefoniste stuurt een ambulance. Ondertussen vraagt ze hoe Jay eraantoe is. 'Reageert hij als u hem knijpt?' De vrouw zegt dat Jay nergens op reageert, dus ook niet op knijpen. Ook vertelt ze dat er bloed uit de mond komt. Zijn lippen zijn paars. De telefoniste vraagt de vrouw verschillende dingen te doen om te kijken of Jay reageert, maar dat doet hij niet. De telefoniste denkt aan een epileptische aanval en geeft dit ook door aan de ambulancebroeders.

Wanneer de ambulancebroeders bij het jongetje aankomen, zien ze al snel dat er geen sprake is van epilepsie. Reanimeren van het jongetje lukt niet, ze nemen hem mee de ambulance in en spoeden zich naar het ziekenhuis. In de ambulance zien de broeders al snel verschillende blauwe plekken, verspreid over zijn hele lichaam. Helaas blijkt Jay niet meer te redden: er is sprake van ernstig hersenletsel. Zestien uur na binnenkomst op de intensive care overlijdt hij. Hoe het hersenletsel is ontstaan, is nog onbekend. Nader pathologisch onderzoek zal moeten uitwijzen waar het letsel in de hersenen precies zit en wat dit kan zeggen over de toedracht. De politie neemt de jonge ouders mee naar het politiebureau. De blauwe plekken wijzen op mogelijke kindermishandeling.

De beide ouders zijn niet in staat een duidelijke verklaring af te leggen. De verdenking van mishandeling richt zich al snel op de vader, Gijs genaamd, tweeëntwintig jaar oud. Hevig geëmotioneerd vertelt hij namelijk dat het overlijden van Jay een ongeluk is. De moeder, Ineke, twintig jaar, weet niet wat er gebeurd is.

Als zij de kamer binnenkomt, waar Jay te slapen is gelegd, ziet zij Gijs in paniek over Jay heen gebogen. Zij pakt haar zoon op en houdt hem vervolgens onder de douche. Dit blijkt totaal geen effect te hebben. Vervolgens brengen ze Jay weer naar de slaapkamer en leggen hem op bed.

Beide ouders moeten op het politiebureau blijven. Niet alleen op basis van wat zij tot dusver hebben verklaard. Ook de getuigenverklaring van de bewoners van het huis waar Gijs, Ineke en Jay op bezoek zijn en andere visite wekken het vermoeden dat Jay in ieder geval door de schuld van één van de ouders om het leven is gekomen. Terwijl Ineke en Gijs hun zoon boven op bed leggen en zich klaarmaken om op stap te gaan, horen zij terwijl zij in de woonkamer zitten, gebonk op de eerste verdieping. De ene hoort er drie, de andere vijf, maar de meesten vier. Zij beschrijven het bonken alsof er een hoofd tegen de vloer aangeslagen wordt. Als de technische recherche ter plaatse komt en een grote rol plastic op de vloer van de slaapkamer laat vallen, zeggen de bewoners, die in de woonkamer door de politie worden verhoord, dat de bonken die ze eerder hebben gehoord precies zo klinken.

De opvoedkundige tik

De volgende dag kunnen de ouders rustiger vertellen wat er gebeurd is. Al snel begrijpt de politie hoe Jay aan zijn blauwe plekken is gekomen. In het ziekenhuis zijn de blauwe plekken geteld: meer dan vijftig. Gijs vertelt dat Jay een lastig kind was. Hij huilde veel, at bijna niet en luisterde evenmin. Ongeveer drie maanden geleden zijn Ineke en hij de opvoedkundige tik gaan gebruiken. Nu Gijs erover nadenkt, zegt hij dat zij misschien iets te ver zijn gegaan. Ze hebben misschien te vaak geslagen, maar zeker niet te hard. Het waren altijd zachte tikjes. Gijs betwist dat Jay hierdoor al deze blauwe plekken heeft gekregen. Hoe hij wel aan deze blauwe plekken is gekomen, weet hij niet, waarschijnlijk tijdens het spelen. Jay was namelijk niet handig en viel vaak. Ook op de knieën van Jay zaten veel blauwe plekken, die zo zeker zijn te verklaren. De blauwe plekken verder op het lichaam zijn volgens Gijs ook gekomen door het vallen bij het spelen. Hij houdt vol, dat ze Jay misschien wel vaak een tik gaven, maar zeker niet te hard. Als de rechercheurs vragen hoe die tikken zijn uitgedeeld, zegt Gijs dat dit meestal een tikje met de vlakke hand was op de mond van Jay. Ook gaven ze hem wel eens een duwtje. Eén keer heeft Ineke Jay geslagen met een riem. Niet hard, maar toch vonden Ineke en hij dat dit te ver ging. Dit hebben ze ook niet meer gedaan.

Dan vertelt Gijs wat er op de bewuste avond is gebeurd. Hij en Ineke brengen Jay naar bed. Ze gaan met een grote groep op stap. Nu zij een kind hebben, gebeurt dit niet vaak meer en ze hebben er erg veel zin in. Nadat zij Jay op bed hebben gelegd, krijgen zij ruzie. Ineke wil namelijk nog een kind. Iets waar Gijs niet aan moet denken. Jay is voor Ineke en hem al genoeg stress. De opvoeding loopt niet bepaald zoals zij het zich hebben voorgesteld. Ook de relatie van Ineke en Gijs heeft hieronder te lijden. Het laatste waar Gijs nu aan moet denken, is nog een kind. Terwijl Ineke en Gijs fel discussiëren, komt Jay zijn slaapkamer uitlopen. Hij kan en wil niet slapen. Ineke legt Jay weer op bed. Dit heeft Gijs niet gezien. Als Ineke vervolgens de slaapkamer uitloopt, gaat de discussie weer verder. Opnieuw komt Jay zijn bed uit, omdat hij niet wil slapen. Nu legt Gijs Jay terug op bed. Als hij Jay ondergestopt heeft en de slaapkamer uitgaat, komt Jay meteen zijn bedje weer uit. Gijs geeft Jay een duw, volgens hem helemaal niet zo hard. Jay valt en staat niet meer op. De rest is bekend.

Ineke vertelt over het moment dat zij Jay voor de eerste keer terug op bed legt. Dit is niet zonder fysieke dwang gegaan. Nadat zij Jay ondergestopt heeft, komt hij zijn bed uit. Ineke geeft Jay een tik tegen zijn hoofd, maar dit helpt niet. Daarom geeft zij haar zoontje een duw met haar voet. Jay valt op bed. Omdat ze van zichzelf geschrokken is, draait Ineke zich meteen om en loopt de kamer uit.

De politie gaat ervanuit, dat de duw van Gijs het hersenletsel veroorzaakt heeft, omdat Jay daarna niet meer reageert. Na de duw van Ineke is Jay namelijk nog gewoon zijn kamer uit komen lopen. Ook houden ze er rekening mee, dat er meer is gebeurd dan wat Gijs heeft verteld. De mensen in de woonkamer hebben namelijk verklaard dat ze vier bonken hebben gehoord. Misschien heeft Gijs toch Jays hoofd een aantal keren tegen de grond geslagen. Ineke mag naar huis, Gijs moet blijven. Hij wordt verdacht van doodslag.

Pathologisch onderzoek

Deze tragedie zorgt voor extra motivatie bij het onderzoeksteam dat de toedracht van de dood van Jay moet onderzoeken. Een kind van twee jaar dat om het leven is gebracht, terwijl het geen kans heeft zichzelf te verdedigen, grijpt iedereen aan, ook de onderzoekers.

De forensisch patholoog doet eerst een uitwendige sectie. Ook zij beschrijft de vele blauwe plekken op het lichaam van Jay. Op de borst, rond en op de ogen en achter de oren treft zij tevens puntvormige bloedinkjes aan. Daarna onderzoekt zij de binnenkant van het lichaam. Jay blijkt een beginnende longontsteking te hebben. Bovendien zijn beide luchtpijptakken, de eerste vertakkingen van de luchtpijp die naar de longen leiden, afgesloten door voedsel. Hierdoor heeft Jay te weinig zuurstof gekregen. Dit is waarschijnlijk veroorzaakt door de reanimatie.

In de nek zit een grotere bloeding, die doorloopt tot in de hersenen. De bloedingen in de hersenen zullen verder onderzocht worden door een speciale neuropatholoog; die heeft zich gespecialiseerd in het onderzoeken van hersenletsel.

De patholoog stelt het lichaamsmateriaal veilig voor nader onderzoek. Zij snijdt een aantal blauwe plekken uit het lichaam van Jay, zodat onderzocht kan worden hoe oud de verwondingen zijn. Ook worden bloed en urine veiliggesteld om te onderzoeken of het jongetje gedrogeerd is. Dit is van belang met het oog op de mate van mishandeling waarvan de ouders worden verdacht.

Uit het toxicologisch onderzoek blijkt al snel dat er geen sprake is van medicijnen of andere verdovende middelen in het bloed van Jay.

Wonddatering

Bij letsels kan onderzoek gedaan worden naar hun datering. In het helingsproces van een wond komen in de loop der tijd steeds nieuwe eiwitten voor, die weer een specifieke functie in het helingsproces hebben. Bij wonddateringsonderzoek wordt de verwonding onderzocht op de aanwezigheid van deze eiwitten. Op basis van het eiwittenbeeld kan de juiste datering van de verwonding geschat worden. Dit kan variëren van enkele minuten tot een aantal dagen. Zo kan men achterhalen hoelang voor het intreden van de dood een verwonding is veroorzaakt. Men kan bekijken of de verwonding tijdens het delict is toegebracht of niet.

Uit het wonddateringsonderzoek aan een aantal blauwe plekken van Jay blijkt dat er geen aanwijzingen zijn dat de blauwe plekken eerder zijn ontstaan dan zestien uur voor het overlijden van Jay.

Het neuropathologisch onderzoek is het belangrijkst. Jay is overleden als gevolg van hersenletsel. Die constatering is natuurlijk niet genoeg. Van belang is te weten welke letsels de hersenen precies hebben opgelopen. Dit kan verduidelijken wat er precies is gebeurd. Is zijn zoontje gevallen nadat hij hem geduwd heeft, zoals Gijs zegt? Of heeft hij zijn hoofdje tegen de grond geslagen, zoals uit de getuigenverklaringen over het bonken naar voren komt?

De neuropatholoog vindt verschillende letsels in het hoofd van Jay. Onder het harde hersenvlies zit een bloeding. Hierbij zijn bloedvaten in het hersenvlies gescheurd. Dikwijls is de oorzaak een klap van een hard object op het hoofd, bijvoorbeeld een val op de grond. Een bloeding van het harde hersenvlies is het meest voorkomende dodelijke hoofdletsel, omdat het vaak ernstige hersenbeschadiging tot gevolg heeft. Vaak overlijdt iemand niet lang na het oplopen van dit letsel. De bloeding heeft Jay volgens de neuropatholoog twaalf tot achttien uur voor zijn sterven opgelopen.

Bij de algemene sectie is een bloeding in de schouder bij de nek aangetroffen, die doorloopt naar de hersenen. Op het punt waar de hersenen overgaan in het ruggenmerg vindt de neuropatholoog een beschadiging, evenals in de kern van de hersenen. De twee beschadigingen zijn net als de bloeding onder het harde hersenvlies tussen de twaalf en achttien uur voor Jays dood ontstaan.

Ook worden nog bloedingen in de hersenen aangetroffen die ongeveer zes uur oud zijn. Dit betekent dat deze hersenletsels in het ziekenhuis zijn ontstaan.

De eindconclusie na het onderzoek van de verschillende pathologen is, dat Jay is overleden door met geweld opgelopen hersenletsel. De pathologen zeggen er ook bij, dat het voedsel in de luchtpijptakken en de beginnende longontsteking aan de dood hebben bijgedragen.

Opzet?

Het Openbaar Ministerie weet voldoende. Jay is gestorven door hersenletsel. Gijs is de laatste die Jay aangeraakt heeft. Misschien heeft hij Jay geduwd, misschien heeft hij het hoofd van zijn zoon tegen de vloer geslagen. Het Openbaar Ministerie is er in ieder geval van overtuigd dat Gijs schuldig is aan doodslag. Hij heeft met opzet geprobeerd Jay te doden. Dit betekent in juridische taal dat hij in ieder geval wist dat de kans dat Jay zou overlijden door zijn handelen aanmerkelijk was en dat hij dat risico ook heeft aanvaard.

De advocaat van Gijs, mr. Mark Nillesen, twijfelt of Jay is overleden door de duw die Gijs hem heeft gegeven. Hij is er in ieder geval van overtuigd, dat Gijs niet met opzet heeft gehandeld. Gijs heeft er volgens hem echt niet bij stilgestaan, dat zijn kind kan overlijden als hij hem een duw geeft. Ineke heeft haar zoon net even eerder ook een duw gegeven. Misschien heeft Jay toen wel hersenletsel opgelopen en heeft het alleen even geduurd voordat die duw gevolgen had. Met die vraag komt Nillesen bij mij. Ook wil hij meer weten over die blauwe plekken. Hij snapt namelijk niet hoe deze ontstaan zijn. Hij gelooft niet, dat Gijs die heeft veroorzaakt. Maar hoe komt het dan dat Jay meer dan vijftig blauwe plekken heeft, waarvan een aantal rond het tijdstip van het ongeval zijn ontstaan? Nillesen gelooft helemaal niet in de hypothese dat Gijs het hoofdje van zijn zoon meerdere malen tegen de grond heeft geslagen. Natuurlijk is de verklaring van de getuigen volledig subjectief. Hoe weten die mensen nu hoe het klinkt als er een hoofd tegen de grond wordt geslagen op de verdieping boven hen? Toch wil Nillesen een bevestiging dat Gijs dit niet gedaan heeft. Hij vraagt zich af of Jays schedel niet gebroken zal zijn, als zijn hoofd een aantal keer tegen de grond is geslagen.

Blauwe plekken

Blauwe plekken

Deze worden veroorzaakt doordat bloedvaten onder de huid openbarsten. Hierdoor komt er bloed vrij, dat zich ophoopt. Deze ophoping veroorzaakt vervolgens een blauwe plek. Na een paar dagen breekt het lichaam dit opgehoopte bloed af en verdwijnt de blauwe plek. Niet iedereen krijgt even gemakkelijk een blauwe plek, dit hangt onder andere af van de stevigheid van de bloedvaten. Deze verslechtert naar mate iemand ouder wordt. Ouderen krijgen daardoor eerder blauwe plekken dan jongeren. Maar er zijn nog meer oorzaken. Zo kan aspirine ervoor zorgen dat er spontaan blauwe plekken ontstaan. Ook kunnen verschillende ziekten ervoor zorgen dat iemand eerder blauwe plekken krijgt. Bij deze ziekten wijkt de bloedstolling vaak af. Normaal gesproken zorgt bloedstolling ervoor dat bloedvaten goed genezen nadat ze beschadigd zijn. Een van de ziekten waarbij de bloedstolling afwijkt, is ITP, Idiopathische Trombocytopenie Purpura.

In Jays bloed is geen aspirine aangetroffen, dat staat vast. Als Jay aan ITP leed, kan dit het grote aantal blauwe plekken verklaren. ITP is een reële mogelijkheid. Een van de kenmerken is namelijk het ontstaan van puntvormige bloedinkjes. Deze puntvormige bloedinkjes zijn ook aangetroffen op het lichaam van Jay. Ze worden veroorzaakt door een breuk in de kleine bloedvaten. Ze ontstaan vaker bij het intreden van de dood. Iemand die door verstikking om het leven komt, krijgt vaak puntvormige bloedinkjes in de ogen en aan de binnenkant van de oogleden. Jay had dit ook. Maar Jay had ook puntvormige bloedinkjes op zijn borst en achter zijn oren, geen kenmerken van verstikking. Puntvormige bloedinkjes geven nooit uitsluitsel over de doodsoorzaak. Maar er zijn wel doodsoorzaken waarbij het onwaarschijnlijk is dat deze bloedinkjes ontstaan. Kan het hersenletsel de oorzaak zijn van de puntvormige bloedinkjes? Zo nee, wat dan wel? Het antwoord kan namelijk iets zeggen over de manier waarop Jay is overleden. Het kan echter ook duiden op een bloedstollingafwijking zoals ITP.

De vraag of de puntvormige bloedinkjes door het hersenletsel zijn ontstaan, kan alleen een specialist beantwoorden, de patholoog dus. In ieder geval lijkt het mij van belang dat ook onderzocht wordt of Jay een bloedstollingafwijking zoals ITP had. Dit zal het verhaal van Gijs ondersteunen, dat de opvoedkundige tikken niet zo hard waren dat Jay er blauwe plekken van kreeg. Ook is de kans dan groter, dat een aantal van de blauwe plekken die rond het tijdstip van Jays dood zijn ontstaan, veroorzaakt zijn door de handelingen waarmee men heeft geprobeerd Jay wakker te krijgen.

Hersenletsel

Als ik mijn bevindingen over de blauwe plekken heb genoteerd, verdiep ik me in het onderzoek aan de hersenen. In het deskundigenrapport lees ik meer Latijnse dan Nederlandse woorden. Nu is het gebruik van Latijnse woorden in een rapportage zoals deze onvermijdelijk. De verschillende onderdelen in de hersenen hebben nu eenmaal een Latijnse naam. Maar ook voor de verschillende verwondingen zijn Latijnse namen gebruikt en geen Nederlands alternatief. Nu kan ik het rapport wel begrijpen. In mijn opleiding heb ik de anatomie van het lichaam namelijk moeten bestuderen. Maar voor juristen geldt dat niet, ook al volgen juristen wel vele cursussen om forensisch technische en psychologische onderzoeksresultaten te kunnen interpreteren. Maar dit houdt een keer op. Dit deskundigenrapport zal voor de gemiddelde jurist daarom onbegrijpelijk zijn, laat staan dat zij vragen kunnen stellen over de bevindingen van het onderzoek en de resultaten kunnen interpreteren. Dit levert een probleem op. De juristen moeten de resultaten namelijk interpreteren. De patholoog zal daarom moeten assisteren. De assistentie van een patholoog kan in een geval als deze eigenlijk alleen maar bestaan uit het vragen beantwoorden van de juristen. Als de patholoog namelijk ieder complex detail moeten uitleggen, is het resultaat een enorm onoverzichtelijke rapportage, waarbij de onderzoeksresultaten ondersneeuwen.

Ik begrijp genoeg van anatomie om te zien welke constateringen precies gedaan zijn en welke vragen nodig zijn om de letsels juist te kunnen interpreteren. Deze vragen neem ik op in mijn rapportage. De neuropatholoog geeft heel goed aan welke letsels hij constateert, maar niet hoe deze kunnen zijn ontstaan en wat de gevolgen zijn. Er wordt wel aangegeven wat het gevolg is van al deze letsels bij elkaar: de dood. Maar het is duidelijk, dat niet alle hersenletsels tegelijk zijn ontstaan. Als Jay overlijdt, zijn drie van de letsels twaalf tot achttien uur oud en de rest zes uur. De letsels vallen daardoor in twee groepen uiteen. Maar ook van de letsels die achttien tot twaalf uur voor Jays dood zijn ingetreden, is niet zeker dat ze tegelijk zijn ontstaan. Er is een bandbreedte van zes uur, de letsels kunnen dus op een verschillend moment binnen die periode zijn ontstaan.

Het is dus niet uitgesloten dat een deel van het letsel is opgetreden na de duw die Jay van Ineke heeft gekregen. Dit valt namelijk binnen de achttien uur voor het overlijden. Hersenletsel na de duw van Gijs was misschien helemaal niet opgetreden als Inekes duw niet al eerder hersenletsel had veroorzaakt. Stel bijvoorbeeld, dat

Jay een bloeding onder zijn harde hersenvlies krijgt nadat hij door zijn moeder geduwd is. De bloeding hoopt zich vervolgens langzaam op en als Jay weer op zijn hoofd valt na een duw van zijn vader, veroorzaakt die bloedophoping het andere, fatale hersenletsel.

Nillesen vraagt zich ook terecht af of er een tijd overheen is gegaan voordat de gevolgen van de letsels zijn ingetreden. In dat geval kan Ineke ook als enige Jay het dodelijke letsel hebben toegebracht. Bijvoorbeeld in het geval dat Jay een bloeding onder zijn harde hersenvlies heeft gekregen door toedoen van zijn moeder. Ook dan hoopt de bloeding zich langzaam op. Als Jay na de duw van zijn vader valt, heeft dat geen invloed op wat er vervolgens gebeurt. De bloedophoping is zo groot geworden, dat het hersenletsels optreedt waaraan Jay sterft.

Of beide hypothesen mogelijk zijn, blijkt niet uit het pathologisch rapport. De patholoog zal meer uitleg moeten geven. En dat niet alleen. In de uiteindelijke conclusie staat onder andere dat het voedsel in de luchtpijptakken heeft bijgedragen tot de dood. Maar wat betekent dat precies? Is hij hierdoor eerder komen te overlijden? En wat is het gevolg van het letsel dat in het ziekenhuis is ontstaan? Hoe heeft dit kunnen ontstaan? Is dit het gevolg van de hersenletsels die er al zaten?

De hersenletsels die Jay twaalf tot achttien uur voor zijn dood heeft opgelopen, zijn bij elkaar in ieder geval al dodelijk. De antwoorden op de vragen over de zes uur oude hersenletsels zullen daarom niets veranderen aan het feit dat Jay is overleden als gevolg van het handelen van Gijs en/of Ineke. Wel kan het misschien iets zeggen over de medische handelingen die bij Jay zijn verricht en of die beter uitgevoerd hadden kunnen worden.

Naar mijn mening is het belangrijk dat al deze vragen en deze hypothesen worden onderzocht. Misschien zijn de hypothesen volledig onmogelijk. Maar de theoretische achtergrond om deze letsels te kunnen beoordelen is zo specifiek, dat alleen een gespecialiseerd arts iets zinnigs kan zeggen.

GEBROKEN SCHEDEL

Als laatste probeer ik een antwoord te vinden op de vraag of de schedel van Jay zal breken als hij met zijn hoofd op de grond wordt geslagen. Zo ja, dan valt uit te sluiten dat dit gebeurd is. Jays schedel is namelijk niet gebroken.

Jay is een kind van twee jaar. Bij een kind van deze leeftijd bestaat een schedel nog uit verschillende platen die niet aan elkaar vastgegroeid zijn. Dat gebeurt pas rond de leeftijd van zeventien jaar. De schedel van een kind is dus flexibeler dan die van een volwassene. Waarschijnlijk zal hij daarom ook minder snel breken. Over hoe snel een schedel van een tweejarig kind breekt, is niet veel bekend. Een praktijkonderzoek is vanzelfsprekend erg moeilijk. Over hoe snel een volwassen schedel breekt, is wel het een en ander bekend. Hoe hard iemand met zijn hoofd op een object moet vallen voordat de schedel breekt, hangt af van de hardheid van het object. Een vloer is meestal keihard, geeft totaal niet mee. Er zal daarom minder snelheid nodig zijn om een gebroken schedel te veroorzaken dan wanneer iemand met zijn hoofd op een houten plank valt, wat veel minder hard is. Voor een hard object zoals een vloer geldt, dat iemand zijn schedel kan breken wanneer hij er met een snelheid van 21 km per uur op valt. Nu zal er waarschijnlijk meer snelheid nodig zijn om de schedel van een kind te breken dan de schedel van een volwassene. Of dit daadwerkelijk zo is, moet aan een forensisch antropoloog (iemand die gespecialiseerd is in letsels aan botten) gevraagd worden. Ook de vraag met welke snelheid Jays hoofd tegen de vloer zal zijn geslagen, zal aan die deskundige gesteld moeten worden. De suggestie dat het hoofd meerdere keren op de vloer is geslagen, betekent dat er minder snelheid nodig is bij deze klappen dan wanneer de schedel in één keer breekt. Bij de eerste klappen wordt de schedel namelijk verzwakt om vervolgens bij de laatste klap te breken.

Als de rechtbank gelooft dat Gijs het hoofd van Jay een aantal keer tegen de grond heeft geslagen, zullen deze vragen allemaal beantwoord moeten worden.

Hoe is Jay doodgegaan?

Wat de precieze oorzaak is van de dood van Jay, is nog lang niet bekend. De onderzoeksresultaten moeten ruim toegelicht worden om deze te kunnen interpreteren. Maar ook als alle vragen zijn beantwoord, is het nog maar de vraag of er één doodsoorzaak aangewezen kan worden. De mogelijkheid dat Jays dood niet de schuld is van Gijs is maar van Ineke, valt zeker niet uit te sluiten. En wat is de bijdrage van de ziekenbroeders?

Het gevaar van dusdanig ingewikkelde deskundigenrapporten zoals bij deze zaak, is dat de conclusie van het rapport simpelweg overgenomen wordt zonder dat er nog vragen gesteld worden. Het rapport geeft aan, dat Jay is overleden als gevolg van het door geweld ontstane hersenletsel waaraan het voedsel in de luchtpijptakken en de beginnende longontsteking ook bijdragen hebben. Deze conclusie is duidelijk onvoldoende om een helder beeld te krijgen van wat er precies gebeurd is.

Een oplossing is bijvoorbeeld, dat de deskundige naast zijn rapportage nog een rapportage toevoegt waarbij hij verschillende hypothesen over de sporen behandelt. Dit voorkomt veel onduidelijkheid bij juristen. Dit is heel belangrijk, omdat onduidelijkheid kan zorgen voor te snelle conclusies, die later niet waar blijken te zijn. Door onjuiste conclusies kunnen onschuldige personen veroordeeld worden.

Toekomst

De tweeëntwintig jarige Gijs is voor het leven getraumatiseerd. Het verliezen van zijn zoon, dat voor zijn gevoel zijn schuld is, laat een lidteken in zijn ziel achter. Hij zit nu gevangen en het Openbaar Ministerie verdenkt hem ervan zijn zoon met opzet om het leven te hebben gebracht. Dat maakt het nog erger. Ook de twintigjarige Ineke is getraumatiseerd. Ook zij voelt zich enorm schuldig. Zowel Gijs als Ineke beseffen dat ze tekortgeschoten zijn in hun opvoeding. Beiden weten dat ze zijn doorgeslagen in de opvoedkundige tik. Maar dat dit heeft kunnen gebeuren, voorzagen ze niet. De onduidelijkheden in het onderzoek maken Ineke onzeker. Zij is niet gevangen genomen, maar ze weet dat dit wel kan gebeuren.

De toekomst zal uitwijzen wat de oorzaak van de letsels van Jay kan zijn geweest. Pas daarna wordt bekend hoe de rechters denken over de vermeende opzet van Gijs, of misschien die van Ineke.

Deze tragische zaak is nog lang niet voorbij.

Hoofdstuk 12
Het mysterie van de schedel

Het is 3 juli als Bart Leeuwendijk bij het politiebureau in Veghel aangifte doet van vermissing van zijn vrouw Loes. Loes is in de nacht van 30 juni op 1 juli alleen op stap gegaan. Volgens Bart doet ze dat wel vaker. Maar nu is ze niet teruggekomen.

Vermissing

De politie stelt vragen over hun huwelijk. Het huwelijk is slecht, ze liggen momenteel in scheiding. Wel wonen ze nog bij elkaar. Dit is het idee van Loes, ze wil langzaam afstand van hem doen. Bart heeft geen bezwaren. Soms moet hij in de logeerkamer slapen. Dan wil Loes alleen slapen of heeft ze een man mee naar huis genomen. Hier heeft Bart de nodige moeite mee, maar hij vindt dat hij ermee moet leren leven. Ze hebben afgesproken om op 1 juli vroeg in de ochtend naar België te rijden om daar in de Ardennen te wandelen en te praten over hun toekomst. Wanneer hij ontdekt dat Loes die ochtend niet thuis is, denkt hij eerst dat ze gewoon geen zin heeft en ergens anders slaapt. Maar nu is zij nog steeds niet thuis. Hij kan zijn vrouw niet bereiken. Bart vertelt dat hij en Loes samen twee kinderen hebben, van 18 en 21 jaar. Zij wonen allebei nog thuis. De politie vraagt ook naar de vrienden van Loes. Bart vertelt dat ze in een band zit waarmee ze veel repeteert. De andere bandleden zijn erg goede vrienden van Loes. Daarnaast heeft ze nog een aantal vriendinnen met wie ze regelmatig gaat stappen.

De politie neemt de aangifte van Bart heel serieus en start een onderzoek. De verschillende vrienden worden gehoord, maar lijken van niets te weten. Ook zoon en dochter worden gehoord, maar zeggen geen flauw idee te hebben waar hun moeder is. Tijdens de verhoren blijkt, dat de kinderen flink te lijden hebben onder de relatie van hun ouders. Vooral zoon Theo lijkt weinig sympathie te hebben voor zijn moeder. Zijn moeder heeft de afgelopen tijd verschillende mannen mee naar huis genomen, maar lijkt nu een vaste relatie te hebben met Cor. De politie vraagt de kinderen waar zij waren op de avond van de verdwijning van hun moeder. Dochter Kim vertelt dat ze bij haar vriend Sjoerd was. Theo is bij een vriend blijven slapen.

De politie krijgt na verschillende verhoren het gevoel dat Theo meer weet van de verdwijning van Loes. Hij wordt na een onderzoek van drie maanden als verdachte beschouwd. Ook Bart is verdachte. Hij is op de avond van de verdwijning alleen thuis. Het slechte huwelijk geeft hem een mogelijk motief, Theo, Kim en Bart reageren zichtbaar geschokt als twee rechercheurs hen meedelen, dat zij verdacht worden van betrokkenheid bij de verdwijning van Loes. Bart en Theo ontkennen. Ze worden niet gearresteerd, daar is de verdenking te zwak voor. Ze weten niet, dat de rechercheurs hen nauwlettend in de gaten houden.

ACHTERVOLGING

Een paar uur na hun bezoek zien de rechercheurs dat Bart in zijn auto stapt en wegrijdt. Zij volgen hem. Na een tijdje merken ze dat ze op weg zijn naar België. Ze verzoeken om de hulp van de Belgische politie om bij de observatie te assisteren. Als Bart iets doet wat strafbaar is, kan de Belgische politie hem arresteren. De Belgische politie ziet de noodzaak van assistentie niet in en bemoeit zich er niet mee. De Nederlandse rechercheurs kunnen nu niets anders doen dan blijven observeren.

Bart heeft geen flauw idee dat hij in de gaten wordt gehouden. Hij rijdt in één keer door naar de Ardennen. Ergens in het enorme natuurgebied parkeert hij de auto en loopt via de berm het bos in. De rechercheurs zien dat hij een paar minuten later het bos weer uit komt met een paar pakketten in zwart plastic. Hij legt de pakketten plastic in de kofferbak, stapt in zijn auto en rijdt weg. De Nederlandse rechercheurs kunnen niet op de plek blijven om deze te onderzoeken, ze moeten Bart blijven volgen. Om de plek later terug te vinden pakt een van de rechercheurs een kei en legt deze in de berm op de plek waar Bart het bos is ingelopen.

Snel pakken de rechercheurs de achtervolging van Bart weer op. Een paar uur later nadert hij de grens van Duitsland. Wanneer ze in Duitsland rijden, verzoeken ze de Duitse politie om Bart te arresteren in verband met verdenking van moord. Ze vermoeden, dat in de kofferbak een stoffelijk overschot ligt. Bart kan vuurwapengevaarlijk zijn. De Duitsers gaan akkoord en als Bart op een parkeerplaats naast de autobahn stopt om even te rusten, stormt een arrestatieteam van de Duitse politie uit een busje en neemt Bart mee.

Wanneer de agenten de auto doorzoeken, walmt een enorme stank hun tegemoet. Als zij de pakketten plastic bekijken, blijkt al snel waar de stank vandaan komt. In de pakketten treffen zij resten van een stoffelijk overschot aan. Er is niet veel van het stoffelijk overschot over. De pakketten zitten vol vocht, botten en nog een paar restanten van ander weefsel van wat eens een mens was.

Paniek

Na een aantal dagen wordt Bart uitgeleverd aan Nederland. Zijn auto wordt nog met het stoffelijk overschot in de kofferbak op het NFI onderzocht. Bart heeft contact gehad met zijn advocaat, mr. Arthur van der Biezen, en is bereid te vertellen wat er is gebeurd.

Hij heeft met Loes afgesproken 's ochtends vroeg naar de Ardennen te gaan. Daar zullen zij praten over de scheiding en hoe ze het allemaal gaan regelen. Een week voor dit uitstapje heeft hij een luchtbuks gekocht, gewoon voor de lol, om mee op bomen te schieten. Hij heeft hem nog niet gebruikt en besluit hem mee te nemen naar de Ardennen. Daar kan hij goed oefenen. Zo gezegd, zo gedaan, die ochtend rijden hij en Loes naar de Ardennen. Daar aangekomen legt hij een dekbed op de grond waarop ze kunnen zitten, hij heeft koffie meegenomen. Het eerste wat hij doet, is zijn buks uitproberen. Hij heeft geen flauw idee hoe dat ding werkt. Daarom oefent hij eerst zonder kogeltjes. Als hij het een beetje doorkrijgt, laadt hij het wapen met een kogeltje en mikt op een tak van een boom enkele tientallen meters verderop. Terwijl hij zijn buks op de tak richt, praat Loes tegen hem. Ineens hoort Bart haar struikelen. Dan botst ze tegen de auto en valt met haar linkerslaap tegen de mond van de loop van de buks. Bart valt naar achteren en de buks gaat af. Als Bart opkijkt, ziet hij dat zijn vrouw op het dekbed is gevallen. Ze schokt met haar lichaam. Haar gezicht zit onder het bloed. Bart raakt in paniek. Zijn vrouw is gestopt met schokken en beweegt niet meer. Hij denkt, dat ze dood is. Hij kleedt haar uit op haar lingerie na. Waarom hij dit heeft gedaan, weet hij ook niet. Hij was in paniek. Nu begrijpt hij wel dat dit heel vreemd overkomt.

Bart heeft altijd landbouwplastic in de auto liggen, omdat de hond de bekleding dan niet vies kan maken. Bart haalt dit landbouwplastic uit de auto. Het dekbed wikkelt hij eerst om Loes heen waarna het landbouwplastic volgt. Vervolgens sleept hij haar het bos in. Hij weet nog dat hij haar bij een boom bij een open plek in het bos heeft gelegd. Hij laat zijn vrouw in het bos achter en rijdt naar huis. Onderweg stopt hij nog bij een parkeerplaats en gooit de luchtbuks weg, samen met de kleding van zijn vrouw. Ook nu noemt hij paniek als verklaring voor zijn daden, hij dacht niet meer helder na. Thuis ruimt hij de logeerkamer op. Het bed brengt hij samen met de matras naar de vuilstort. Twee dagen later geeft hij zijn vrouw als vermist op.

De rechercheurs begrijpen een ding niet. Waarom is hij Loes gaan halen? Haar lichaam was waarschijnlijk nooit gevonden als Bart hen niet op dat spoor had gezet. Bart heeft wel een verklaring. Als hij hoort, dat zijn zoon verantwoordelijk wordt gehouden voor de verdwijning van Loes, wil hij er absoluut zeker van zijn dat het lichaam nooit gevonden wordt. Hij was van plan het stoffelijk overschot naar zijn broer in Denemarken brengen. Daarom is hij naar Duitsland gereden en niet terug naar Nederland.

Over het moment van het ophalen van het stoffelijk overschot vertelt Bart nog dat hij zijn vrouw niet vond waar hij haar had achtergelaten. Een aantal meter verderop vond hij haar wel. Haar schedel lag een stuk van de verpakking verwijderd.

Menselijke resten

De dag nadat Bart het stoffelijk overschot uit het bos heeft gehaald, wijzen de Nederlandse rechercheurs de Belgische technische recherche de plaats aan waar Bart de overblijfselen uit het bos heeft versleept. Vanaf de kei die de Nederlandse rechercheur eerder heeft achtergelaten, gaat een team van de Belgische technische recherche het bos in om te zoeken naar de plek waar het lichaam al die tijd heeft gelegen. Zij worden hierbij geassisteerd door een speurhond die opgeleid is om de geur van overleden personen te detecteren. De Belgen zoeken lang, maar vinden niets. Er is geen enkele aanwijzing dat het slachtoffer ergens heeft gelegen. Wel worden er grondmonsters genomen om te onderzoeken of er menselijke lichaamssappen in de grond zitten. Ook worden voor de berm gipsafdrukken van bandensporen gemaakt, die vergeleken kunnen worden met die van de auto van Bart.

De onderzoekers op het NFI openen de kofferbak van Barts auto. De enorme stank is nog niet verdwenen. Zij maken de pakketten open, halen alle menselijke resten eruit en brengen ze naar de afdeling pathologie. Een forensisch patholoog, geassisteerd door een forensisch antropoloog in opleiding zullen de lichaamsresten onderzoeken.

Pathologie/antropologie

Zowel een forensisch patholoog als een forensisch antropoloog onderzoekt een overleden slachtoffer en probeert de doodsoorzaak te ontdekken. De patholoog richt zich op de weke delen van een mens, zoals spieren en organen. De patholoog bestudeert de letsels en gaat op zoek naar ziekten. De forensisch antropoloog onderzoekt de botten van het slachtoffer. Dit onderzoek is van belang als er, zoals in deze zaak, niet veel meer dan botten van een persoon teruggevonden worden. Letsels aan botten kunnen het beste beoordeeld en geïnterpreteerd worden door een forensisch antropoloog.

Het dekbed en de stukken plastic worden naar de technische recherche gebracht. Zij zullen deze voorwerpen verder onderzoeken.

Wanneer alle stoffelijke resten van het slachtoffer bij elkaar gebracht zijn, wordt het skelet op de snijtafel van de patholoog gereconstrueerd. Eerst wordt er een bemonstering van het lichaam gemaakt. DNA-onderzoek moet uitwijzen wie het slachtoffer is. Het is hoogstwaarschijnlijk het lichaam van Loes, maar men moet het absoluut zeker weten. Vervolgens wordt het lichaam onderzocht. Alle botten lijken helemaal intact te zijn, alleen de schedel is ernstig beschadigd. In de linkerslaap zit een gaatje van iets meer dan een halve centimeter doorsnee. In de oogkas wordt een klein kogeltje aangetroffen. Dit sluit naadloos aan bij de verklaring van Bart. Het kogeltje zal wel uit zijn luchtbuks komen. Maar de kogelbaan gaat schuin omlaag de oogkas in. Uitgaande van de verklaring van Bart zou de kogelbaan schuin omhoog moeten gaan. De onderzoekers vinden meer beschadigingen van de schedel: vier gaten op verschillende plaatsen, allemaal variërend in grootte. Daarnaast zien ze nog twee krassen op de schedel.

De conclusie van de onderzoekers is, dat de verwonding in de linkeroogkas niet dodelijk kan zijn geweest. De andere gaten hebben vrijwel zeker wel geleid tot het intreden van de dood. Hoe deze gaten zijn ontstaan, is volstrekt onduidelijk. De onderzoekers zijn ervan overtuigd, dat de grotere gaten aan de zijkant van de schedel niet veroorzaakt zijn door een kogeltje uit een luchtbuks. Als mogelijke oorzaak opperen zij een schotverwonding en inwerking van botsend mechanisch geweld. Een gat in het voorhoofd kan worden veroorzaakt door een kogeltje uit een luchtdrukwapen, een gat in het achterhoofd kan niet door een schotverwonding zijn veroorzaakt. Wel door botsend mechanisch geweld. Om meer duidelijkheid te krijgen wordt de schedel onderzocht door een zogenaamde KIV-deskundige.

KIV

Deze is gespecialiseerd in kras-, indruk-, en vormsporen. Het onderzoeken van een schedel is geen alledaags onderzoek. Meestal onderzoekt hij de sporen op bijvoorbeeld gereedschappen en materialen die misschien bewerkt zijn met deze gereedschappen. Ook kan een KIV-onderzoeker bijvoorbeeld schoenindrukken vergelijken met de schoenen van een verdachte om te achterhalen of de schoenindruk is gezet met die schoen.

De KIV-deskundige brengt niet meer duidelijkheid in de zaak. Zijn conclusie is dezelfde als die uit het pathologisch/antropologisch onderzoek. De gaten kunnen schotverwondingen zijn, maar kunnen ook veroorzaakt zijn door uitwendig botsend mechanisch geweld. Een voorwerp dat gebruikt kan zijn, is de kolf van een luchtdrukwapen. Ook over het gat in het voorhoofd zegt deze deskundige dat dit veroorzaakt kan zijn door een kogeltje uit een luchtdrukwapen. Dit heeft hij namelijk onderzocht door proefschoten op een varkenskop uit te voeren. De reden dat hij voor een varkenskop koos is dat een varken een vergelijkbare schedeldikte heeft.

Een onderzoeker die gespecialiseerd is in het onderzoek naar microsporen, kan misschien uitkomst bieden. Hij vindt bij zijn onderzoek verschillende metalen rondom de verschillende gaten: regelmatig looddeeltjes, maar ook ijzer, chroom, zink, tin, zilver en zwavel. Zilver en zwavel lijken samen de stof zilversulfide te hebben gevormd, ijzer en chroom samen de stof ferrochroom. Lood bij schotverwondingen is geen uitzondering. In de kogel is vaak lood verwerkt, maar over de andere stoffen bestaat er veel onduidelijkheid. Ferrochroom en zilversulfide wordt vrijwel nooit in munitie aangetroffen. Tin en zink komen wel voor in munitie, maar niet in munitie van een luchtdrukwapen. Het onderzoek naar microsporen lijkt dus meer vragen dan antwoorden op te leveren.

De rapportage van het DNA-onderzoek komt ook bij de politie binnen. Het slachtoffer is Loes.

WAT HEEFT BART GEDAAN?

Bart wordt geconfronteerd met de resultaten van het onderzoek aan de schedel. Aan hem de taak uit te leggen hoe deze gaten zijn ontstaan. Bart leest de rapportages en kijkt de rechercheurs daarna vragend aan. 'Waren er meer verwondingen?' De rechercheurs hebben niet zo veel zin in dit spelletje. Ze willen dat hij uitlegt hoe hij de gaten heeft veroorzaakt en wat er precies is gebeurd. Maar Bart zegt, dat hij geen idee heeft hoe die gaten zijn ontstaan. Niet door zijn schuld in ieder geval.

Ook mr. Van der Biezen leest de bevindingen van de onderzoekers. Hij beseft, dat de verwonding die Bart naar zijn zeggen heeft veroorzaakt, helemaal niet dodelijk is. Als hij die andere gaten echt niet heeft veroorzaakt, dan heeft zijn cliënt zijn vrouw helemaal niet om het leven gebracht. Hij dient een verzoek in voor een contra-expertise: een nieuwe deskundige doet opnieuw hetzelfde onderzoek als de eerdere deskundige om te zien of de bevindingen wel kloppen. Arthur van der Biezen is ervan overtuigd dat er een deskundige is die meer kan zeggen over de ontstaanswijze van de gaten. De rechtbank willigt het verzoek in. Een Belgische forensisch patholoog wordt ingeschakeld. De rapportage geeft aan dat zijn werk niet voor niets is geweest. De onderzoeker stelt, dat het gat in het voorhoofd waarschijnlijk een inschot van een kogel is. Het gat in het achterhoofd is waarschijnlijk veroorzaakt doordat de kogel daar eruit ging. Verder maakt hij nog een opmerking over het KIV-rapport. De mogelijkheid dat de kolf van een luchtdrukwapen de gaten in de schedel heeft veroorzaakt, is volgens hem volledig subjectief, zonder enige wetenschappelijk grond.

Niet lang na het verschijnen van de rapportage van de Belgische patholoog reageert de patholoog van het NFI. Die zegt dat de onderzoeksresultaten van de Belgische patholoog niet helemaal kloppen. Die patholoog heeft namelijk de beschadigingen ontvangen, die uit de schedel zijn gezaagd. Hierbij is het gat dat in de achterkant van de schedel zat, blijkbaar groter geworden. Daarom is de Belgische patholoog tot de verkeerde conclusie gekomen dat dit gat is veroorzaakt door een uittredende kogel. Dit is volgens de Nederlandse patholoog onmogelijk, omdat het oorspronkelijke gat een diameter van maar een halve millimeter had. Als dat door een uittredende kogel is veroorzaakt, dan zou het een stuk groter moeten zijn. De Belgische patholoog geeft de Nederlandse gelijk. Ook hij heeft gelezen dat het gaatje oorspronkelijk een halve millimeter was. Dit kan ook volgens de Belgische patholoog niet zijn veroorzaakt door een uittredende kogel.

Zo langzamerhand ontstaat er een stapel deskundigenrapporten over de schedel. Maar de conclusie blijft steeds hetzelfde. Men heeft geen idee hoe de gaten zijn ontstaan. De twee grote gaten aan de zijkant van de schedel kunnen heel goed door een wapen zijn veroorzaakt met een groter kaliber dan een luchtdrukwapen, maar ook door botsend mechanisch geweld. Van der Biezen vraagt meer onderzoek, maar de rechtbank wijst dit af. De rechters lijken zich erbij neer te leggen, dat de oorzaak van de gaten in de schedel niet meer wordt achterhaald.

Bloed van Loes

Technisch rechercheurs hebben ook een bezoekje gebracht aan de woning van Bart en Loes om te zoeken naar sporen die meer over de toedracht van de dood van Loes kunnen zeggen. Bart kan wel zeggen dat hij haar in de Ardennen heeft neergeschoten, maar misschien heeft hij dat gewoon thuis gedaan. Kim en Theo hebben namelijk gezegd, dat Bart hen gevraagd heeft of ze de nacht van de verdwijning ergens anders konden slapen. Waarom heeft hij dat gevraagd? Het bed is uit de logeerkamer verwijderd. Waarom weten de kinderen niet. Er was niets mis met het bed. Er zijn stukken uit het behang en vloerbedekking gesneden. Dit is de kinderen nooit opgevallen. Ze weten ook niet hoe lang dit al zo is. Als de tech-

De technische recherche wordt op verzoek van de rechter gevraagd of de beschadigingen in het plastic kunnen zijn veroorzaakt door jachtmunitie. De rechercheurs beamen dit. Van der Biezen verzoekt de rechtbank alsnog met zijn cliënt naar de Ardennen te gaan om de plek te zoeken waar Loes al die tijd heeft gelegen. Er zijn volgens hem genoeg aanwijzingen om te denken dat Loes is geraakt door verdwaalde jachtmunitie. De rechtbank ziet geen heil in het verzoek. Zij zijn van mening dat er wel goed gezocht is en dat dit niet nog een keer hoeft te gebeuren.

Keihard veroordeeld

De dag van de inhoudelijke behandeling komt eraan. De officier van justitie bereidt zijn requisitoir voor, Arthur zijn pleidooi. Voor de zitting brengt hij nog een bezoek aan Bart. Bart is erg zenuwachtig. Logisch, hij kan veroordeeld worden tot een heel lange gevangenisstraf.

Ter zitting voert de officier van justitie aan dat onduidelijk is waar Loes om het leven is gekomen. Het zou thuis in Veghel gebeurd kunnen zijn. Bart heeft namelijk onmiddellijk na zijn thuiskomst op 1 juli de logeerkamer opgeruimd en bed en matras naar de stort gebracht. Verder zijn in die logeerkamer minuscule bloedspatjes aangetroffen en missen er delen van het behang en de vloerbedekking. Het OM gelooft dat Bart dit heeft gedaan, omdat er bloedsporen op die stukken behang en vloerbedekking zaten. Ook kan Bart zijn vrouw om het leven hebben gebracht in de auto naar België toe, of in België zelf. Hoe het ook zij, de officier is ervan overtuigd dat Bart de dader is. De officier gelooft niet in een ongeluk. Hij gelooft ook, dat Bart de andere gaten heeft veroorzaakt. Hoe weet de officier niet, maar dat maakt volgens hem ook niet uit. Misschien heeft hij dit met een groter kaliber vuurwapen gedaan, misschien heeft hij de gaten erin geslagen. Er bestaat in ieder geval volgens de officier geen twijfel dat Bart de dader is. Omdat hij zijn vrouw opzettelijk en met voorbedachten rade om het leven heeft gebracht, vervolgens het lichaam heeft gedumpt in de Ardennen en tegen zijn familie en kinderen drie maanden lang heeft gelogen over de vermissing, is de officier van justitie van mening dat Bart veroordeeld moet worden tot achttien jaar gevangenisstraf.

De mening van Van der Biezen is precies tegenovergesteld. Er zijn een aantal juridische punten waar Bart in zijn belangen is geschaad. De aanhouding in Duitsland is onrechtmatig. Ook heeft hij geen rechtsbijstand in Duitsland gekregen. Verder is het onderzoek op de plaats delict in België zeer slecht uitgevoerd. Van der Biezen vraagt zich hardop af hoe het mogelijk is, dat men de plek waar een lichaam in ontbinding drie maanden lang heeft gelegen, niet kan terugvinden. Deze feiten in combinatie met het feit dat de verdediging geen mogelijkheid heeft gekregen de rest van het skelet te onderzoeken, brengen Van der Biezen tot het standpunt dat het Openbaar Ministerie niet-ontvankelijk verklaard moet worden. Er zijn te veel fouten gemaakt, zijn cliënt is te ernstig in zijn belangen geschaad. Als de rechtbank die mening niet deelt, vindt hij dat zijn cliënt moet worden vrijgesproken. Bart zegt dat hij zijn vrouw per ongeluk door haar slaap heeft geschoten. Dit schot was echter niet dodelijk. De andere gaten kunnen op andere manieren in de schedel zijn ontstaan. Het is dus helemaal niet zeker dat Bart zijn vrouw heeft gedood. Dit is wel een vereiste om moord ten laste te kunnen leggen.

Tenlastelegging

De rechter moet bij zijn beslissing de verdachte veroordelen voor wat hem ten laste is gelegd of hem laten gaan. De rechter mag een verdachte niet veroordelen voor iets wat het Openbaar Ministerie niet ten laste heeft gelegd. De rechtbank kan Bart nu bijvoorbeeld niet voor zware mishandeling veroordelen.

Bij veel mensen die over deze zaak lezen, ontstaat verwarring als zij horen dat Van der Biezen voor vrijspraak pleit. Als niet kan worden vastgesteld dat Bart zijn vrouw om het leven heeft gebracht, dan moet hij op zijn minst worden veroordeeld voor zware mishandeling. Hij heeft Loes tenslotte wel door het hoofd geschoten. Maar het Openbaar Ministerie heeft geen zware mishandeling ten laste gelegd. Het enige wat zij ten laste leggen is moord of doodslag. Twee weken later doet de rechtbank uitspraak. Zij gaan volledig mee in het requisitoir van het OM. Bart wordt veroordeeld tot achttien jaar cel. Van der Biezen tekent hoger beroep aan.

De Body Farm

Van der Biezen is er nu op gebrand verder onderzoek te laten doen naar zijn hypothesen over het ontstaan van de gaten in de schedel. Op forensisch gebied roept Arthur mijn hulp in. Hij vraagt mij alle fouten in het technisch onderzoek uit het dossier te halen en te kijken welke onderzoeken nog nodig zijn. Ook vraagt hij of de zogenaamde Body Farm de schedel kan onderzoeken. Hij denkt dat de onderzoekers van de Body Farm als geen ander de letsels op de schedel kunnen analyseren.

Een onderzoek op de Body Farm kan zeker nuttig zijn. Daarom besluit ik meteen een verzoek te sturen of zij bereid zijn de schedel te onderzoeken. Het kan heel lang kan duren voordat de toezegging voor het onderzoek en de uiteindelijke resultaten binnen is.

De Body Farm

In Knoxville, in de Amerikaanse staat Tennessee, kan men forensische antropologie studeren. In deze studie wordt men opgeleid om het geslacht, het ras en de leeftijd van een skelet te achterhalen, en om botletsels te analyseren en interpreteren. Er wordt ook veel onderzoek gedaan naar het rottingsproces van lijken. Dit onderzoek kan alleen aan de hand van de praktijk worden gedaan. Daarom heeft de universiteit een heuvelig stuk bosgebied ter grootte van een paar voetbalvelden achter de parkeerplaats van het ziekenhuis gekregen. Dit bosgebied gebruikt men om overleden personen onder verschillende omstandigheden te laten wegrotten. Dit rottingsproces wordt vervolgens nauwlettend in de gaten gehouden.

Men onderzoekt hoe het rottingsproces van een overleden persoon in een kofferbak van een auto verloopt, hoe een lijk in huis, maar ook in de open natuur wegrot. Inclusief vele varianten, zoals hoe een lijk van iemand die zichzelf in een bos heeft opgehangen wegrot.

De Body Farm ontvangt de lijken van mensen die hun lichaam na hun dood ter beschikking stellen aan de wetenschap. Mensen kunnen er heel specifiek voor kiezen om hun lichaam aan de Body Farm te geven. Soms doneren mensen lichamen aan de Body Farm, omdat ze zelf of de nabestaanden de begrafenis niet willen of kunnen betalen.

Ik ga verder. Mijn eerste kritiekpunt richt zich vervolgens op het NFI. Een patholoog en een antropoloog in opleiding hebben de schedel onderzocht. De patholoog heeft de definitieve rapportage opgesteld en ondertekend. Niet de antropoloog in opleiding. Vervolgens heeft een KIV-deskundige de schedel bestudeerd en hierover gerapporteerd. Als laatste heeft een Belgische patholoog over de beschadigingen van de schedel gerapporteerd. Een patholoog is gespecialiseerd in de weke delen van het menselijk lichaam en een antropoloog in de botten. Ik vind het dan ook bijzonder vreemd, dat er geen volledig opgeleide forensisch antropoloog naar de schedel heeft gekeken, nu men geen flauw idee heeft hoe de beschadigingen in de schedel zijn veroorzaakt. Terwijl er in Nederland wel degelijk forensisch antropologen zijn. Sterker nog, het NFI heeft dit soort specialisten ook in dienst.

De eerste zittingen bij het gerechtshof breken aan. Het gerechtshof moet beslissen of de schedel zelf naar de Body Farm mag worden gestuurd. Van der Biezen doet dit verzoek dan ook meteen op de eerste zitting. De reactie van het hof is dat ze voorlopig de noodzaak van dit nieuwe onderzoek niet inzien.

Proefschoten

Van der Biezen heeft ook verzocht proefschoten te doen om te achterhalen of met munitie uit hetzelfde type luchtbuks als dat van Bart de verschillende gaten in de schedel van Loes gemaakt kunnen zijn. Het NFI heeft eerder al proefschoten verricht op een varkenskop, maar daar neemt Arthur geen genoegen mee. Hij wil dat proefschoten gedaan worden op een menselijke schedel. Het gerechtshof wil dit niet. Zij vinden het niet ethisch verantwoord. Als Arthur tijdens een zitting aan de Belgische patholoog vraagt of proefschoten op een menselijke schedel een toegevoegde waarde hebben, beaamt hij dat. Sterker nog, de patholoog heeft wel een aantal schedels, waarvan er één wel gebruikt mag worden. Het gerechtshof overlegt nog eens en wijst het verzoek nu toe. Op het NFI zullen proefschoten gehouden worden op een vrouwelijke schedel van ongeveer honderd jaar oud. Waarom het nu wel ethisch verantwoord is, blijft een raadsel. Arthur vraagt zich af of de ouderdom van de schedel verschil uitmaakt. De Belgische patholoog verzekert echter dat dit niet het geval is.

Tijdens de nieuwe proefschoten wordt een zeemvel over de schedel gelegd dat de huid nabootst. Het zeemvel heeft een vergelijkbare stevigheid als de huid. De conclusies die volgen zijn niet veel anders dan de conclusies die bij de proefschoten op de varkenskop zijn getrokken. Eén van de gaten, naast het gat in de slaap, kan zijn veroorzaakt door een inschot van een kogeltje uit een luchtbuks.

Gebrekkig onderzoek

Ik begin met mijn analyse bij het begin van het forensisch onderzoek, het onderzoek op de plaats delict. Ik lees in de stukken die Arthur mij heeft overhandigd, dat hij wat commentaar op dit onderzoek heeft. Ik ben benieuwd of ik zijn kritiek deel.

Een van de rechercheurs die Bart hebben gevolgd, heeft een kei gelegd op de plek waar Bart de berm in is gegaan. Hier gaat het naar mijn mening al fout. Een kei die je in het bos vindt, op een plek in het bos leggen om deze plek de volgende dag te herkennen, lijkt mij niet de slimste methode. Het stikt in de Ardennen van de keien. Hoe weet je nu dat je bij de goede kei bent gaan zoeken? Ik begrijp niet waarom de rechercheurs niet iets anders hebben gebruikt, iets dat in deze omgeving meer opvalt. In een politieauto liggen meer dan voldoende gefabriceerde objecten die hiervoor geschikt zijn.

De rechercheurs hebben geen sporen van een lichaam gevonden. Dit is niet verwonderlijk, nu de kans bestaat dat men op de verkeerde plaats is gaan zoeken. De rechercheurs hebben op verschillende plaatsen grondmonsters genomen. Dit is prima. Menselijke lichaamssappen in de grond kunnen erop wijzen, dat het lichaam op die plek heeft gelegen. Met de grondmonsters is echter niets gedaan. Kennelijk vonden de rechercheurs het niet zo interessant om te weten waar het slachtoffer heeft gelegen. Met de bandensporen is ook niets gedaan. Dit onderzoek heeft echter ook geen toegevoegde waarde, waardoor het niet-onderzoeken niet bezwaarlijk is.

Op het moment dat de Belgische rechercheurs in het bos op zoek zijn naar de plaats delict, is nog niets bekend over de toedracht van het overlijden van het slachtoffer. De rechercheurs moeten daarom zoveel mogelijk hypothesen openlaten. Dat het slachtoffer is neergeschoten, lijkt geen vergezochte hypothese. Het gebruik van een metaaldetector ligt dus voor de hand. Het is niet verplicht, maar het getuigt van enig denkwerk als dit wel gedaan is.

Van der Biezen verzoekt het gerechtshof de Belgische rechercheurs te ondervragen over hun onderzoek op de vermoedelijke plaats delict. Het gerechtshof wijst dit verzoek toe. De Belgische rechercheurs blijken geen enkele ervaring te hebben in het vinden van ontbindende lichamen. Ze geven dan ook aan, dat ze niet zo goed wisten waarnaar ze moesten zoeken. Ze vertrouwden op de neus van de speurhond, die niets gevonden heeft. De uitkomst van deze ondervraging is bezwaarlijk. Technisch rechercheurs moeten enige kennis hebben van wat er gebeurt als een lichaam in de natuur ontbindt. Op die plek sterft de begroeiing namelijk. Door de zure lichaamssappen overleven planten niet lang. Maar het lichaam is in het dekbed en landbouwplastic gewikkeld. Daarom lijkt het erop, dat deze lichaamssappen grotendeels niet in de natuur terechtgekomen zijn. Echter, Bart heeft de schedel gescheiden van het lichaam gevonden. Er heeft dus een opening in de verpakking van het lichaam gezeten. Daardoor kunnen in dit geval de lichaamssappen toch naar buiten gelekt zijn en is vervolgens de begroeiing afgestorven.

Mijn conclusie over het onderzoek op de plaats delict is dat het zeer gebrekkig is geweest. Over de markering van de plaats delict is niet goed nagedacht en de technisch rechercheurs hebben te weinig kennis voor het onderzoek. Het nemen van grondmonsters is prima, alleen heeft men er niets mee gedaan.

Nog meer fouten

Het gerechtshof heeft besloten dat er meer onderzoek verricht moet worden naar het landbouwplastic. De technische recherche heeft aangegeven dat er verschillende krassen op het plastic zitten. Deze kunnen veroorzaakt zijn door dieren, maar ook door jachtmunitie. Het gerechtshof wil dat het NFI onderzoekt of er sporen van munitie aanwezig zijn. Een goede beslissing van het hof. In tegenstelling tot de rechtbank beseft het hof wel de noodzaak hiervan.

Als de rapportage van het NFI binnenkomt, blijken er sporen te zijn van munitie die ook door de politie wordt gebruikt. Bij navraag blijkt, dat de technisch rechercheurs het landbouwplastic tijdens hun sporenonderzoek hebben opengevouwen in een hal die ook gebruikt wordt als schietbaan voor de agenten. Deze hal ligt bezaaid met schotresten van politiemunitie. De kans dat tijdens het onderzoek schotresten op het landbouwplastic zijn terechtgekomen, is groot.

Maar er komen nog meer fouten boven water. Voordat de technische recherche aan haar onderzoek van het landbouwplastic is begonnen, hebben de rechercheurs het plastic meerdere malen met water en zeep gereinigd. Waarom ze dit hebben gedaan, blijft een raadsel. Het grootste deel van de sporen op het landbouwplastic zijn hierdoor weggepoetst. Als er al sprake is van beschadigingen door jachtmunitie, dan zullen de sporen hiervan hoogstwaarschijnlijk niet meer teruggevonden worden. En daar blijft het niet bij. Stel dat er na de grondige reiniging toch nog een paar sporen van jachtmunitie tussen de enorme hoeveelheid sporen van politiemunitie op het plastic hebben gezeten. Dan is belangrijk te weten waar deze sporen zich op het plastic bevinden om te achterhalen of beschadigingen zijn veroorzaakt door jachtmunitie of dat de sporen al op de grond waarop het slachtoffer is gelegd, aanwezig waren. Maar na de uitgebreide reiniging hebben de rechercheurs het plastic ook nog eens meerdere malen opgevouwen en uitgevouwen, zonder maatregelen te nemen om de sporen op hun plaats te houden.

Nu kan helemaal niet meer achterhaald worden welke stoffen waar op het landbouwplastic zaten voordat de technische recherche haar onderzoek deed. Eventuele aanwezige sporen kunnen niet meer geïnterpreteerd worden. Het gebrek aan professioneel handelen van de technische recherche heeft dus tot gevolg, dat een belangrijk spoor voor de verdediging niet onderzocht kan worden. Van der Biezen kan weer een onderwerp toevoegen aan het lijstje van gebrekkige forensisch onderzoek.

Zilveren munitie

Gelukkig hebben de technisch rechercheurs de schedel van Loes niet in hun handen gehad. De sporen die hierop aangetroffen zijn, zijn nog wel geschikt voor interpretatie. Er zijn op de schedel sporen van lood, ijzer, chroom, zink, tin, zilver en zwavel aangetroffen. Achterhaald moet worden waar dit vandaan komt. Kunnen de sporen zijn veroorzaakt door munitie?

Het meest in het oog springende element is zilver. Zilver is een duur metaal en zal daarom over het algemeen niet gebruikt worden bij de vervaardiging van munitie. Ik vraag een wapenhandelaar of hij iets weet over munitie waarin zilver is verwerkt. Deze man weet mij te vertellen dat het inderdaad zeer ongebruikelijk is dat zilver gebruikt wordt voor de productie van munitiedelen, maar het komt wel voor. Er is bestaat dure jachtmunitie waarin zilver is verwerkt. Helaas heeft de handelaar hiermee geen ervaring. Nu moet duidelijk worden welke componenten de zilveren munitie nog meer bevat. Zo kan herleid worden of de gaten in de schedel misschien zijn veroorzaakt door zilveren jachtmunitie. De wapenhandelaar kan hier verder niets over vertellen. Ook in de literatuur over schotrestonderzoek wordt hierover niets verteld. Van der Biezen vraagt daarom het hof de microsporendeskundige op te roepen. Ook dit verzoek wijst het hof toe.

Op de zitting vertelt de microsporendeskundige, dat hij de aanwezigheid van ijzer en chroom in de vorm van ferrochroom wel kan verklaren. De gaten zijn namelijk onderzocht nadat ze uit de schedel zijn gezaagd. Het materiaal van het cirkelzaagje waarmee dit is gebeurd, is ferrochroom. Tijdens het zagen zijn elementen van het cirkelzaagje op de schedel gekomen. De aanwezigheid van de andere stoffen is onduidelijker. De deskundige heeft hierover nagedacht. In de airconditioning bij het NFI zit zilver. Hij kan niet uitsluiten dat de zilverdeeltjes hierdoor op de schedel zijn gekomen. De aanwezigheid van zwavel verklaart hij als product van de rotting van het lichaam. Hoe de zink- en tinsporen op de schedel gekomen zijn, weet de deskundige niet. Hij benadrukt dat zink en tin wel eens gebruikt worden voor de slagsas van munitie, maar dat is alleen bij loodvrije munitie. Nu er een hoop lood is aangetroffen, gaat dat hier niet op. De enige andere manier waarop er zink en tin op de schedel is gekomen, is volgens hem dat de grond in de Ardennen deze stoffen bevat. Dan vraagt Van der Biezen naar zilveren munitie. De deskundige kan deze mogelijkheid niet uitsluiten. Maar ook deze deskundige heeft hier geen ervaring mee.

Het microsporenonderzoek zorgt eigenlijk alleen maar voor meer verwarring. We weten nog steeds niet hoe de gaten zijn ontstaan en we kunnen de stoffen rondom de gaten niet verklaren.

Ondertussen ben ik in contact gekomen met de onderzoekers van de Body Farm. Het grote mysterie rondom de schedel heeft hun interesse gewekt. Ze zijn dan ook graag bereid het onderzoek te doen. Van der Biezen geeft aan zelf naar het onderzoeksinstituut te willen. Hij wil vragen kunnen stellen en meteen antwoord krijgen. Ook wil hij dat de onderzoekers laten zien hoe ze hun onderzoek aanpakken. Het verzoek van Van der Biezen speel ik door naar de onderzoekers van het instituut. Meestal zijn bezoekers niet welkom. Dit keer maken ze een uitzondering en krijgen we de uitnodiging om naar Knoxville te komen. Een paar weken later vertrek ik met Van der Biezen en mr. Klappe, die Van der Biezen in deze zaak ondersteunt, naar Knoxville.

We krijgen een indrukwekkende rondleiding over de Body Farm. Tijdens deze rondgang blijkt hoe natuur eruit ziet als daar een dood lichaam ontbindt. Verspreid in het bosgebied zijn pikzwarte plekken te zien van planten die door de ontbindingssappen verrot zijn. Dat de Belgische technisch rechercheurs de plek waar het lichaam van Loes drie maanden lang heeft gelegen, niet hebben kunnen vinden, versterkt het vermoeden dat de rechercheurs op de verkeerde kei zijn afgegaan.

Dan is het tijd voor de analyse van de vele afbeeldingen van de schedel. Ook de rapportages van de Nederlandse en Belgische patholoog worden onder de loep genomen. De Amerikaanse onderzoekers lachen om de rapportage over de proefschoten. De proefschoten op de varkenskop en de honderd jaar oude schedel zijn totaal niet representatief voor de werkelijkheid. De dikte van een varkensschedel komt misschien wel het meeste overeen met die van de mensenschedel, maar is nog steeds verschillend. Verder is het varkensweefsel op de varkensschedel niet te vergelijken met het weefsel van de mens.

De Belgische patholoog stelt vol overtuiging dat het voor het onderzoek geen verschil uitmaakt, dat de schedel 100 jaar oud is. De Amerikaanse onderzoekers geven aan dat dit wel degelijk het geval is. Een schedel van honderd jaar oud is uitgedroogd en daardoor brozer. Ook is een zeemvel over een schedel leggen niet voldoende om het weefsel op de schedel na te bootsen. Een zeemvel heeft inderdaad dezelfde stevigheid als de huid. Tussen de huid en het bot zit alleen nog veel meer weefsel en daarmee is geen rekening gehouden. De onderzoeksresultaten van de proefschoten mogen volgens de Amerikanen dan ook niet gebruikt worden.

Over de ontstaanswijze van de verschillende gaten lijken de Amerikanen niet zo te twijfelen als de Nederlanders en de Belg. Volgens de deskundigen van de Body Farm zijn de gaten stuk voor stuk veroorzaakt door verschoten munitie.

Het onderzoek in Amerika wekt de indruk dat de deskundigen in Nederland en België ernstig tekort zijn geschoten. Met de rapportage van de Body Farm in de koffer reizen we met een goed gevoel terug naar Nederland.

ARDENNEN

In een van de eerste zittingen van het hoger beroep heeft Van der Biezen het hof verzocht met de verdachte naar de Ardennen te gaan, zodat hij kan aanwijzen waar hij het lichaam van Loes heeft achtergelaten en waar hij het heeft gevonden. Destijds zag het hof er geen heil in. Nu de rechtszaak zijn einde nadert, is het hof toch van mening dat nieuw onderzoek op de plaats delict van belang is.

Er wordt een dag gepland waarop de rechter-commissaris samen met de advocaat-generaal, de advocaten Van der Biezen en Klappe en Bart naar de Ardennen gaan. Bart kan precies aanwijzen waar hij zijn auto heeft geparkeerd en Loes heeft achtergelaten. Hij laat zien hoe het ongeluk is gebeurd. Met speciale scans legt de politie de houding van Bart vast als hij laat zien hoe hij de luchtbuks vasthield toen Loes er tegenaan viel. Deze beelden gebruikt men voor een digitale reconstructie. Men gaat dan controleren of het verhaal van Bart zich echt zo afgespeeld kan hebben. Verschillende rechercheurs gaan met metaaldetectors het bos in op zoek naar munitiedelen. Zij vinden niets. Dit is niet verwonderlijk. Het is namelijk bijna vier jaar geleden dat Bart met de overblijfselen van zijn vrouw in de kofferbak werd gearresteerd.

Wanneer men de beelden van de scans later terugkijkt, kan men helaas niet analyseren of het verhaal van Bart waar kan zijn. Bij de opnames houdt een vrouw haar hoofd tegen de loop, precies zoals Bart heeft verteld. De loop van de luchtbuks mondt uit in het haar van de vrouw, zoals volgens Bart ook bij Loes is gebeurd. Na de vele scans en foto's bekeken te hebben komen de rechercheurs erachter, dat het haar van de vrouw ervoor zorgt dat zij niet kunnen zien wat de hoek van de loop van de luchtbuks ten opzichte van de slaap van de vrouw is. Het onderzoek is dus voor niets geweest. Alweer een onderzoek dat helemaal de mist in is gegaan.

HET LIJSTJE

De inhoudelijke behandeling van het gerechtshof laat niet lang meer op zich wachten. Tijdens zijn pleidooi voor de rechtbank heeft Van der Biezen al om verschillende redenen gepleit voor niet-ontvankelijkheid van het Openbaar Ministerie. Dit lijstje is in de loop van het hoger beroep alleen maar langer geworden.

Tijdens de inhoudelijke behandeling begint de advocaat-generaal met zijn requisitoir. Het wijkt niet veel af van de officier van justitie in eerste aanleg. Hij komt dan ook tot dezelfde eis als de officier. Achttien jaar gevangenisstraf.

Dan is Van der Biezen aan de beurt. Hij citeert het lijstje waarom Bart in zijn belangen is geschaad en het Openbaar Ministerie niet-ontvankelijk verklaard zou moeten worden. Hij begint met de zaken die hij in eerste aanleg ook heeft verteld. Maar nu zijn er extra aanwijzingen dat het onderzoek op de plaats delict gebrekkig is uitgevoerd. Namelijk het gebruik van de kei als markering van de plaats delict en de onkunde van de technisch rechercheurs die de plaats vervolgens hebben onderzocht. Ondertussen is bekend geworden dat een agent zich heeft voorgedaan als hulpofficier van justitie, terwijl hij dit helemaal niet is. Deze agent heeft Bart in verzekering gesteld, een vorm van voorarrest, wat hij dus helemaal niet had mogen doen. Van der Biezen gaat verder. Het landbouwplastic is door toedoen van de technische recherche ongeschikt voor onderzoek, ook dat pakt voor Bart nadelig uit. Er kan niet meer aangetoond worden, dat er met jachtmunitie op Loes is geschoten. Volgens Van der Biezen hebben de rechercheurs zijn cliënt verkeerde informatie over de zaak voorgehouden tijdens de verhoren. Ook zijn geheimhoudergesprekken tussen Arthur en Bart niet vernietigd. Iets wat het OM wel verplicht is te doen. Ook het laatste onderzoek van de reconstructie is op een knullige manier verpest. Niet-ontvankelijkheid van het OM is volgens Van der Biezen de enig mogelijke conclusie.

Dan gaat hij verder met zijn pleidooi voor vrijspraak. Gedurende het onderzoek van de afgelopen jaren is gebleken dat de deskundigen niet deskundig genoeg zijn om iets te kunnen zeggen over de doodsoorzaak. Het grote gebrek aan professionaliteit van de recherche heeft hier zeker aan bijgedragen. Feit is wel, dat niet valt uit te sluiten dat wat Bart heeft verklaard ook daadwerkelijk zo is gebeurd. Loes is dan niet gestorven door de kogel uit zijn luchtbuks, die was namelijk niet dodelijk. Loes kan later door verdwaalde jachtmunitie zijn gedood. Nu deze mogelijkheid nog open staat, is Van der Biezen van mening dat er teveel twijfels in de zaak bestaan en dat Bart moet worden vrijgesproken.

Het oordeel van het hof volgt twee weken na het requisitoir en pleidooi. Van der Biezen weet dat de kans groot is dat zijn cliënt opnieuw wordt veroordeeld. Wat Bart gedaan heeft, is zo gruwelijk dat de kans klein is dat hij later deze dag alleen de deur van de rechtbank uitloopt. Aan de andere kant weet het hof ook, dat het OM aan de lopende band heeft geblunderd en er nog veel onduidelijkheden in deze zaak zijn.

GEFAALD

Het hof komt de rechtszaal binnen en iedereen gaat staan. Nadat iedereen toestemming heeft gekregen te gaan zitten, begint de voorzitter van de drie rechters zijn betoog. Het wordt een lang betoog. Allereerst gaat hij in op de mening van Van der Biezen, dat het Openbaar Ministerie niet-ontvankelijk verklaard moet worden. Het hof is zich bewust van de vele vormverzuimen en onzorgvuldigheden. Maar dat is niet voldoende om het OM niet-ontvankelijk te verklaren. Bart is te weinig in zijn verdediging geschaad. Anders dan Van der Biezen, maar net als de advocaat-generaal, de officier van justitie en de rechtbank in eerste aanleg vindt het hof dat Bart schuldig is aan de dood van Loes. Het hof neemt het Bart nog meer kwalijk dan het OM en de rechtbank eerder hebben gedaan. Bart krijgt namelijk geen achttien jaar celstraf opgelegd zoals de rechtbank eerder heeft gedaan en de advocaat-generaal weer heeft geëist. Bart krijgt een celstraf van twintig jaar opgelegd.

Thuis kijk ik terug op een langdurige en heel complexe zaak. Het forensisch onderzoek lijkt in deze zaak op bijna ieder punt te hebben gefaald. Er zal nog veel ontwikkeling nodig zijn om bepaalde onderzoeken te kunnen uitvoeren. Maar ook uit deze zaak blijkt weer hoe slecht de technische recherche een onderzoek kan uitvoeren zonder dat dit consequenties heeft. Alleen al met het oog hierop vind ik het dan ook een teleurstellende uitspraak. Of het hof, gelet op het totaalplaatje, een goede uitspraak heeft gedaan, weet alleen Bart.

Hoofdstuk 13
Avondje stappen

In de verhoorkamer van de politie vertelt de achttienjarige Mariska over haar avondje stappen, drie dagen geleden. Met een groep van acht vrienden, met wie ze al maanden niet meer op stap is geweest, gaat ze weer eens ouderwets los in Groningen.

Johan

Ze drinkt voornamelijk veel red bull, waardoor ze in tegenstelling tot een aantal anderen uit de groep, niet moe te krijgen is. Naarmate het later wordt, drinkt Mariska steeds meer alcohol. Rond twee uur 's nachts gaat een groot deel van de groep al naar huis. Ze zijn te moe of te dronken. De rest volgt snel.

Johan, een van de jongens uit de groep, baalt ervan dat iedereen al naar huis gaat en vraagt Mariska of zij bij hem wil blijven. Dit wil ze wel. Ze drinken veel en al snel beginnen ze elkaar te zoenen.

Nadat de kroeg is gesloten, dolen de twee een beetje rond. Mariska is erg dronken en heeft niet echt meer door waar ze loopt. Johan omarmt haar, zodat ze niet omvalt. Al snel merkt Mariska dat ze wat buitenaf lopen. Johan zegt dat ze hier even rustig op adem kan komen. Ze gaan zitten, waarna Mariska haar bewustzijn verliest.

Wanneer ze weer een beetje bij haar positieven komt, merkt ze dat Johan haar bij hem op schoot heeft getrokken, haar nek zoent en haar vagina betast. Mariska wil dit niet, maar is te dronken om er iets tegen te doen. Ze verliest opnieuw haar bewustzijn. Als ze even later weer bijkomt, merkt ze dat hij haar rok omhoog heeft getrokken, haar slip opzij heeft geduwd en haar vagina likt. Johan ziet dat ze weer bij bewustzijn is en zegt dat zij hem oraal moet bevredigen. Ze wil niet, maar Johan brengt haar hoofd naar zijn geslachtsdeel, terwijl hij op de grond gaat liggen. Ze kan hier niets tegen doen, ze is te slap om er tegenin te gaan. Enkele minuten later trekt hij haar omhoog en laat haar op zijn penis zitten. Hij duwt zijn penis in haar vagina en beweegt haar heen en weer. Mariska wordt door Johan ontmaagd en ze heeft veel pijn. Langzaam krijgt Mariska wat van haar kracht terug. Ze staat op en rent weg. Johan komt haar niet achterna, roept nog wel iets, maar blijft liggen.

Thuis vertelt Mariska niemand wat er is gebeurd, tot haar tante op bezoek komt. Die ziet dat er iets met haar nichtje aan de hand is. Als ze onder vier ogen aan haar vraagt wat er is, barst Mariska in tranen uit en vertelt het verhaal. Haar tante haalt haar over naar de politie te gaan.

De rechercheurs die haar aangifte opnemen, vragen wat ze met de kleding die ze die avond droeg, heeft gedaan. Alles behalve haar slip ligt in de was. Haar slip draagt ze nog steeds. De rechercheurs stellen de slip vervolgens veilig voor nader onderzoek. Ook zal een forensisch arts langskomen om het geslachtsdeel van Mariska te onderzoeken. Als Mariska haar verhaal heeft verteld en onderzocht is door de forensisch arts, gaat ze naar huis, in afwachting van de resultaten van het politieonderzoek.

Vals beschuldigd?

Mariska kent Johan goed, dus de politie kan hem al snel aanhouden. Op het politiebureau wordt Johan verhoord door twee rechercheurs. Zij vertellen dat Mariska aangifte heeft gedaan van verkrachting door hem. Johan zegt dat hij geen flauw idee heeft waar zij het over heeft en dat hij niet snapt waarom zij hem beschuldigt. De rechercheurs vragen hem te vertellen wat er tijdens het stappen in de kroeg gebeurt als hij met Mariska overblijft. Johan vertelt dat zij constant hebben gedanst. Nadat de kroeg is gesloten, zijn zij naar huis gegaan. Ieder apart. Er is niets gebeurd.

De rechercheurs gaan door op het dansen. 'Hoe dansen jullie dan?'

Johan vertelt dat de manier waarop afhangt van de muziek. De ene keer dansen ze los, de andere keer houden ze elkaar vast.

De rechercheurs vragen of Mariska nog wel kan dansen als ze zo dronken is.

'Aan het eind van de avond ging dit inderdaad een stuk minder goed. We hebben elkaar toen vastgehouden en langzaam gedanst. We hebben toen ook gezoend.'

'Was Mariska niet te dronken om op haar benen te staan?'

'Nee,' reageert Johan, 'ze had haar lichaam nog gewoon onder controle. Toen ze naar huis ging, kon ze ook nog prima lopen. Als ik had gemerkt dat ze wegzakte of zo, dan had ik haar wel naar huis gebracht.'

Dan beginnen de rechercheurs vragen te stellen over de mogelijke verkrachting. Johan ontkent alles wat Mariska gezegd heeft. De recherche gelooft dit niet. Waarom zal Mariska over zoiets liegen? Om Johan te informeren over de mogelijke vorderingen en gevolgen, beginnen de rechercheurs over het DNA-onderzoek dat uitgevoerd zal worden.

'Wat denk je dat het betekent, als jouw DNA op het geslachtsdeel van Mariska of op haar slip zit?' Johan reageert heel nuchter: 'Ik ben hier helemaal niet bang voor. Ik weet heel zeker dat mijn DNA daar niet aangetroffen wordt.'

Als de rechercheurs vragen of ze een bemonstering mogen maken van zijn wangslijmvlies, zodat zijn DNA vergeleken kan worden met mogelijk DNA dat op het slachtoffer en/of haar kleding wordt gevonden, maakt Johan geen bezwaar.

Onderzoek slachtoffer

Wanneer een persoon is verkracht, zal een forensisch arts het slachtoffer onderzoeken met behulp van de zogenaamde "onderzoeksset zedendelicten".

Onderzoeksset

De onderzoeksset zedendelicten is een pakket dat gebruikt kan worden om biologische sporen bij een slachtoffer veilig te stellen. In dit pakket zit een formulier voor de forensisch arts om te documenteren welke handelingen hij verricht bij het veiligstellen van biologische sporen en wat zijn waarnemingen zijn. Ook zit er het nodige materiaal in om een vakkundige bemonstering te maken.

De forensisch arts maakt bemonsteringen van het geslachtsdeel van Mariska. Dit kan nuttig zijn, nu Mariska haar geslachtsdeel sinds die bewuste avond niet gewassen heeft. Als klopt wat Mariska verteld heeft, moet Johan veel DNA-materiaal achtergelaten hebben. Vooral als hij inderdaad haar geslachtsdeel gelikt heeft. Speeksel is namelijk een erg DNA-rijke lichaamsvloeistof.

De forensisch arts levert de bemonsteringen in bij de rechercheurs. Die zorgen ervoor dat de bemonsteringen bij het NFI terechtkomen. Daar zal het DNA-onderzoek uitgevoerd worden. Samen met de bemonsteringen die de arts heeft gemaakt, wordt ook de slip van Mariska ingeleverd. Verder onderzoek lijkt de politie in deze zaak niet mogelijk. Er zijn geen getuigen en er zijn ook geen andere sporen meer. Maar de politie ziet één mogelijk spoor over het hoofd: het ondergoed dat Johan die avond heeft gedragen. Als Johan die avond Mariska heeft gepenetreerd, dan zal haar DNA ook in zijn slip zitten. Mariska's DNA komt dan op Johans penis en bij het aantrekken van zijn slip wordt het overgedragen. Dit kan veel informatie opleveren. Helaas is Johans slip niet veiliggesteld. Dit onderzoek kan nu dus nooit meer plaatsvinden.

Positief of niet?

De resultaten van het NFI laten niet lang op zich wachten. Zij hebben de bemonsteringen van het geslachtsdeel van Mariska onderzocht. Om te kijken of er sporen van speeksel in de bemonstering zitten, maakt het NFI gebruik van een indicatieve test.

Speeksel

In het forensisch onderzoek wordt gebruikgemaakt van zogenaamde indicatieve testen om te onderzoeken of een biologisch spoor van een bepaalde lichaamsvloeistof afkomstig kan zijn, bijvoorbeeld speeksel, sperma of bloed. De nadruk ligt op kan zijn. Dat een indicatieve test positief uitvalt, betekent niet dat het spoor ook van die bepaalde lichaamsvloeistof is. Hoe kan dat?

We nemen als voorbeeld de indicatieve test voor speeksel, de alfa-amylase test. Alfa-amylase is een enzym dat erg veel in speeksel voorkomt. Wanneer de alfa-amylase test in aanraking komt met het enzym alfa-amylase, zal de test reageren waarbij een verkleuring ontstaat. Alfa-amylase zit niet alleen in speeksel, maar ook veel in kleinere mate in uitwerpselen en zweet. De alfa-amylase test kan ook reageren met deze lichaamsstoffen. Daarom trekt men de conclusie, dat een spoor speeksel kan zijn als de test positief reageert, en niet dat het spoor speeksel is.

De alfa-amylase test reageert positief bij een van de bemonsteringen die de arts heeft gemaakt. Er is dus een aanwijzing dat er speeksel in het spoor zit. De bemonstering wordt ook onderzocht op DNA. Dat wordt gevonden. Niet van Johan. Alleen DNA van Mariska zelf. Dit kan een voorbeeld zijn van een positieve reactie van de alfa-amylase test op een andere lichaamsvloeistof dan speeksel, namelijk zweet.

Ook de andere bemonsteringen die de arts heeft gemaakt, zijn onderzocht op DNA. Alle onderzoeken geven hetzelfde resultaat: er is alleen DNA van Mariska te vinden en niets van Johan. Dat er geen DNA-materiaal van Johan in de bemonsteringen is gevonden, ondersteunt de verklaring van Johan dat er niets gebeurd is. Het sluit de verklaring van Mariska echter nog niet uit. Als er DNA van Johan op het geslachtsdeel van Mariska zit, kan dat drie dagen later verdwenen zijn. Het DNA wordt aan de slip afgegeven; biologisch materiaal van Johan wordt in het lichaam van Mariska opgenomen; het nog aanwezige DNA van Johan wordt overlapt door het DNA van Mariska zelf. Hierdoor kan het gebeuren dat Johans DNA niet meer gevonden wordt.

Ook de slip van Mariska wordt onderzocht. Voordat er bemonsteringen zijn gemaakt, is er eerst een indicatieve test gedaan om te kijken of er sperma in de slip zit. Deze indicatieve test is vergelijkbaar met de indicatieve test voor speeksel, alleen reageert deze test met een andere stof dan de alfa-amylase test. Deze keer is er geen resultaat en is er dus geen aanwijzing voor de aanwezigheid van sperma. Bij het onderzoek aan de slip is geen gebruik gemaakt van de alfa-amylase test, waardoor het onbekend is of er mogelijke speekselsporen in de slip aanwezig zijn. Wel is er nog een indicatieve test voor bloed uitgevoerd, maar die valt negatief uit.

Omdat Mariska heeft aangegeven, dat Johan de rand bij het kruis van haar slip opzij heeft geduwd, is hier de bemonstering gedaan voor het DNA-onderzoek. Hier kunnen huidcellen van Johan zitten. Het onderzoek van deze bemonsteringen geeft opnieuw een positief resultaat. Er is nu DNA van meerdere personen aangetroffen. Logischerwijs van Mariska. Maar van wie is het andere DNA? Het NFI heeft het DNA van Johan vergeleken met het DNA op de slip. Er is een match. Johan is vrijwel zeker de donor van het andere DNA op de slip.

Hoe kan dat?

De advocate van Johan, mevrouw Willemsen, is verbaasd als zij hoort dat Johans DNA op de slip is gevonden. Hoe kan zijn DNA daar zijn gekomen als hij onschuldig is? Johan heeft haar gezegd, dat hij heel zeker weet dat er geen DNA-sporen naar hem zullen wijzen omdat hij onschuldig is. Willemsen is hier dan ook vanuit gegaan. Johan snapt het ook niet en zit nu dus in een lastig parket.

Met die onbeantwoorde vraag komt mevrouw Willemsen naar mij toe. Ze vraagt me te onderzoeken of alle protocollen in de zaak goed nageleefd zijn. Heeft de politie tijdens het onderzoek misschien per ongeluk sporen veroorzaakt die naar Johan leiden? Als de politie zich wel aan alle protocollen heeft gehouden, blijft de vraag overeind of de DNA-sporen op een andere manier zijn ontstaan dan zoals Mariska in haar verklaring heeft aangegeven.

Valse aangifte

De aanname van de advocate is duidelijk. De vermeende dader is onschuldig en het slachtoffer liegt. Deze stelling ligt zeer gevoelig in de maatschappij. Men gaat er doorgaans vanuit, dat een meisje een verkrachting niet verzint. Het is onbehoorlijk zo'n verklaring in twijfel te trekken. Deze gedachte is begrijpelijk. Het gaat om een verschrikkelijk misdrijf. Maar het is een feit dat er vaker valse aangifte van verkrachting wordt gedaan. Daarover is de nodige literatuur bekend. Daarom kan dat nooit uitgesloten worden. Advocaten werken met deze feiten in hun achterhoofd, ongeacht of dit door de maatschappij gerespecteerd wordt of niet.

Pijn

Ik begin met een onderzoek of de politie de protocollen ook nageleefd heeft. Ik kom vaak tegen dat de politie protocollen negeert. In deze zaak is het anders. In de processen-verbaal is stap voor stap te herleiden welke handelingen de rechercheurs hebben verricht, alles ook nog netjes volgens het boekje. Niets op aan te merken. Er is geen sprake van een verhoogd risico van het ontstaan van sporen door handelen van de politie.

Dan de verklaringen van Mariska en Johan. Ik moet weten wat zij verklaren over die avond om te kunnen nagaan hoe het DNA-spoor van Johan kan zijn ontstaan zonder dat Johan een strafbaar feit heeft begaan.

Mariska meldt, dat ze pijn voelt tijdens de verkrachting. Ook zegt ze, dat ze op verschillende manieren is verkracht. De kans is daardoor groter, dat zij verwondingen in haar geslachtsdeel heeft opgelopen. Ik zoek daarom het formulier van de forensisch arts.

Tevergeefs, dit zit niet in het dossier. Verbaasd zoek ik contact met mevrouw Willemsen om te vragen of zij dit formulier wel heeft. Ze antwoordt ontkennend. De bevindingen van de forensisch arts zijn niet aan het dossier toegevoegd. Dit is vreemd. De forensisch arts moet namelijk de verwondingen van het slachtoffer rapporteren om een goede voorstelling van wat zich heeft afgespeeld te kunnen geven.

Mevrouw Willemsen zorgt dat ik het formulier snel krijg. Dit is het formulier uit de onderzoeksset zedendelicten. Ik zie dat de arts aangekruist heeft waar hij bemonsteringen heeft gemaakt. Maar de ruimte die de forensisch arts op het formulier heeft gekregen om aanvullende aantekeningen te maken is leeg. Wat moet ik hieruit concluderen? Er is verschillende literatuur over het werk van de forensisch arts en in een van de boeken wordt het volgende gesteld over het maken van aantekeningen:

"Het is belangrijk te letten op het type laesies (verwondingen, RP). Ook het uitsluiten van laesies is heel belangrijk als geruststelling naar het slachtoffer toe. Scheurtjes in de vaginawand moeten nauwkeurig beoordeeld en genoteerd worden."

Dit heeft de forensisch arts niet gedaan, gezien het lege aantekeningenvel. Ik ga er maar vanuit dat er niets te zien is geweest. Ik neem aan, dat de forensisch arts wel aantekeningen maakt, als er wel verwondingen zijn geweest.

Aan het geslachtsdeel van Mariska is dus niets te zien. Maar ook de bemonsteringen die de arts heeft gemaakt, leveren geen resultaat op dat wijst op een zedenmisdrijf. Waaruit blijkt nu dat Mariska is gepenetreerd? Nergens uit. Het feit dat DNA van Johan op de randen van de slip van Mariska is gevonden, betekent natuurlijk niet dat hij haar ook heeft gepenetreerd.

Nu is de vraag nog steeds waarom Johans DNA op de slip van Mariska zit. Uit Mariska's verhaal kun je afleiden hoe dit DNA-spoor is ontstaan van. Maar uit Johans verhaal ook, alleen is dat bij zijn verhaal minder duidelijk. Zowel Johan als Mariska verklaren dat ze veel met elkaar gedanst hebben, waarbij ze elkaar ook veel vastgehouden hebben. Mariska krijgt zo DNA van Johan op haar handen in de vorm van zweet en huidcellen. Als Mariska vervolgens naar het toilet gaat, kan ze bij het naar beneden trekken van haar slip DNA van Johan achterlaten.

Dit is het scenario van de verdediging.

Leugen of waarheid

De officier van justitie heeft een duidelijk standpunt. Het feit dat Johans DNA op de slip zit, geeft aan dat Mariska niet over haar verkrachting heeft gelogen. De officier denkt dat Johan zo schuldig is als wat en wil dat hij veroordeeld wordt. Mevrouw meester Willemsen is het hiermee niet eens.

'Het zal best dat Johans DNA op de slip zit, maar dat is er op een heel andere manier op gekomen dan door een verkrachting.'

Zij beschrijft het alternatieve scenario.

De officier gelooft er niets van en verzoekt de rechtbank het NFI in te schakelen. De rechtbank gaat akkoord. Het NFI zal over beide scenario's een uitspraak doen: is het DNA op de slip gekomen, omdat Johan Mariska heeft verkracht, zoals het Openbaar Ministerie aangeeft of heeft Mariska zelf met haar handen het DNA van Johan op haar slip achtergelaten, zoals de verdediging schetst. Het NFI gebruikt een statistisch model bij haar uitspraak, dat de waarschijnlijkheid van beide scenario's vaststelt.

Bayesiaanse statistiek

Het NFI gebruikt een model volgens de Bayesiaanse statistiek. Met deze statistiek wordt achterhaald hoe groot de kans is dat een scenario ook daadwerkelijk heeft plaatsgevonden. Hiervoor zijn twee gegevens van belang: welke bevindingen worden er gedaan en de kans dat de verdachte de dader is zonder naar het bewijs te kijken.

De deskundige van het NFI berekent hoe groot de kans is dat de bevindingen die hij heeft gedaan, gedaan worden als de hypothese van het OM daadwerkelijk is gebeurd en de kans dat de bevindingen gedaan worden als de hypothese van de verdediging waar is en drukt dat uit in een kansverhouding. Het is de bedoeling dat de rechter een waarde selecteert voor de kans dat de verdachte de dader is, zonder dat hij kijkt naar de bevindingen van het onderzoek. Dit is erg subjectief en een rechter lijkt dat nooit te doen.

De Bayesiaanse statistiek is een goede manier om bijvoorbeeld aan te geven hoe groot de kans is dat een DNA-spoor van de verdachte afkomstig is of niet. Maar er worden ook vragen gesteld over de kans dat een DNA-spoor op een bepaalde manier is veroorzaakt. Om hier een uitspraak over te kunnen doen is het van belang dat bepaalde omstandigheden die zich mogelijk hebben afgespeeld rond het moment van het ontstaan van het spoor, gewaardeerd worden en in de berekening worden verwerkt. Daar zit hem nu net de crux. Dat lukt bijna nooit, want we kunnen niet op een objectieve manier stellen hoe groot de kans is dat een bepaalde omstandigheid zich voordoet. Zo zullen verschillende compleet subjectieve waarderingen over omstandigheden in de berekening verwerkt worden, waardoor de uitkomst op geen enkele wijze objectief genoemd kan worden.

Deze zeer complexe uitleg zal duidelijker worden bij de verdere behandeling in dit hoofdstuk.

De kansberekening van het NFI

Ook het NFI kan geen waarschijnlijkheidsuitspraak doen over hoe groot de kans is dat de scenario's hebben plaatsgevonden. Het is namelijk niet te zeggen hoe groot de kans is dat Mariska Johans DNA op haar slip heeft gesmeerd. Want, zo stelt het NFI, dit is afhankelijk van een groot aantal factoren en is daarom niet in algemene regels te beschrijven.

Duidelijk. Maar nu doet het NFI iets raars. Ze gaat namelijk in op de intensiteit van het DNA op de slip. Het analyseren van DNA-materiaal resulteert in een piekenprofiel Op een A4'tje is horizontaal een soort hartslaglijn te zien. Zoals bij een hartslagmeter een hartslag aangegeven wordt door een piek, wordt bij het piekenprofiel een DNA-kenmerk aangegeven met een piek. Hoe meer DNA, hoe groter de piek. Uit dit piekenprofiel van het DNA-onderzoek aan de slip van Mariska blijkt, dat de hoeveelheid DNA van Johan ongeveer even groot is als de hoeveelheid DNA van Mariska. De redenering van de NFI-deskundige is heel logisch. Mariska heeft die slip na het avondje stappen nog drie dagen lang gedragen. Door deze lange tijd valt een grote hoeveelheid DNA van Mariska in de slip binnen het patroon der verwachting. Op de slip zit evenveel DNA van Johan als van Mariska. Dus dan moet er volgens de deskundige ook veel DNA van Johan op de slip zitten. Ook stelt de deskundige dat het waarschijnlijker is, dat een spoor waarin veel DNA zit rechtstreeks door de donor op het spoor is achtergelaten, dan wanneer de donor zijn DNA eerst op de ene persoon achterlaat, in dit geval Mariska, en dat die persoon dat DNA vervolgens op een object veegt. Dat klopt. Mariska zal Johans DNA namelijk aan meer voorwerpen vegen dan alleen aan haar slip. Ook zal Mariska niet al het DNA dat zij van Johan aan haar handen heeft, aan haar slip afvegen en zal er nog DNA op haar handen blijven zitten. Dus, zegt de deskundige, omdat er op de slip een even grote hoeveelheid DNA van Johan zit als DNA van Mariska, is het zeer veel waarschijnlijker dat deze onderzoeksbevindingen worden gedaan als hij dit zelf heeft achtergelaten (zoals in het scenario van het Openbaar Ministerie dat hij Mariska heeft verkracht) dan dat Johans DNA via Mariska op haar slip is gekomen (zoals in het scenario van de verdediging).

Verwarrend

Deze uitspraak van de deskundige is heel verwarrend. Hij besluit met te zeggen dat de kans dat het doen van de onderzoeksbevindingen zeer veel waarschijnlijker is als het scenario van het OM heeft plaatsgevonden dan wanneer het scenario van de verdediging heeft plaatsgevonden. Waarom is dat vreemd? In ieder geval al omdat de deskundige één alinea eerder stelt, dat niet te achterhalen valt hoe groot de kans is dat het scenario van de verdediging heeft plaatsgevonden. Hoe kun je nu die laatste vergelijking maken als je daarvoor zegt dat hiervoor een aantal factoren een rol spelen die onbekend zijn?

Ik heb het rapport van de deskundige zes keer gelezen voordat ik zeker weet dat het echt niet klopt. Waarom trekt de deskundige zo'n zware conclusie? Ik ben het wel met hem eens dat bij het beoordelen van de scenario's onder andere de verhouding tussen het DNA-materiaal van Mariska en het DNA-materiaal van Johan belangrijk is, maar er zijn nog zoveel meer gegevens die van belang zijn om een uitspraak te kunnen doen over de waarschijnlijkheden van de scenario's en het doen van bevindingen als de scenario's waar zijn.

Voor DNA-materiaal is niet alleen de verhouding van belang, maar ook hoeveel DNA-materiaal er is gevonden. De deskundige zegt dat je kunt verwachten dat er veel DNA van Mariska op haar slip zit, omdat ze die slip drie dagen heeft gedragen, maar is er ook daadwerkelijk veel DNA aangetroffen? Daar rept hij met geen woord over. De verhoudingen kunnen wel hetzelfde zijn, maar is er dan van beide personen even veel DNA of even weinig DNA gevonden?

Dat verwacht wordt dat er van Mariska veel DNA op de slip zit, betekent niet dat dit ook daadwerkelijk zo is. Het is namelijk helemaal niet honderd procent zeker dat Mariska die slip drie dagen heeft gedragen. Wel als je de verklaringen van Mariska zonder meer gelooft, maar dat is nu net het punt van de verdediging, dat doen ze niet. Als Mariska die slip bijvoorbeeld alleen die avond aan heeft gehad en deze verder gewoon ergens op haar slaapkamer rondslingerde, zal er veel minder DNA van Mariska op die slip zitten. De deskundige heeft er ook geen rekening mee gehouden, dat niet iedereen even veel DNA achterlaat. Uit onderzoek is gebleken dat de ene persoon meer huidcellen achterlaat dan de andere. Ook kan dit per lichaamsdeel verschillen. Zo zullen mensen op hun hoofd wellicht meer huidcellen verliezen dan bij hun kruis. Als Mariska haar handen op het hoofd van Johan heeft gehouden tijdens het dansen, kan er meer DNA van Johan op haar handen komen, dan dat zij die dag bij haar kruis heeft verloren. Vooral als Johan last heeft van hoofdroos. Dat is niet onderzocht.

Ook is uit onderzoek gebleken, dat de ene persoon meer zweet dan de andere. Tijdens het dansen zal Mariska vrijwel zeker zweet van Johan aan haar handen hebben gekregen. Hoeveel dit is geweest, valt niet te achterhalen. Dus hoeveel zweet Mariska aan haar slip heeft geveegd, valt ook al niet te achterhalen. Er lijkt op voorhand geen reden aan te nemen dat Johan meer zweet dan Mariska. Maar die is er wel. Uit onderzoek is gebleken dat mannen meer zweten dan vrouwen.

Zweten

Waarom zweten mannen gemiddeld meer dan vrouwen? Een van de redenen is, dat vrouwen vaak een hoger vetpercentage en minder spieren hebben dan mannen. Hierdoor is de hitteproductie van vrouwen lager dan die van mannen. Dit resulteert logischerwijs in meer zweten, omdat het lichaam van een man net als dat van een vrouw een lichaamstemperatuur van 37°C moet handhaven.

Een andere reden is dat vrouwen meer rondingen hebben dan mannen. Het effect hiervan blijkt uit het volgende voorbeeld. Een man en een vrouw wegen allebei 60 kilo en hebben dezelfde lengte. Een vrouw heeft meer rondingen, dus meer huidoppervlak. Ook al zouden de man en de vrouw even veel hitte produceren, dan zal de vrouw meer huidoppervlak hebben om die hitte kwijt te raken dan de man. Per vierkante centimeter huid zal de vrouw dan minder hitte verliezen, dus minder zweten dan de man.

Wat heeft dit allemaal met de uitspraak van de deskundige te maken?

Omdat er evenveel DNA van Johan als van Mariska is gevonden, zegt de deskundige dat het waarschijnlijker is, dat dit is gebeurd doordat Johan zelf dit DNA heeft achtergelaten. Als het via Mariska's handen is gegaan, zoals de verdediging stelt, dan zal een deel van Johans DNA op Mariska's handen achterblijven en dan verwacht je in ieder geval minder DNA van Johan op de slip. Maar stel dat Johan twee keer zoveel zweet als Mariska. En stel dat Johan in zijn nek ook nog eens twee keer zo erg zweet als Mariska bij haar kruis. En stel dat Johan twee keer zoveel huidschilfers verliest als Mariska. Dan is de hoeveelheid DNA van Johan op Mariska's handen dus veel groter dan zij verliest bij haar kruis. Dat een deel van Johans DNA op Mariska's handen blijft zitten als zij zijn DNA op haar slip afveegt, zorgt er dan voor dat de verhoudingen tussen de verschillende DNA-profielen gelijk zijn. Dan betekent het gegeven dat die verhoudingen gelijk zijn dus niet zo veel meer.

OMSTANDIGHEDEN

Niet alleen deze biologische feiten spelen een rol in de kans dat het scenario van de verdediging heeft plaatsgevonden. Ook omstandigheden spelen mee, dit zijn handelingen die door zowel Mariska als Johan voor en tijdens het avondje stappen zijn verricht.

Veel van deze omstandigheden kan ik simpelweg achterhalen door me voor te stellen wat er die avond gebeurt als de gebeurtenissen zich afspelen volgens het scenario van de verdediging. Het scenario van het OM hoef ik me niet voor te stellen. Dat Johan DNA op Mariska's slip kan achterlaten tijdens de verkrachting, staat als een paal boven water.

Het DNA van Johan kan op Mariska's handen gekomen zijn via zijn kleding. Ik moet dan eigenlijk weten hoelang Johan de kleding die hij die bewuste avond droeg al heeft, wanneer die voor het laatst is gewassen en hoelang hij de kleding die dag al draagt. Dit heeft allemaal invloed op de hoeveelheid DNA op zijn kleding. Dan verzamelt de groep vrienden zich. Hoeveel lichamelijk contact heeft Mariska met Johan tussen het moment van verzamelen en het moment dat ze in de kroeg staan? Hoe lang is dit lichamelijk contact en tussen welke lichaamsdelen bestaat dit contact? Dat weet ik niet en dat blijkt ook nergens uit. Dit is wel van belang om te achterhalen hoeveel momenten er zijn dat Mariska voor het stappen al DNA-materiaal van Johan aan haar handen krijgt.

Dan komt het moment dat ze in de kroeg staan. Hoeveel lichamelijk contact hebben ze voordat de rest van de groep weg is? Van belang is ook nu hoe lang dit lichamelijk contact is geweest en tussen welke lichaamsdelen. Deze vragen spelen ook een rol wanneer de groep inmiddels weg is en Mariska en Johan met zijn tweeën overblijven.

De antwoorden op al deze vragen, in combinatie met de biologische vragen, zeggen iets over de hoeveelheid DNA die Mariska van Johan op haar handen krijgt. Maar dat zijn niet de enige omstandigheden die een rol spelen. Mariska moet het DNA van Johan vervolgens ook nog aan haar slip afvegen. Hoe vaak en wanneer dit gebeurt, moet ook achterhaald worden. Hoe vaak is Mariska die dag naar het toilet gegaan? Hoe heeft zij haar slip vastgepakt? Wast zij haar handen na ieder toiletbezoek? De antwoorden op deze vragen zullen gecombineerd moeten worden met de eerdere antwoorden. Maar op deze vragen zal geen onomstreden antwoord komen. Mariska kan wel zeggen hoe zij haar slip normaal altijd naar beneden trekt als zij naar het toilet gaat, maar dat betekent natuurlijk niet dat dit die dag ook zo is gegaan. Juist omdat zij veel gedronken heeft, kan zij dit ineens heel anders hebben gedaan. Of zij die avond vaak naar het toilet is gegaan, is ook niet bekend. Zij is eerder vaak dan niet naar het toilet gegaan, simpelweg omdat je van alcohol meer moet plassen.

Plassen

Je hersenen maken het antidiuretisch hormoon aan, ook wel ADH genoemd. ADH reguleert onder andere de vasthouding of uitscheiding van water in de nieren. Wanneer je veel ADH in je urine hebt zitten, zal je lichaam veel water vasthouden en zul je dus weinig moeten urineren. Alcohol remt de aanmaak van ADH. De nieren scheiden veel vocht uit, je moet dus vaak naar het toilet.

Er moeten dus ontzettend veel vragen beantwoord worden, voordat je iets kunt zeggen over de waarschijnlijkheid dat het scenario van de verdediging heeft plaatsgevonden, voordat je iets kunt zeggen over de kans dat de gedane bevindingen worden gedaan als de hypothese van de verdediging waar is en voordat je een kansverhouding kunt maken waarbij de kans dat de bevindingen worden gedaan als de hypothese van de verdediging waar is tegenover wanneer de hypothese van het OM waar is.

Maar één interpretatie

In mijn rapportage voor de advocaat en de rechtbank maak ik duidelijk dat de conclusie die de deskundige getrokken heeft, te voorbarig is. We weten niet of noodzakelijke omstandigheden zich hebben voorgedaan en zo ja ook niet in welke mate. Daarom valt er helemaal niets over de waarschijnlijkheid van het scenario van de verdediging te zeggen en kan ook geen uitspraak gedaan worden over de waarschijnlijkheid van het doen van bevindingen bij het waar zijn van één van de twee hypothesen en de kansverhouding hiervan. Mevrouw meester Willemsen brengt dit in haar pleidooi naar voren. Het DNA-spoor op de slip is dus niet per definitie een delictgerelateerd spoor. Het enige bewijsmiddel dat dan nog overblijft, is de verklaring van Mariska dat zij door Johan is verkracht. In het strafrecht is het zo dat één bewijsmiddel te weinig is om iemand te kunnen veroordelen. Willemsen pleit daarom voor vrijspraak.

Twee weken later is de uitspraak. Ik ben erg benieuwd, omdat de Bayesiaanse statistiek namelijk erg complex is. Onderzoek heeft uitgewezen dat bij het interpreteren van conclusies volgens de Bayesiaanse statistiek bij juristen (officieren van justitie, advocaten en rechters), maar ook bij forensisch onderzoekers veel fout gaat. Men is dan al gauw geneigd de uitspraken van de deskundigen van het NFI zonder meer aan te nemen. Ik ben bang, dat dit gebeurt. Toch vertrouw ik er vooral op dat er vrijspraak volgt. Wat de deskundige heeft geconcludeerd, klopt simpelweg niet. Ik hoop dat de rechters dit ook duidelijk is geworden.

De rechterlijke uitspraak valt anders uit. Johan is veroordeeld tot een jaar cel. De uitspraak van de rechtbank is wel opvallend. De rechter acht namelijk niet bewezen dat Johan Mariska heeft gepenetreerd met zijn penis. De verklaring van Mariska is het enige bewijs hiervoor en dat is te weinig. De rechter besluit daarom dat Mariska hierover gelogen heeft. De rest van de verklaring van Mariska acht de rechtbank wel geloofwaardig op grond van het DNA-spoor en de verklaring van de deskundige over de waarschijnlijkheid van de scenario's. Naar mijn mening is deze conclusie niet op zijn plaats.

De rechtbank besluit namelijk dat er maar één interpretatie per spoor mogelijk is. Interpretatie is een groot probleem bij het forensisch onderzoek, dat blijkt nu ook weer. De rechtbank besluit in haar vonnis dat van penetratie met de penis geen sprake is, omdat er geen sporen zijn die dit staven. Deze simpele conclusie is te voorbarig. Sporen van penetratie kunnen ontbreken, terwijl dit wel is gebeurd. Er zijn dan twee interpretaties mogelijk: het is wel gebeurd, of het is niet gebeurd. Welke interpretatie men uiteindelijk kiest, hangt af van andere omstandigheden. Als de rechtbank niet twijfelt aan de aangifte van een slachtoffer, is het feit dat er geen sporen van geslachtelijke penetratie zijn, geen reden om hieraan te twijfelen. Zijn er naast de aangifte van het slachtoffer geen verdere bewijzen van verkrachting, dan kan men het ontbreken van sporen van geslachtelijke penetratie zo interpreteren dat dit ook niet heeft plaatsgevonden.

Omdat er geen sporen zijn gevonden van geslachtelijke gemeenschap, besluit de rechtbank dus dat dit ook niet heeft plaatsgevonden. Mariska heeft hierover dus gelogen. Maar waarom is de rest van wat ze heeft verklaard dan wel waar? De rechtbank acht dit bewezen, omdat Johans DNA op haar slip zit. Maar kan het DNA-spoor dan alleen geïnterpreteerd worden door aan te nemen dat Johan de slip van Mariska opzij heeft geduwd en haar vagina heeft gelikt? Ik denk het niet. Omdat de NFI-deskundige, naar mijn mening onterecht, heeft gesteld dat hij het zeer veel waarschijnlijker acht zijn bevindingen te doen als het scenario van het Openbaar Ministerie waar is dan wanneer het scenario van de verdediging waar is, heeft de rechtbank de conclusie getrokken dat het scenario van de verdediging onaannemelijk is. Waarom het scenario van de verdediging dan onaannemelijk is, legt de rechtbank niet echt uit. Ze verwijst voor een uitleg alleen naar het rapport van de NFI-deskundige.

Hoger beroep

Willemsen is in hoger beroep gegaan. Dit beroep loopt nu. Hoe dit zal aflopen, blijft de vraag. Er moeten naar mijn mening meer onderzoeksresultaten komen die één van de hypothesen ontkracht en de andere bekrachtigd. Dit zal in de vorm van getuigenverklaringen moeten zijn. Op basis van het forensisch onderzoek is dit tot op heden niet mogelijk. Ik hoop dat het gerechtshof dit ook inziet.

De rechtsgang

In het kort wordt hier de rechtsgang weergegeven.

Het Openbaar Ministerie brengt een zaak voor de rechter, waar deze in eerste aanleg door de rechtbank wordt behandeld. Als de rechtbank een uitspraak doet waar één van de partijen het niet mee eens is, kan die partij in hoger beroep gaan. De zaak zal dan door een gerechtshof worden behandeld. Als het gerechtshof uitspraak doet en één van de partijen meent dat er een juridische fout is gemaakt, dan kan die partij in cassatie gaan. De zaak wordt dan aan de Hoge Raad voorgelegd. Zij kijkt of de uitspraak van het gerechtshof juridisch klopt. Als één van de partijen het nog niet eens is met een uitspraak van de Hoge Raad en meent dat de uitspraak in strijd is met de rechten van de mens die vastgelegd staan in het Verdrag tot Bescherming van de Rechten van de Mens en de Fundamentele Vrijheden (EVRM), kan die partij er nog voor kiezen naar het Europees Hof voor de Rechten van de Mens te stappen. Dit laatste gebeurt niet vaak.

VERANTWOORDING

Dit boek beschrijft dertien strafzaken waarin het forensisch onderzoek ter discussie staat. De zaken zijn gebaseerd op strafzaken zoals deze in werkelijkheid zijn verlopen. Nu ben ik mij ervan bewust dat slachtoffers van een van de beschreven misdrijven het als zeer onprettig en ongewenst kunnen ervaren om terug te lezen wat hen is overkomen. Maar ik acht het maatschappelijk belang om inzicht te krijgen in en zich bewust te worden van wat er verkeerd kan gaan in het forensisch onderzoek dusdanig groot, dat ik heb besloten hun verhalen toch te publiceren.

Maar ik heb de verhalen wel aangepast. De namen van betrokkenen zijn gewijzigd, evenals omstandigheden en factoren die geen invloed hebben op het technisch bewijs zoals dat in de praktijk is aangetroffen en geanalyseerd. Op deze manier zijn de zaken zo anders beschreven dan in werkelijkheid, dat iedere overeenkomst met een door een persoon meegemaakt misdrijf op toeval berust. Omstandigheden en factoren die wel invloed hebben gehad op de technische sporen zijn onveranderd beschreven. Uitspraken die over de sporen zijn gedaan, zijn exact hetzelfde of op een andere wijze maar met dezelfde strekking beschreven. Hierdoor heeft het anonimiseren van de verhalen geen invloed op het representeren van de werkelijkheid.

Waar in dit boek gesproken wordt over DNA dat van een persoon afkomstig is, wordt bedoeld dat de kans zeer klein is dat een ander de donor van het DNA is. De reden dat ervoor gekozen is aan te geven dat er sprake is van DNA van een persoon, is om de leesbaarheid van de verhalen te waarborgen en omdat in de werkhypothesen ervan uitgegaan wordt dat het DNA van die persoon afkomstig is.

BRONNENLIJST

Levine, B., *Principles of Forensic toxicology; revised and updated*, tweede druk, 2006, AACCpress

Bass, W.M., *Human Osteology; A Laboratory and Field Manual*, vijfde druk, 2005, Missouri Archaeological Society

DiMaio, V.J., *Forensic Pathology*, tweede druk, 2001, CRC Press

Taroni, F.T., *Bayesian Networks in Forensic Science*, 2006, John Wiley & Sons Ltd

Broeders, A.P.A., *Op zoek naar de bron*, 2003, Kluwer juridisch

Broeders et al., A.P.A., *Forensische Wetenschap*, 2008, Kluwer juridisch

Meulenbroek, A.J., *De essenties van forensisch biologisch onderzoek; Humane biologische sporen en DNA*, (5e druk), 2009, Uitgeverij Paris

Sjerps & Coster van Voorhout, M.F. & J.A., *Het onzekere bewijs; Gebruik van statistiek en kansrekening in het strafrecht*, 2005, Kluwer

Cohen, B.A.J., Forensische geneeskunde: raakvlakken tussen geneeskunst, gezondheidszorg en recht, 2004

Bevel & Gardner, T. & R.M., *Bloodstain Pattern Analysis; With an introduction to crime scene reconstruction*, derde druk, 2008, CRC Press

De Keijser et al., J.W., *Bijkans begrepen? Feitelijk en vermeend begrip van forensische deskundigenrapportages onder rechters, advocaten en deskundigen*, 2009, Boom juridische uitgevers

Haag, L.C., *Shooting Accident Reconstruction*, 2006, Elsevier

Isenberg, A.R., *Forensic Mitochondrial DNA Analysis: A different crime-solving tool*, The FBI law enforcement bulletin, augustus 2002

Suzuki, S., *Experimental studies on the presumption of the time after food intake from stomach contents*, Forensic Science International, Volume 35, Issues 2-3, oktober - november 1987, pag. 83-117

Goray et al., M., *Secondary DNA transfer of biological substances under varying test conditions*, Forensic Sci. Int. Genet. (2009)

Kaciuba-Uscilko & Grucza, H. & R., *Gender differences in thermoregulation*, Current Opinion in Clinical Nutrition & Metabolic Care, Volume 4, Issue 6, November 2001, pag. 533 – 536

Van de Goot, F.R.W., *The Chronological Dating of Injury*, in *Essentials of Autopsy Practice; New advances trends and developments* Guy N. Rutte 2008, Springer

Hilden et al., M., *Genitoanal injury in adult female victims of sexual assault*, Forensic Science International, Volume 154, (2005), pag. 200 – 205

Jänisch et al., S., *Analysis of clinical forensic examination reports on sexual assault*, International Journal of Legal Medicine, Volume 124, (2010), pag. 227-235

Virkler et al., K., *Analysis of body fluids for forensic purposes: From laboratory testing to non-destructive rapid confirmatory identification at a crime scene*, Forensic Science International, Volume 188, (2009), pag. 1-17

Franke et al., A., *The effect of ethanol and alcoholic beverages on gastric emptying of solid meals in humans*, Alcohol & Alcoholism, Volume 40, (2005), pag. 187-193

Goff, M.L., *Early post-mortem changes and stages of decomposition in exposed cadavers*, Experimental and applied acarology, (2009), Volume 49, pag. 21-36

Lees nu ook:

Delict: Moord

Een moord verandert alles. Niet alleen bij het slachtoffer, maar ook in het leven van de dader. Misdaadjournalist Bert Voskuil (bekend van o.a. *Nieuwe Revu* en *Peter R. de Vries*) onderzocht wat er anders wordt nadat de onomkeerbare grens naar moord is overschreden. Hij won het vertrouwen van twaalf moordenaars en moordenaressen en schreef twaalf indringende portretten.

'*Ik deed mijn werk als een soldaat*', zegt de huurmoordenaar.

'*Ik moest het doen ik kon niet anders*', zegt de vrouw die eerst haar eigen dochtertje en later dat van haar vriendin vermoordde.

'*Ik was helemaal dolgedraaid*', zegt de man die in een cocaïneroes 28 maal op zijn vriendin instak.

'*Het was zelfverdediging*', zegt misdaadkoning Klaas Bruinsma, die zelf door moordenaarshanden omkwam op de stoep van het Amsterdamse Hilton hotel.

Delict: Moord, true crime tot op het bot.

ISBN: 97890 8975 1201